本书为2019年度浙江省哲学社会科学规划重点课题

"基于中国企业家话语语料库的批评隐喻研究"（课题编号：19NDJC031Z）

结题成果

本书获浙江理工大学学术著作出版资金资助（2021年度）

外国语言学及应用语言学研究丛书

Metaphorical Cognition and Mental Model:
A Study of Critical Metaphor Analysis on Chinese Entrepreneurs' Discourse

隐喻认知与心智模式
——中国企业家话语的批评隐喻研究

邱　辉　著

ZHEJIANG UNIVERSITY PRESS
浙江大学出版社
·杭州·

图书在版编目(CIP)数据

隐喻认知与心智模式:中国企业家话语的批评隐喻
研究 / 邱辉著. —杭州:浙江大学出版社,2022.6
ISBN 978-7-308-22645-5

Ⅰ.①隐… Ⅱ.①邱… Ⅲ.①企业家－话语语言学－
研究－中国 Ⅳ.①F279.2

中国版本图书馆 CIP 数据核字(2022)第 085404 号

隐喻认知与心智模式
——中国企业家话语的批评隐喻研究

邱 辉 著

责任编辑	田 慧	
责任校对	仝 林	
封面设计	项梦怡	
出版发行	浙江大学出版社	
	(杭州市天目山路 148 号 邮政编码 310007)	
	(网址:http://www.zjupress.com)	
排 版	浙江时代出版服务有限公司	
印 刷	杭州高腾印务有限公司	
开 本	710mm×1000mm 1/16	
印 张	12.5	
字 数	218 千	
版 印 次	2022 年 6 月第 1 版 2022 年 6 月第 1 次印刷	
书 号	ISBN 978-7-308-22645-5	
定 价	45.00 元	

前　言

美国认知语言学家乔治·莱考夫（George Lakoff）和英国哲学家马克·约翰逊（Mark Johnson）合著的《我们赖以生存的隐喻》（*Metaphors We Live By*，1980）的正式出版，标志着隐喻研究开始从传统的辞格和语义研究转入到认知领域的研究中来。他们在论述中基于大量的案例研究提出了概念隐喻理论，指出隐喻不仅是一种语言现象，而且是一种重要的认知机制，并且认为我们的概念系统是通过隐喻的方式建构的。在过去的四十多年中，概念隐喻理论得到了长足的发展，并在此基础上催生出不同的隐喻分析理论，如批评隐喻分析（Critical Metaphor Analysis）。批评隐喻分析是在概念隐喻的基础上结合批评话语分析与语料库手段，对真实话语文本进行分析的一种研究框架。

批评隐喻分析已在多种不同的话语文本中得到实践，如政治话语、教育话语、经济话语、宗教话语等。研究者通过分析不同文本中的概念隐喻，揭示了它们如何影响话语和说话人的思维，以及话语背后的价值理念等问题。我们认为，批评隐喻理论还可以用来分析企业家话语社团中的共享心智模式。心智模式这个概念源于心理学，是指那些深深根植于我们头脑中的设想、概括或图片，它们不仅影响着我们如何理解周围的世界，还决定了我们如何采取行动。

目前对企业家心智模式的研究主要来自管理学和经济学等领域。它们主要关注企业家心智模式是如何形成的，以及它在企业发展与企业多元化战略决策中所发挥的作用等。在研究方法上，通常以研究者的直觉把握和哲学思辨为主，缺乏实证研究和定量分析。在研究路径上，侧重于从企业家的行为中直接提炼精神，而不是从认知的角度通过寻找共享心智模式来提炼企业家的精神气质。然而，当前鲜有从语言学的视角来探析中国企业家的共享心智模式的研究。因此，我们着眼于该空白领域，通过运用认知语言学、话语分析和语用学等不同语言学理论，借鉴语料库统计以及问卷调查等分析手段，来探究中国企业家话语社团的共享心智模式,试图为填补这一研究空白做出贡献。

作为心智模式的重要构成部分,企业家的概念隐喻不但会影响企业家对其所处环境和相关事物的概念化过程,而且还会影响企业家及其所带领的团队在特定情境下所做出的决策和行为。由于支配人们言语交际的概念系统与支配人们思想和行为的概念系统是相同的,所以语言就成了我们分析概念系统的重要途径。本书认为,隐喻性语言可以反映出企业家心智模式中那些能够对现实世界进行预测和归因的价值观念。这些价值观念又如同我们的概念系统,会影响我们的行为。因此,本书从企业家的话语隐喻切入,探析隐喻表达背后的概念隐喻,通过寻找和确定支配性概念隐喻来揭示企业家的心智模式。

本书共分8章:

第1章从总体上介绍了本书的选题缘起、研究问题、研究方法、研究语料、研究意义以及研究的整体框架。

第2章对国内外批评隐喻分析进行研究综述,梳理了批评隐喻分析的理论基础与研究路径。

第3章从整体上分析了中国企业家话语中的隐喻现象,通过寻找和确定支配性与辅助性概念隐喻来探讨中国企业家在话语隐喻选择背后所传递的意识形态意义。

第4章从个案的角度剖析了不同行业企业家概念隐喻的共性与个性。

第5章对比分析了中西企业家话语中概念隐喻的异同及其原因。

第6章对企业家不同概念隐喻的社会认同度进行了评估。

第7章探讨了概念隐喻与企业文化之间的内在关联,从知识传播和知识管理的角度,指出概念隐喻在企业文化的建设与传播中所发挥的作用。

第8章概述了本书的研究发现、创新之处,以及研究的局限性与对未来的展望。

本书以定性分析为导向,以定量统计为支撑,在概念隐喻的基础上,结合批评隐喻分析和语料库语言学的方法,对中国企业家心智模式进行了归纳与论证,为中国企业家的心智模式研究开辟了一条新的路径,从而弥补了现有企业家心智模式研究方法的不足。此外,本书所提炼的以概念隐喻为基础的企业家心智模式,不但有助于提高企业家在演说过程中使用隐喻的能力,推动企业内部文化理念的传播,还有助于促进跨国商务活动中企业家之间的相互理解与沟通。

目 录

第1章 绪 论

1.1 选题缘起与研究问题

1.1.1 选题缘起

国力的较量在于企业的较量,企业的较量又在于企业家精神和理念的较量。习近平指出:"我们全面深化改革,就要激发市场蕴藏的活力。市场活力来自于人,特别是来自于企业家,来自于企业家精神。"[①]此后,党的十九大报告中也明确提出"激发和保护企业家精神"[②]。

2008 年年底,当金融危机的持续影响让全球陷入极度恐慌之时,阿里巴巴集团创始人、时任集团董事局主席兼 CEO 马云曾在国内公开倡言用企业家精神救市。次年 3 月,马云在一次活动中发表了题为"经济危机中的企业精神与中国企业全球化路径"的演讲,进一步重申了上述想法,指出中外企业家在当前全球金融危机的重创下都应该发挥出企业家应有的精神风貌,坚持理想,勇于担当,共同应对危机。面对金融危机所带来的重重困难,企业需要政策上的支持和物质上的资助,但更需要精神上的鼓舞和思想上的启发。这就迫切

---

① 习近平在亚太经合组织工商领导人峰会开幕式上的演讲. (2014-11-09)[2019-08-12]. https://www. mfa. gov. cn/web/ziliao_674904/zyjh_674906/201411/t20141109_9869430. shtml.

② 习近平. 决胜全面建成小康社会,夺取新时代中国特色社会主义伟大胜利——在中国共产党第十九次全国代表大会上的报告. (2014-11-09)[2019-08-12]. http://www. gov. cn/zhuanti/2017－10/27/content_5234876. htm

需要我们在更广泛的程度上弘扬企业家的商业精神,让更多的经营者树立信心,坚定信念,共渡难关。

中国经济在过去的四十多年中发展迅速,涌现出了一大批有影响力的企业家,像任正非、马云、张瑞敏、王石、董明珠、俞敏洪、马化腾、杨元庆等,他们引领中国企业走出了一条非凡的成功之路,向世界展示了中国企业家独特的精神气质与商业理念。如果这种精神和理念能够得到很好的挖掘、提炼和传播,那么更多的地区、组织和个人就会从中受益。这是一笔我们需要严肃对待的精神财富。

企业家精神从某种程度上来讲与企业家的心智模式(mental model)相关。由于企业家精神涉及独特的个体与多变的商业环境,因此常常被蒙上神秘主义的色彩,对其的研究也经常陷入不可知论的境地(Cardon et al.,2005)。虽然有学者做了很多尝试,但对企业家精神的研究仍然存在多方面的局限性。首先,在研究方法上,已有研究通常以研究者的直觉把握和哲学思辨为主,缺乏实证研究和定量分析,无法进行有效的归纳和论证,同时,对企业家精神的过度提炼也导致了还原失真的问题。其次,在研究材料上,已有研究通常以间接的商业故事为主,缺乏对活生生的企业家日常语言的研究,而这些语言却与企业家的心智模式和精神气质的关系更为直接,也更为密切。最后,在研究路径上,已有研究通常侧重于从企业家的行为中直接提炼精神,而不是从认知的角度通过寻找共享的心智模式来提炼精神气质,这种跳跃式的总结可能带来严重的偏差。

那么,我们如何才能更好地、更加全面地了解企业家的心智模式和精神气质呢?图 1.1 显示,从企业家身上,我们可以直接看到两样东西,一是行动,二是语言。然而,"行动"要经过"叙述"之后才可以成为可触及的对象,而"语言"是直接可触及的对象。因此,从研究者的角度来讲,对企业家"行动"的研究需

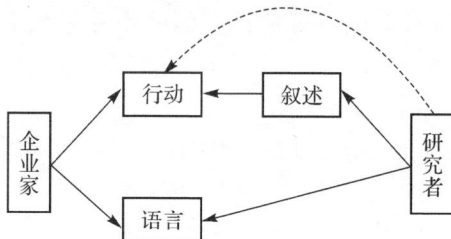

图 1.1　企业家心智模式研究的可行性路径

要经过"叙述"的过程,即研究者对"行动"的研究是间接的,如图中虚线所示;而研究者对企业家"语言"的研究则不需要经由其他步骤,可以直接对语言进行分析。由此可见,我们可以通过分析企业家的日常话语,来窥探隐藏在企业家头脑中的心智模式和精神气质。与间接研究企业家的行动不同的是,研究企业家的日常语言可以使我们对企业家心智模式的相关分析更加贴近真实的状态,也能更真实地反映企业家的精神气质。

正如乔治·莱考夫(George Lakoff)和马克·约翰逊(Mark Johnson)在《我们赖以生存的隐喻》(*Metaphors We Live By*,1980)一书中基于大量的案例研究后提出的观点所示:我们的概念系统大多是以隐喻的方式建构的(1980:3)。但是,概念系统看不见、摸不着,如何进行分析呢? 认知语言学家于是提出了一种可能的路径,即通过对语言表达的全面观察来窥探概念系统的秘密。因为人类交际活动所依赖的概念系统与影响思考和行动的概念系统是相同的,所以语言就可以成为研究概念系统的重要依据(Lakoff & Johnson,1980:3)。可见,企业家的心智模式类似于莱考夫和约翰逊所说的概念系统,我们需要通过对语言的全面考察才能更全面地了解企业家心智模式的奥秘。

1.1.2　研究问题

"心智模式"这个概念最早由苏格兰心理学家肯尼思·克雷克(Kenneth Craik)(1943:61)提出。他认为,心智将现实建构成"小型的模式",并用它来对事件进行预测、归因以及做出解释。Senge(1990:11)将"心智模式"引入了管理学。他指出,心智模式是那些深深根植于我们头脑中的设想、概括甚至图片,它们影响着我们如何理解周围的世界,也决定了我们如何采取行动,但我们通常无法意识到心智模式的存在或者心智模式对我们的行为所产生的影响。Hill 和 Levenhagen(1995)进一步指出,企业家心智模式的发展通常会经历隐喻化的阶段。只有通过隐喻,直觉性的心智模式才能转化为形式化的心智模式。因此,隐喻认知是企业家心智模式发展中的关键环节。准确地理解企业家的隐喻话语,系统地梳理这些话语背后的概念隐喻,有助于我们有效地分析和把握企业家的心智模式。

本书以企业家的日常话语为基础,从批评隐喻分析(Critical Metaphor Analysis)的视角分析企业家话语中的隐喻现象,进而探讨隐藏在企业家话语隐喻背后的概念隐喻以及与之相关的企业家心智模式。与传统的企业家心智模式研究不同,本书首先在方法上避免了单纯的直觉把握和哲学思辨,引入了语料库定量分析;其次在研究的路径上从话语维度切入,借助批评隐喻分析的方法寻找企业家的心智模式,弥补了通过企业家的行为分析心智模式的诸多不足;最后在分析的材料上选取了真实鲜活的企业家日常话语,而不是那些经由他人撰写的间接报道和商业故事,从而使相关的分析更贴近真实的状态。

本书旨在回答下列研究问题:

(1)中国企业家话语中有哪些概念隐喻?其中,哪些处于支配性地位,哪些处于辅助性地位?它们又是如何共同影响企业家的心智模式的?

(2)不同行业中,企业家的概念隐喻是否存在差异?为什么?

(3)中西企业家的概念隐喻是否存在差异?为什么?

(4)企业员工是否认同企业家话语中的概念隐喻?

(5)企业家的心智模式是企业文化的一部分,那么概念隐喻与企业文化是否也存在内在关联?企业文化的传播是否也与隐喻有关?为什么?

1.2　研究方法与研究语料

1.2.1　研究方法

在方法上,我们引入批评隐喻分析,同时融合隐喻识别程序、批评话语分析、概念隐喻分析、语料库统计、问卷调查等多项手段,对中国企业家话语进行全方位分析。从整体上来说,本书整合了语言学、管理学和社会学等多学科的方法,在分析企业家隐喻话语的基础上,以支配性概念隐喻与辅助性概念隐喻的寻找与确定,来揭示中国企业家话语社团的共享心智模式。

具体而言,本书首先构建了一个封闭的中国企业家话语语料库。为保证数据的可信度与有效性,我们以企业家的自然话语为收集标准,选取真实鲜活的企业家话语,如出版社公开出版发行的企业家演讲录,避免那些经由他人撰写的间接报道和企业家人生故事。

其次,本书从认知语言学的角度,借鉴并融合了 Pragglejaz Group(2007)提出的 MIP(Metaphor Identification Procedure)隐喻识别程序与 Steen 等

（2010）提 出 的 MIPVU（Metaphor Identification Procedure Vilnius University)隐喻识别程序,来制定严格的隐喻提取标准与操作程序,以确保隐喻语言提取的客观性和全面性。本书对隐喻话语的识别与标注采用人工与讨论相结合的方式,从中国企业家话语语料库中提取和标注隐喻词与隐喻句,确定其隐喻表达的主题、始源域、目标域等信息,以建立可供计算机检索的中国企业家隐喻语料库。

同时,本书采用语料库统计的方法,以中国企业家隐喻语料库为基础,对隐喻句进行进一步的分析,甄别出其中的隐喻表达和隐喻关键词,并对它们进行频率分析与聚类分析,在此基础上形成中国企业家话语的概念隐喻网络。

再次,本书采用归纳和演绎相结合的方法,通过对支配性概念隐喻与辅助性概念隐喻的寻找和确定来探索中国企业家话语社团的共享心智模式。不仅如此,我们还采用案例分析和分类对比的方法,探索了不同行业间以及不同地域文化背景下企业家话语隐喻的共性与个性。

最后,我们采用问卷调查的方法,从企业员工的角度探析了企业家话语隐喻的可接受度与认可度,进而对企业家的心智模式和商业精神进行反思。

1.2.2　研究语料

为保证数据的可信度与有效性,我们以企业家的自然话语为收集标准,选取真实鲜活的企业家话语,如出版社公开出版发行的企业家演讲录,避免那些经由他人撰写的间接报道和企业家人生故事。我们发现,企业家在各种场合下的交际性话语充满了可供研究的隐喻性语言。如:

（1）华为现在还很弱小,还不足以和国际友商直接抗衡,所以我们要韬光养晦。

（任正非,华为集团）

（2）经营企业就像这登山,半途很累想放弃,又不甘心,继续登,最后登到山顶了,反而不知不觉了。

（王石,万科集团）

（3）刚上市时我还说,希望冬天来得越早越好,我们家的棉被准备得很好,我们有的是粮食,人家倒下来我们有钱。

（马云,阿里巴巴集团）

（4）It's a good year to go build business and it's a good year to lay the seeds for the next generation of business…

(Steve Ballmer,微软)

(5)I would one day own the company or be in a position where we would have as you said 10,000 stores around the world, which has just been an incredible journey for all of us.

(Howard Schultz,星巴克)

本书分析的对象为中国企业家话语。根据研究要求,我们的语料来自中国企业家真实产出的自然话语,而非对企业家的间接报道或人生故事。这些语料包含了企业家在各种场合下的演说话语,如面对员工、合作者、客户、社会公众等的话语。为保证研究数据的信度与效度,我们专门建立了一个封闭的中国企业家话语语料库,该库包括三个子语料库,分别是企业家话语总语料库、马云话语语料库和任正非话语语料库。

总语料库收集了《总裁的智慧——中国顶级 CEO 演讲录》(1—8 册)(海天出版社,2008,2009)中所有企业家的话语,包含 167 篇演讲实录,总规模约达 153 万字。马云话语语料库的语料来自《马云内部讲话》(红旗出版社,2010),包含 18 篇演讲实录,总规模约达 25.3 万字。任正非话语语料库的语料来自《任正非内部讲话实录》(浙江人民出版社,2013),包含 33 篇演讲实录,总规模约达 20.5 万字。这些演讲或讲话实录经出版社正式出版,因此,在内容上具有一定的可靠性,符合本书对语料的要求。本书第 3 章至第 6 章中所有汉语例句以及第 7 章中的部分汉语例句均来自以上三个子语料库,书中不再进行标识。

上述三个子语料库涵盖了当今中国 50 多位知名企业家的话语,像任正非(华为技术有限公司董事、CEO)、马云(阿里巴巴集团创始人之一、集团前主席兼 CEO)、俞敏洪(新东方教育集团创始人)、李彦宏(百度董事长兼 CEO)、牛根生(蒙牛乳业集团创始人、前 CEO)、丁磊(网易公司董事局主席兼 CEO)、马蔚华(招商银行前行长)、张瑞敏(海尔集团创始人、董事局名誉主席)、董明珠(格力集团董事长)、杨元庆(联想集团 CEO)、王石(万科集团创始人、前集团董事会主席)、马化腾(腾讯公司董事会主席兼 CEO)、陈天桥(前盛大网络董事会主席兼 CEO)、金志国(青岛啤酒股份有限公司前董事长)、段永平(步步高集团董事长)、马明哲(中国平安保险股份有限公司董事长兼 CEO)、张朝阳(搜狐董事长兼 CEO)、南存辉(正泰集团股份有限公司董事长)、潘刚(伊利实业集团股份有限公司董事长兼 CEO)、李书福(吉利控股集团董事长)等。可以说,三个子语料库所涉及的企业家具有一定的代表性,他们是当前中国企业家的中坚力量,所以他们的话语从某种程度上来讲可以代表整个中国企业家话语社团。

1.3　研究意义

国内外文献显示,目前国际上还没有从批评隐喻分析的视角来研究中国企业家话语的文献,而且对企业家心智模式研究的现有手段也存在诸多局限与不足。本书通过引入批评隐喻分析的模式,即通过隐喻的识别、隐喻的说明和隐喻的阐释三个步骤分析中国企业家话语中的隐喻现象,在提取语言隐喻的基础上,归纳出概念隐喻,进而解读潜藏在概念隐喻背后的价值理念,从而去探索中国企业家话语中潜在的共享心智模式。该研究有助于克服现有方法的局限性,为中国企业家的心智模式提炼开辟出一条新的出路,也为汉语文化背景下概念隐喻的研究提供了可资借鉴的范例,不仅具有重要的理论价值,而且具有广泛的应用价值,具体体现在:

(1)本研究借助批评隐喻分析的模式,以中国企业家话语的认知研究为手段,整合定性与定量分析,有助于更好地揭示中国企业家话语社团的共享心智模式。

(2)本研究以企业家自然话语中的概念隐喻来呈现中国企业家话语社团的共享心智模式,具有良好的群众基础,有助于更好地传播中国企业家的商业精神与中国企业文化。

(3)本研究通过对来自不同行业的企业家的概念隐喻进行对比,中西企业家的概念隐喻对比,以及员工对企业家概念隐喻的认同度调查,有助于更好地反思中国企业家话语社团的共享心智模式。

1.4　本书的结构

本书从语言维度切入,探析了中国企业家话语中的隐喻表达,并在语言隐

喻的基础上归纳出企业家话语中的概念隐喻,进而探索中国企业家话语社团的共享心智模式。本书总共分为8章:

第1章从总体上介绍了本书的选题缘起、研究问题、研究方法、研究语料、研究意义以及研究的整体框架。

第2章对国内外批评隐喻分析进行研究综述,梳理了批评隐喻分析的理论基础与研究路径。

第3章从整体上讨论了中国企业家话语中的隐喻现象,进而探讨了企业家在隐喻选择背后传递出的态度意义。

第4章研究的是具体行业中企业家话语的概念隐喻网络,及其与整体性企业家话语中概念隐喻网络的异同,同时还考察了不同行业的企业家话语隐喻之间的共性与个性。

第5章探究了中西企业家话语隐喻之间的异同及其成因,主要对中西企业家话语中的"战争隐喻""旅行隐喻""体育隐喻"与"养育隐喻"这四类高频隐喻进行对比分析。

第6章是关于企业家概念隐喻的社会认同度调查,通过问卷的方式调查企业员工对企业家概念隐喻的接受度,并运用SPSSAU数据分析平台对调查结果进行分析与解读。

第7章从宏观的角度探讨了概念隐喻与企业文化以及企业文化传播之间的关系。本章通过引入语用模因论,探析概念隐喻与文化模因之间的内在关联,考察"隐喻"作为文化模因在企业家心智模式的形式化表征以及企业文化传播过程中的作用。

第8章概述了本书的研究发现、创新之处、存在的不足,以及对未来研究的展望。

第 2 章　批评隐喻分析的研究综述

在过去的四十多年中,概念隐喻理论得到了长足的发展,并在此基础上产生了不同的隐喻分析理论,如批评隐喻分析。批评隐喻分析作为隐喻研究中一种新的分析视角,是在概念隐喻理论、批评话语分析以及语料库分析的基础上发展而来的。本章将首先梳理批评隐喻分析所涉及的相关理论基础,然后考察批评隐喻分析的研究路径,最后探讨批评隐喻分析这种新研究范式在企业家话语中的现实意义。

2.1　批评隐喻分析的理论基础

隐喻研究的历史可以追溯到古希腊时期,至今已经延续了两千多年。由于视角、方法、观点的差异,人们对隐喻的分类与研究可谓五花八门,各具特色。历史上对隐喻的研究主要有三大流派,分别是亚里士多德学派、传统学派和认知学派(Cameron,2003:13)。Deignan(2005:2-5)则认为人们对隐喻的思考基本上可以分为两大阵营:一种认为隐喻是修饰性的,即"隐喻修饰观";另一种认为隐喻是概念性的,即"认知隐喻观"。尽管上述两位学者对隐喻研究的历史概述表达不同,但有一点是一致的,那就是两位学者都认为隐喻研究起源于亚里士多德,而且肯定了亚里士多德的观点对后来的隐喻研究产生了深远的影响。

自 20 世纪六七十年代以来,认知科学取得了飞速的发展,并逐渐发展成为一门显学,同时随着它与语言学、哲学、心理学等其他学科交融的深入,隐喻的认知研究逐渐成为当前隐喻研究的主流。1980 年,美国认知语言学家莱考夫和英国哲学家约翰逊合著的《我们赖以生存的隐喻》的正式出版,标志着隐喻研究开始从传统的辞格和语义研究转入认知领域研究,成为认知语言学研究的一个重要分支。他们在论述中基于大量的案例研究提出了概念隐喻理论,指出隐喻不仅是一种语言现象,而且还是一种重要的认知机制(Lakoff & Johnson,1980:6),对人类的概念化与认知推理具有举足轻重的作用(崔慈行、孙毅,2019)。隐喻也不仅仅是一种修辞手段,隐喻中包含的概念结构与过程更是决定着人们的思维与行动(Hart,2018a:80)。

Geeraerts 和 Cuyckens(2007:1-21)在探讨认知语言学未来的发展方向时,指出认知语言学理论并非一成不变,它是一种灵活的理论框架;认知语言学领域的研究不仅需要关注物质层面的因素(如从生理和心理的角度谈论"具身性"这个概念),更为重要的是,还要关注语言产生的文化环境以及语言的社会互动因素;认知语言学研究最好结合实证的方法(如语料库语言学、实验法和神经建模)来加强研究的科学性和实用性。因此,隐喻的认知研究也可以借鉴实证的方法对文本中隐喻的社会认知功能进行考察,而批评隐喻分析正是通过运用语料库的方法来考察话语中的隐喻现象,进而分析隐喻使用背后说话人的意图和态度的一种新研究范式。批评隐喻分析整合了概念隐喻理论、批评话语分析以及语料库语言学的思想。下面我们将从这三个方面来梳理和归纳批评隐喻分析的理论基础。

2.1.1 概念隐喻理论

隐喻是我们日常生活中普遍存在的现象,它不仅存在于我们的语言中,也体现在我们的思维与行动里。也就是说,我们用以思考和行动的普遍概念系统在本质上是一致的,都是隐喻性的(Lakoff & Johnson,1980:3)。在认知语言学中,隐喻是指通过一个概念域来理解另一个概念域,即 CONCEPTUAL DOMAIN A IS CONCEPTUAL DOMAIN B(Kövecses,2010:4)。该表达式说明我们可以通过概念域 B 来理解概念域 A,例如"人生是旅行"(LIFE IS JOURNEY)、"辩论是战争"(ARGUMENT IS WAR)、"社会机构是植物"(SOCIAL INSTITUTION IS PLANT),在这些例子中,我们通过"旅行""战争""植物"的概念域分别建构了"人生""辩论""社会机构"的概念域。这个表达式也就是我们所说的概念隐喻(conceptual metaphor)。Lakoff(1993:232)认为,隐喻是不同概念域之间的映射,是始源域到目标域的成系统的、对应性的跨域映射。从始源域到目标域之间的跨域映射是人类重要的认知机制之一,它促使人们通过身边具体的、熟悉的或者系统性程度高的概念域来了解那些抽象的、陌生的或者系统性程度低的概念域。

概念隐喻与隐喻性语言表达(metaphorical linguistic expressions)不同,后者是指单词或其他言语性表达,它们通常来源于更为具体的概念域(如概念域 B)中的语言表达(Kövecses,2010:4)。例如,关于"时间",我们在日常生活中会有这样一些表达:"你在浪费我的时间"(You're wasting my time)、"我在她身上投入了很多时间"(I've invested a lot of time in her)、"你需要计划好你的时间"(You need to budget your time)、"生病耗费了我大把的时间"(I lost a lot of time when I got sick)等(Lakoff & Johnson,1980:7-8),这些表述中下画线部分的文字来自"金钱"概念域。我们可以在这些表达的背后找到一个共同的概念隐喻,即"时间是金钱"。也就是说,隐喻性语言表达是显性的,它是概念隐喻的具体表征方式(Deignan,2005;Kövecses,2010)。因此,概念隐喻研究的一个重要途径就是通过对具体语言表征的系统分析来寻找潜藏在其背后的概念隐喻。

概念隐喻理论将隐喻分为三类,分别是结构隐喻(Structural Metaphors)、方位隐喻(Orientational Metaphors)和本体隐喻(Ontological Metaphors)(Lakoff & Johnson,1980)。结构隐喻是指用一个概念的结构建构另一个概念的结构,两个概念的结构保持不变,各自的构成成分有着规律性的对应关系。像上面我们谈到的"时间是金钱"概念隐喻就是一例典型的结构隐喻,即用"金钱"概念域的结构来建构"时间"概念域的结构。Lakoff 和 Johnson(1980:4)还列举了"辩论是战争"(ARGUMENT IS WAR)这个结构隐喻,它反映在我们的日常生活中就有许多隐喻性语言表达,如"他攻击我论据中的每一个弱点"(He attacked every weak point in my argument)、"我摧毁了他的论据"(I demolished his argument)、"与他辩论,我从来没赢过"(I've never won an argument with him)以及"他推翻了我所有的论据"(He shot down all of my arguments),等等。

方位隐喻是指与空间方位概念相关的隐喻,比如"上一下"(up-down)、"内一外"(in-out)、"前一后"(front-back)、"深一浅"(deep-shallow)以及"中心一边缘"(central-peripheral)。这些空间方位来自我们的身体形态以及它们在物理环境中所具有的功能。方位隐喻不是任意的,而是基于我们的身体和文化经验。像"上一下""内一外"的方位概念虽然是截然相反的,但是基于这些对立概念的方位隐喻在不同的文化中却有着不同的解读。例如,有些文化认为"将来"这个概念应该在我们的前面,而有些文化则认为它应该在我们的后面(Lakoff & Johnson,1980:14)。在《我们赖以生存的隐喻》一书中,莱考夫和约翰逊列举了很多关于"上一下"的方位隐喻,如"高兴是上,悲伤是下"(HAPPY IS UP;SAD IS DOWN)、"清醒是上,昏迷是下"(CONSCIOUS IS UP;UNCONSCIOUS IS DOWN)以及"多是上,少是下"(MORE IS UP;LESS IS DOWN),等等。它们各自有不同的身体经验基础:下垂的姿势往往表示悲伤和沮丧,而直立的姿势一般表示积极的情绪状态;人类和大多数哺乳动物睡觉基本是躺着的,而醒来后是站立的;如果我们往一个容器里加东西,这个容器就会被堆满。

本体隐喻可以分为实体和物质隐喻、容器隐喻以及拟人(或称人体隐喻)三种。Lakoff 和 Johnson(1980:25)认为实体和物质隐喻是关于自然物体和物质的经验,因此我们可以通过物体和物质来理解我们的经验,从而挑选出部分经验,并将它们作为同一类实体或物质来对待。一旦我们把经验作为实体或物质来看待,我们就不仅可以对它们加以指称,而且还可以对它们进行分类、组合和量化,甚至推论。因此,实体和物质隐喻其实是把事件、活动、情感、观念等非物质性的东西看作实体和物质,并认为它们具有一定的边界,满足不同的需求,例如"通货膨胀是实体"(INFLATION IS AN ENTITY)和"思维是机器"(THE MIND IS A MACHINE)。容器隐喻是把地面(land areas),视野(the visual field),事件、行为、活动和状态(events,actions,activities,states)看作有界的容器(Lakoff & Johnson,1980:29-32)。将物体视为人体的隐喻是最显著的本体隐喻,所以我们可以用人类的动机、特征和活动来理解非人实体,如"生活欺骗了我"(Life has cheated me)与"通货膨胀吞噬了我们的利润"(Inflation is eating up our profits)(Lakoff & Johnson,1980:33)。在这两个例子中我们分别把"生活"和"通货膨胀"视为人来对待。

概念隐喻理论认为始源域是具体的,而目标域是抽象的,因此人类的认知过程是通过具体的、熟悉的始源域去理解抽象的、陌生的目标域。但是,Grady(1997)认为始源域与目标域之间的差异不能直接概括为前者是具体的,后者是抽象的,因为始源域未必都是具体的,目标域也未必都是抽象的,而目标域也未必后于始源域出现,所以他提出的对概念隐喻的分类有别于Lakoff 和 Johnson(1980),他将概念隐喻分为基本隐喻(primary metaphor)和复合隐喻（compound metaphor）两大类，复合隐喻由多个基本隐喻构成。
Grady(1997)的基本观点可以归纳如下：

> 始源域和目标域之间的差异与使用者的主观度（degree of
> subjectivity）有关。比如说"相似性是亲密"（SIMILARITY IS
> NEARNESS），"数量是垂直高度"（QUANTITY IS VERTICAL
> ELEVATION)和"欲望是饥饿"（DESIRE IS HUNGER)都属于基本隐
> 喻，其中的"相似性"（SIMILARITY）、"数量"（QUANTITY）与"欲望"
> (DESIRE)并没有被看作抽象的概念，而被看作人类最基本的直接经验。
> 所以在他的基本隐喻理论（Primary Metaphor Theory)中，他认为基本始
> 源域概念（primary source concepts）与人类的感知经验有关，而基本目标
> 域概念（primary target concepts）与对感知经验的主观反应（subjective
> response)有关。和概念隐喻理论相似，基本隐喻也是单向性的，即从始
> 源域到目标域的映射。由于基本目标域概念与主观反应有关，所以这些
> 概念是在认知处理层面运作，无法直接触及，只有通过感知意象来建构基
> 本目标概念才能前景化背后的认知运作。这个过程是通过运用基本始源
> 域概念实现的，因为基本始源域概念与感知有关，相比基本目标域概念要
> 更容易触及。同时，他还通过"理论是建筑物"（THEORIES ARE
> BUILDINGS)的概念隐喻论述了区分基本隐喻和复合隐喻的三个标准。
>
> （Evans & Green，2006：304-310)

《我们赖以生存的隐喻》首次提出了概念隐喻的思想，它的出版标志着隐
喻研究的认知转向。此后，莱考夫又和其他学者相继出版了一系列重要的著
作，如《超过冷静理论：诗学隐喻分析指南》（*More than Cool Reason：A Field
Guide to Poetic Metaphor*，1989）、《道德政治：自由党和民主党如何思考》
(*Moral Politics：How Liberals and Conservatives Think*，2002）、《肉体中的
哲学：具身心智及其对西方思想的挑战》（*Philosophy in the Flesh：The
Embodied Mind and Its Challenge to Western Thought*，1999）、《数学探源：数
学诞生于具身心智》（*Where Mathematics Comes from：How the Embodied
Mind Brings Mathematics into Being*，2000）。在这些著作中，他们详细考察
了隐喻在构筑诗歌、政治、哲学和数学概念体系中的作用，进一步证明了认知
隐喻理论中有关隐喻是人类普遍思维方式和基本认知工具的论断（刘云红，

2005）。

尽管如此，概念隐喻理论还是受到了多方面的质疑（Gibbs，2014：14-36）：

首先，批评者认为并不是所有的隐喻性语言都是基于概念隐喻的。他们指出概念隐喻理论中的许多例子不是源于真实话语，而是分析者自己编撰的。然而，现实中的口语和书面语语篇要比这些例子复杂得多，所以他们认为只有通过对大量语言事实进行定量分析才能证明概念隐喻理论的价值。由于概念隐喻理论并没有提供明确的隐喻识别标准，而是依赖分析者的直觉判断，所以其研究结果的可信度也存在问题。

其次，批评者认为归约性隐喻不是真正的隐喻，因为人们在理解归约性隐喻表达的时候是不需要借助概念隐喻的。例如，"he was depressed"（他情绪低落）这个表达就是完全字面的，并不是受制于概念隐喻"SAD IS DOWN"（悲伤是下）的激活。

最后，批评者认为即使很多归约性表达最终传递了隐喻性意义，但不能就此确定说话人此时的思维也是隐喻性的。同时，批评者认为概念隐喻理论在对隐喻处理（metaphor processing）的描述上含糊其辞，不够明确。此外，也有人对隐喻的具身性问题持保留态度。

近年来，刻意隐喻理论的发展如火如荼，其认为概念隐喻理论只关注隐喻的语言与思维层面，而缺乏对交际层面的关注，进而提出了隐喻的三维模型建构，即"语言、概念与交际"隐喻分析框架（Steen，2008）。因此，概念隐喻理论应该立足于认知语言学，同时借鉴诸如批评话语分析、语料库语言学、语用学等其他学科的方法来完善自己，增强理论本身的说服力和研究结果的可信度。

2.1.2 批评话语分析

批评话语分析，亦被称为批评语言学，诞生于 20 世纪 70 年代末 80 年代初，是话语分析的一支重要力量。批评话语分析这个研究范式的正式提出则要追溯到诺曼·费尔克拉夫（Norman Fairclough）在 1989 年出版的《语言与权力》（*Language and Power*）一书。在批评话语分析的过程中，分析者通过考察语篇或话语中的语言特点以及语篇或话语产生的社会历史、文化背景，来探索语言背后的意识形态意义，从而揭示语言、意识形态与权力之间的复杂关系。具体来说，批评话语分析主要分析真实的社会言语交往活动，所关注的内容包括与语篇和语篇生成有关的社会政治问题及其与社会和意识形态的关系,涉及年龄、种族、性别、阶级和态度等社会因素;它透过语言探究各种社会领域,尤其是大众传媒、司法、教育和商务等领域中的国家认同、民族身份、性别歧视和社会角色等方面所隐含的偏见和不平等(辛斌、高小丽,2013)。

批评话语分析的产生和发展不过四十多年,还不能说它已经形成了自己完整的方法论,可以说,它在语篇分析的方法上主要还是采取"拿来主义",无论是哪一家、哪一派的理论方法,只要能用于分析语言、权力和意识形态的关系并产生令人信服的结果,它都不会拒绝(辛斌,2005:54)。根据所借鉴理论的不同,批评话语内部形成了不同的派系。以费尔克拉夫为代表的英国学派,将社会学、社会符号学和系统功能语言学作为它的理论和语言学基础;范迪克(van Dijk)侧重于篇章语言学和认知语言学,致力于从"社会—认知"的角度研究话语;露丝·沃达克(Ruth Wodak)从历史的角度出发,把话语放在历史语境(社会和政治)中,用"话语—历史"模式展开分析;保罗·奇尔顿(Paul Chilton)的批评话语分析方法则根植于认知科学和发展心理学(刘立华,2008)。然而,与批评话语分析结合最为紧密的理论当属 Halliday(1978,1985,1994,2004)的系统功能语言学。

系统功能语言学认为语言是一组意义选择,是说话人为了实现自己的交际目的而在语义系统中做出的各种选择,进而建构话语的社会意义和社会功能。批评话语分析视语篇为生成者在形式结构和意识形态两方面进行选择的结果,认为语篇是一种社会空间,在其中同时出现两种基本的社会过程:对世界的认知与表述和社会交往互动(辛斌,2005:54)。Fairclough(1992:71-73)认为话语是一种社会实践,并通过图 2.1 论述了语篇、话语实践和社会实践三者之间的关系。

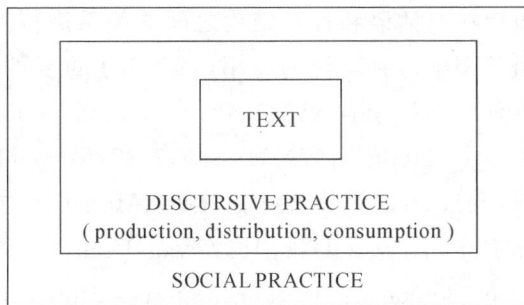

TEXT

DISCURSIVE PRACTICE
(production, distribution, consumption)

SOCIAL PRACTICE

图 2.1　话语中的三个视角(Fairclough,1992:73)

他指出话语实践(DISCURSIVE PRACTICE)通过语篇(TEXT)得以表征,或者说语篇是话语实践或交际过程的产物,这个过程包括语篇的生成(production)、传播(distribution)和接受(consumption),所有这些过程都由特定的社会实践(SOCIAL PRACTICE)条件来决定。由此可见,不管是批评话语分析还是系统功能语言学,它们都将语篇看作在社会情境下对意义的选择。所以系统功能语言学也自然成了批评话语分析主要的理论基础和方法来源。

尽管如此,批评话语分析至今还没有形成一套完备的分析框架。或许由于批评话语分析本身具有的跨学科性和鲜明的政治特色,所以在实际话语分析中还难以将系统功能语法理论进行系统一致的应用。但是,批评话语分析的研究过程大致来说可以分为三个阶段:描写(description),即语篇的语言描写;解读(interpretation),即解读语篇及其推理过程之间的关系;阐释(explanation),即解释推理过程与社会语境之间的关系(Fairclough,1989:109)。后来,辛斌(2005:59)也对批评话语分析的操作流程做了如下总结:首先,分析者分析语篇的结构特征并将其与某些生成技巧或过程相联系,如某语篇如果大量使用动作名词与被动结构,那么分析者可以把"名物化"(nominalization)与"被动化"(passivization)这两种言语生成过程看作在该语篇中的具体体现;其次,分析者可以论证这些技巧或过程在所分析的语篇生成和理解的具体语境里是否与某种意识形态意义相关联,如在具体语境中"名物化"与"被动化"具有物化社会历史现象的作用,即把事物短暂的历史状态表述为永久性的自然状态;最后,分析者还可以进一步论证,这种语言过程背后隐藏的意识形态意义是否具有重要的社会功能,对某种社会过程是否起着介入或干预的作用,如获得、维护或颠覆某种权力关系。

批评话语分析旨在对话语和社会结构之间的关系进行批评视角的分析,至今已在很多话语类型中得到广泛的应用,并产生了重要的影响。这些话语类型包括:政治话语(Fairclough,1989,1992;Fairclough & Fairclough,2011)、意识形态话语(Kress & Hodge,1979;Hassan,2018;Reynolds,2019)、种族话语(van Dijk,1987,1991;Wodak & Reisigl,1999;Merrill & Akerlund,2018)、移民话语(Martin-Rojo & van Dijk,1997;van Leeuwen & Wodak,1999;Hart,2011;Wodak & Boukala,2015;Torkington & Ribeiro,2019)、经济话语(Fairclough,1995;Chouliaraki & Fairclough,1999;Fairclough & Fairclough,2011;Holden,2017)、媒体话语(Fairclough,1995;van Dijk,1991;Koller,

2005；Carpentier & De Cleen，2007；Reynolds，2019)、性别话语(Clark & Zyngier，1998；Walsh，1998；Matwick，2017)、机构话语(Wodak，1997；Wodak et al.，2012；Hopewell，2017)、社会工作话语(Wodak，1996；Thomas & Hewitt，2011)以及教育话语(Kress，1996；Chouliaraki，1998；Paugh & Dudley-Marling，2011；Sperka et al.，2018)等。

近年来，批评话语分析开始借鉴语料库语言学和认知语言学领域的研究成果，将语料库技术和话语认知纳入批评话语分析，这也推动了批评话语分析的新发展。语料库语言学的检索功能和统计手段给句法研究、语篇分析、会话分析和语音研究提供了方便(潘永樑，2001)。将语料库技术引入批评话语分析，也就是说在定性分析的过程中加入定量分析，说服力大于单纯从定性的角度对语篇进行的批评性解读和阐释。国外学者已经在对多种话语类型的批评研究中引入语料库定量分析，例如 Krishnamurthy(1996)、Baker 和 McEnery (1996)、Baker(2004)、Gabrielatos 和 Baker(2008)、Grundmann 和 Krishnamurthy(2010)、Hunt(2011)、Jaworska 和 Krishnamurthy(2012)、Efe 和 Ozer(2015)、Muelas Gil(2019)，以及 Brookes 和 McEnery(2020)等。国内将语料库技术结合到批评话语分析中的学者有钱毓芳(2010a，2010b，2010c)、唐丽萍(2011)、郭松(2011)、朱晓敏(2011)、唐丽萍和马月秋(2013)、张淑静(2014)、杨敏和符小丽(2018)、王琦(2019)、刘曼(2020)，以及杨敏和侍怡君(2021)等。

与认知语言学的结合是批评话语分析跨学科研究的另一个新动向。张辉和杨艳琴(2019)称之为批评认知语言学，关注的是言语使用和其引起的相关联的概念结构，以及这些概念结构在话语语境中所承担的意识形态或合法化的功能。虽然 van Dijk(1993)很早就论述了批评话语分析与社会认知之间的关系，但由于没有利用当今认知科学和认知语言学理论来丰富和完善这项研究，使批评话语分析的认知研究停滞不前(Chilton，2011)。Wodak(2006)认为在话语分析，尤其是批评话语分析的理论形成过程中需要高度关注的是"社会和语言之间的媒介"。她所说的媒介其实是人类的大脑，因为大脑可以将语言和社会连接起来。因此，近年来越来越多的学者开始在批评话语分析中引入认知语言学的一些理论思想和分析框架，如 O'Halloran(2003)、Koller (2005)、Hart(2010，2011，2014a，2014b，2015，2018a，2018b，2018c)、张辉和江龙(2008)、陈鹤三(2011)、辛斌(2012)、张辉和张天伟(2012)、周红英(2014)、沈继荣和辛斌(2016),以及张天伟和郭彬彬(2016)等。

近年来,批评话语研究的一个新视角是与互文性分析相结合。批评话语研究中的互文性分析通常分两个层面:一是具体语篇所利用的互文资源,既包括涉及的以往语篇,也包括体裁、风格、话语等常规惯例;二是生成和阅读语篇所涉及的那些互文实践,其中各种现存的语篇、体裁和话语相互吸收和利用(辛斌,2021)。纪卫宁和郭飞(2017)探讨了体裁互文性研究如何在批评话语分析视域下兼顾语言内和语言外研究,从而揭示语篇作为社会实践的一部分再现社会现实、构建社会关系的功能。还有学者以广告、新闻、演讲、学术等具体语篇为语料,探讨批评话语研究中的互文性,如李桔元(2008)、赖彦(2009)、窦卫霖和陈丹红(2009)、马笑清(2015),以及赵芃和刘璇(2018)。

然而,批评话语分析这个研究范式在发展过程中还是受到了较多的质疑。比如,批评话语分析所借用的理论是否合理、分析是否有效、结果是否可靠,批评话语分析本身是否能够形成统一的分析框架,以及批评话语分析内部核心概念诸如"意识形态""权力""批评"等是否有明确统一的厘定等。不可否认的是,批评话语分析作为话语分析的一支重要力量,将语言结构与社会实践相结合,通过分析话语内部的语言特征以及话语产生的社会语境和情境语境来考察语言背后的价值观和意识形态意义,揭示语言、意识形态和权力之间错综复杂的关系,进而帮助人们更深刻地理解话语的产生以及话语产生背后的态度语义。因此,这种研究范式对话语分析以及话语与社会的关系研究来说都是一种重要的补充。

2.1.3 语料库语言学

语料库作为语料库语言学的一个核心概念,指的是一个由相当规模的自然语言或交际话语随机抽样构成的用来对语言或话语进行描写和研究的语言仓库。语言库语言学则是在语料库的基础上结合检索、统计、运算等计算机技术来分析和研究语言的学科。语料库语言学在西方有两个源流:一个是20世纪60年代初语言学研究中英国的实证主义思潮和实践,以及美国的结构主义语言学传统;另一个是自然语言处理研究,尤其是机器翻译领域中的语料库开发(李文中,2010)。而实际上,"语料库语言学"这一名称直到20世纪70年代末80年代初才真正得到使用,并赢得语言学界的尊重(Aarts,2007:58)。因此,语料库语言学可以被看作语言学大家庭中的一个新成员。Baker(2010:5)

认为语料库语言学的真正流行还得归功于 20 世纪 90 年代个人计算机的
普及。

如前所述,语料库语言学是在语料库的基础上,结合相关的计算机技术来
进行语言分析的学科。因此,从某种程度上来说,语料库语言学指的是电子语
料库语言学。但是,在电子技术出现之前,与语料库相关的语言研究就已经出
现,不过这个阶段的语料库主要是用手工进行标注和处理的,所以也被称为手
工语料库时期。Kennedy(1998:13)认为这个时期是基于语料库的语言研究
的一个重要发展阶段,人们开始借用语料库来研究《圣经》、文学作品、辞典编
撰、方言、语言教育以及语法。手工语料库时期的典型代表就是英国伦敦大学
的伦道夫·夸克(Randolph Quirk)等学者建立的"英语用法调查"(Survey of
English Usage)语料库(简称"SEU 语料库")。它是英语世界中第一个大规模
用于实证语法研究的语料库,就是后来人们常说的标准英语语法,它是 1985
年出版的《英语语法大全》(*A Comprehensive Grammar of the English
Language*)的前身(Teubert & Čermáková,2007:51)。

美国布朗大学的内尔松·方济(Nelson Francis)和亨利·库切拉(Henry
Kučera)于 1964 年建立的布朗语料库(Brown Corpus)是世界上第一个电子语
料库,它的建立标志着电子语料库时代的到来。布朗语料库收集的是当代美
国英语语料,而斯蒂格·约翰逊(Stig Johansson)、杰弗里·利奇(Geoffrey
Leech)和海伦·古德拉克(Helen Goodluck)三位学者于 1978 年建立的 LOB
(Lancaster-Oslo-Bergen)语料库则是一个代表当代英国英语的语料库,规模
和布朗语料库相当。1975 年,瑞典学者扬·斯瓦特维克(Jan Svartvik)建立了
LLC 语料库(London-Lund Corpus),收集 SEU 语料库中的口语部分(Survey
of Spoken English),填补了电子语料库时代口语语料库的空白。布朗语料
库、LOB 语料库以及 LLC 语料库等均被视为第一代语料库的典型代表
(Kennedy,1998:23-33)。

第一代语料库的规模并不大,但是随着语言学的发展,这些规模的语料库
对于大多数词汇和语义研究来说还是太小了,需要建立更大规模的语料库。
所以,此后建立的语料库规模要比第一代语料库的规模大很多,有的甚至达到
了一亿词次或者更多(Kennedy,1998:45-46)。这些规模更大的语料库被视为
第二代语料库。它们中的主要代表有 CoBuild 语料库(Collins Birmingham
University International Language Database)、朗文语料库(Longman Corpus

Network)、英国国家语料库(British National Corpus)与国际英语语料库(International Corpus of English)。CoBuild 语料库是柯林斯出版公司与伯明翰大学共同开发完成的语料库;朗文语料库是由黛拉·萨默斯(Della Summers)的团队和杰弗里·利奇共同建立的,收录了英国英语、美国英语及世界上其他英语国家的英语变体,规模达五千万词次;英国国家语料库受到英国政府资助,由牛津大学、兰卡斯特大学和大英图书馆以及包括牛津大学出版社在内的多家出版公司共同打造,收录了当代英语口语和书面语,涵盖各种不同的语类,总规模达到一亿词次;国际英语语料库是由伦敦大学学院的悉尼·格林鲍姆(Sidney Greenbaum)主导建立的一个超大规模的语料库,收录了世界范围内主要英语国家的各种英语变体,包括口语和书面语,用于英语变体的比较研究,该语料库含有 20 个平行次语料库,每个平行次语料库的规模都达一百万词次(Kennedy,1998:46-57)。

对于语料库语言学到底是研究方法还是独立的学科这个问题,学界一直存在不同的声音。有些学者认为语料库语言学是一种研究方法,即通过语料库数据来验证已有的理论和假设,同时也认为语料库语言学只有将自身结合到其他语言学领域的研究中才能体现自己的价值(Gries,2006,2010;McEnery & Wilson,2001;Meyer,2002;McEnery,Xiao & Tono,2006;Partington,Duguid & Taylor,2013)。有些学者则认为语料库语言学是一种理论,即从真实语言数据出发,对语言进行全新描写,因此其内涵早已超越一般意义上的方法论(Leech,1992;Tognini-Bonelli,2001;Teubert,2005)。

学界的不同声音也反映了语料库语言学领域内部长期以来关于"基于语料库"和"语料库驱动"两种范式之间的争论。布朗语料库团队、夸克领衔的"英语用法调查"语料库团队,以及以利奇为首的英国兰卡斯特大学的语料库语言学研究团队在语料库建设和研究过程中彼此交流、相互影响,逐渐形成了"基于语料库"的研究范式。"语料库驱动"的研究范式以英国伯明翰大学的约翰·辛克莱(John Sinclair)为主要代表人物,他也是新一代"新弗斯学派"的核心成员。这一学派主张从语料库中建构理论、以全新视角对语言进行描写,关注搭配和意义,并认为搭配和意义是密不可分的(梁茂成,2012)。虽然"基于语料库"和"语料库驱动"是语料库语言学内部互为独立的分析范式,其分析结果不同,但可以互为补充,两者的结合可以使人们更全面地描述使用中的语言(Aarts,2007:71-72)。

　　尽管两种分析范式在哲学基础、研究目的、分析步骤、语料库的具体标注方法、语料库建设中的文本取样方法、语料库分析中的统计学方法以及对非语料库语言学研究方法接受程度等各方面存在着差异（梁茂成，2012），但是两种范式之间的竞争也推动了语料库语言学的建设和发展，并成为当今语言学研究中一股不可忽视的力量，其重要性和对语言研究的实际价值正在逐步突显。"语料库驱动"的分析范式虽完全采用自下而上的方法，但在观察索引行、对语言现象进行分析和归纳时，又难以摆脱现有知识体系的影响，而且该范式完全排斥诱发数据等非语料库数据，所以这种排他性也很难被所有研究者接纳（梁茂成，2012）。由此可见，自身的局限性也限制了"语料库驱动"的分析范式在其他语言学研究中的作用。然而，随着语料库技术的不断进步，各语言学领域的学者逐渐意识到语料库的价值，并在自己领域的研究框架下越来越多地使用语料库来丰富研究手段，进行"三角验证"。这种趋势的持续会使得"基于语料库"的分析范式逐渐成为语料库语言学的主流范式和默认范式，语料库语言学方法论的特点会得到不断加强（梁茂成，2012）。

　　国内语料库的建设起步较晚，始于 20 世纪 70 年代末，但取得的成绩是有目共睹的。纵观四十多年的发展，我们可以发现国内在汉语语料库、英语语料库、双语平行语料库的建设方面取得了重大进展，为传统语言研究和辞典编撰研究提供了丰富的数据支撑和分析范式。在汉语语料库建设方面，主要有北京大学中国语言研究中心的现代汉语语料库和古代汉语语料库（简称"北大CCL 语料库"）、国家语委的语料库在线、中国社科院的现代自然口语语料库、北京航空航天大学现代汉语语料库，以及中国传媒大学文本语料库等。在英语语料库建设方面，主要有广东外语外贸大学和上海交通大学共同建立的中国学习者语料库、南京大学建立的中国英语学习者口语语料库、解放军外国语学院建立的军事英语语料库、上海交通大学建立的新视野大学英语教材语料库等。在双语平行语料库建设方面，主要有北京外国语大学的汉英平行语料库、外语教学与研究出版社建立的中国经典文学作品汉英平行语料库。此外，在文学翻译领域，国内学者也开始引入语料库进行研究，如上海交通大学建立的莎士比亚戏剧英汉平行语料库。

　　近年来，随着语料库研究的日益繁荣，语料库作为一种实证分析的范式逐渐渗透到传统语言学、辞典编撰、翻译、自然语言处理等领域。所以，国内语言学界除了介绍西方学者在语料库语言学方面的成果外，也出现了利用语料库技术和思想进行汉语语言学、文学翻译、辞典编撰等方面的实证研究,甚至国内的外语类核心期刊《外语研究》在 2009 年第 5 期组织了一个语料库研究专栏,来专门呈现国内学者在语料库语言学领域的研究现状和发展趋势。不管是语料库的建设、对西方语料库语言学成果的介绍,还是利用语料库思想和技术开展各种实证研究,都推动了中国的语料库语言学发展的步伐。

2.2　批评隐喻分析的研究路径

2.2.1　批评隐喻分析的实际应用

批评隐喻分析的核心理念来源于概念隐喻理论。如前所述,概念隐喻理论是在莱考夫和约翰逊合著的《我们赖以生存的隐喻》一书中首先提出来的,这本书也被认为是认知语言学领域的奠基之作。两位学者通过对大量英语隐喻表达的研究发现,隐喻无处不在,我们的大多数概念系统都是以隐喻的方式建构的,而且正是这些概念系统无时无刻不在影响着我们的思维和行动,建构着人与人、人与世界之间的关系。隐喻不再被看作一种语言上的修饰,而是人们通过一个事物来理解另一个事物,以实现对周围世界和自身行动概念化的基本认知图式。他们认为,一种文化中最基本的价值观和该文化中通过隐喻建构起来的基本概念系统是一致的,所以说我们的价值观并非独立存在的,而是一种与我们所赖以生存的隐喻性概念系统相一致的系统(1980:22)。因此,我们可以通过对特定群体中处于支配地位的概念隐喻的寻找,来挖掘该群体所共享的价值理念和心智模式。

批评隐喻分析是批评话语分析的重要手段之一,其目的是探索语言运用背后的意图和意识形态(Charteris-Black,2004:34)。隐喻富含情感信息,而且容易激发情绪反应(Hill & Levenhagen,1995)。Fairclough(1989:119)指出不同的隐喻依附着不同的意识形态。Lakoff(1991)认为隐喻不仅可以限定我们所关注的东西,强化我们所看到的东西,而且还给我们的劝说提供推理结构。所以,隐喻作为一种有意识的语言资源常常被语篇生产者用来对某些隐性信息进行编码,而批评隐喻分析则有助于揭示这些隐含在语篇中不易被察觉的隐性信息。具体来说,批评隐喻分析是一种以概念隐喻理论为基础,结合语料库技术,并借鉴认知语言学和语用学领域的相关思想,来研究话语中的隐喻现象,考察话语隐喻的认知功能和交际意义,进而揭示话语群体的信仰与态度等意识形态层面意义的分析范式。由此可见,批评隐喻分析揭示的是潜在的意识形态、态度和信念,所以它是一种可以让我们更好地理解语言、思维和社会语境之间复杂关系的重要途径(Charteris-Black,2004:42)。

西方学者已经开始运用批评隐喻分析的方法来研究政治、教育、经济、新闻、宗教、种族等多个领域的语言事实及其背后的信仰、态度和情感问题。如Lakoff(1991)分析了美国政府为海湾战争的合法性进行辩护的隐喻系统;Goatly(2002)通过分析发现了官方教育话语中潜在的概念隐喻的局限性和不一致性;Cameron(2003)研究了教育话语中的隐喻使用现象以及潜藏在背后的教育理念;Charteris-Black(2004)运用批评隐喻分析技术,全面分析了政治话语、经济话语、新闻话语和宗教话语中的隐喻问题;Koller(2004)从批评隐喻的视角出发分析了商务新闻话语的隐喻现象及其与性别的关系;Musolff(2008)回顾了隐喻作为批评话语分析手段和作为传统修辞手段在话语分析中的差异,通过分析种族话语和歧视性宣传话语中的隐喻,以及如何解读像"思维病毒"这样具有意识形态意义的隐喻等内容,指出批评隐喻分析不仅有助于隐喻映射中的概念重现,而且还有助于理解这些映射的话语历史;Bialostok(2008)通过批评隐喻技术分析了父母在接受采访时如何使用隐喻来表述孩子的阅读习得技巧,这些隐喻不仅有助于父母组织自己的推论,而且还可以在交际层面上揭示某种社会文化信息;Pérez-Sobrino(2013)从批评隐喻的视角分析了《纽约时报》中对伊朗绿色革命的报道所涉及的"国家是人"(NATION IS A PERSON)的概念隐喻,进而揭示隐喻作为核心资源在新闻话语中参与建构和再现意识形态意义的功能;Atanasova(2018)从批评隐喻与说辞策略的角度探究了个人肥胖博主与医学专家开设的肥胖博客中与"减肥"相关的隐喻表达,双方就减肥前后的叙述均倾向于使用旅行隐喻,但个人博主将自己隐喻化为旅行者,而专家博主将自己隐喻化为导游,不同的隐喻表达有助于个人对经历的表述且对医患关系与沟通有积极的影响;Baş(2020)借助批评隐喻与MIP 隐喻识别程序,分析了"民主"这个社会政治术语在土耳其语与美国英语中是如何被隐喻表征的,土耳其人说得最多的是"民主是目的地",而美国人则是"民主是战争",进而提出不同的隐喻表征反映了人们对所处民主环境认知的差异。

　　国内的批评隐喻研究相比西方要开始得晚一些,但是也出了不少成果,而且集中在最近几年。纪玉华和陈燕(2007)是国内较早介绍批评隐喻分析的学者,他们以英美政客在跨文化语境中的演讲为语料,详细介绍了批评隐喻分析这种新范式在实际话语分析中的应用。李艳芳(2010)指出对隐喻的批评性分析可以帮助我们识别文本中没有明确表达的内容,有助于更好地理解修辞与权力和意识形态的关系。

　　后来也有不少国内的话语分析者将批评隐喻分析范式运用于不同类型的话语文本中。例如,丁海燕和汪少华(2010)从批评隐喻分析和语法隐喻分析的视角探讨了中美两国就公司法中关于"公司"一词的不同概念化过程及其各自的意义建构,体现了架构者不同的意图以及"公司"一词所规定的社会权力结构特征上的差异;孙毅(2010)以"CCTV"杯全国大学生英语演讲比赛演讲稿为语料,将批评话语分析和概念隐喻理论紧密结合起来,尝试性地辨认、分析和诠释公众演讲语篇中具有特定意识形态的隐喻机制的重大劝谏性功能;陈敏(2010)以语料库为基础,分析了经济话语中的概念隐喻,揭示了概念隐喻背后的社会文化特征与意识形态功能;张蕾(2011)从批评隐喻的视角对比分析了英汉语篇中奥运经济的隐喻表征,探讨了同一经济现象的语篇表征是否存在着不同经济价值观的融合和冲突;吴丹苹和庞继贤(2011)基于美国前总统乔治·布什每周电台演讲的语料库,重点考察他为伊拉克战争所做辩护中隐喻使用的类别、说服功能及话语策略,指出隐喻能有效唤起听众内心的情感,使演讲者的行动与意图合理化、合法化,进而实现演讲者的交际目的;林宝珠(2012)对比分析了中美政治话语中隐喻的意识形态力,认为政治演讲中的隐喻除了以简单概念减轻听众的理解负担外,还可以实现灌输演讲者的观点、引导听众的思考方向、激发听众情感和劝说听众的目的;凤群(2013)利用批评隐喻技术分析了四位美国总统的演讲,探讨了隐喻折射出的四种各有特色的政治神话;翁青青(2013)利用批评隐喻分析的方法定量分析了英国、加拿大、中国在德班气候大会发言中的隐喻使用差别,从概念隐喻的角度定性分析各方所用隐喻背后隐含的政治动机,并探讨了三个国家是如何通过隐喻来构建"自我—他人"身份;孙亚(2013)从批评隐喻分析的视角研究了教育话语、健康话语,以及商务话语等不同话语类型,探讨了潜藏在隐喻背后的意识形态意义;江春(2014)从批评隐喻分析的视角研究了过去三十年中文媒体中的平面广告文本,对比分析了不同时期广告文本中的高频关键词、广告诉求、隐喻表达与隐喻图像的差异,及其背后的意识形态特征;唐韧(2016)以英国政府报告和大臣演讲中与"社会排挤"相关的话语为语料,采用批评隐喻的方法识别了里面的隐喻,归纳出"容纳""运动""疾病"和"契约"四个始源域,这些隐喻话语被政客们用来掩饰社会不平等,隐含表达了被排挤者有义务将自己融入社会并换取国家福利的逻辑;潘艳艳和郑志恒(2017)从多模态的视角分析中美征兵宣传片,采用认知-功能分析法,在隐喻和转喻分析的基础上揭示中美征兵宣传片在叙事模式与话语策略以及意识形态上的差异;李曙光和杨玲(2019)从批评隐喻的视角分析美国排华话语中的隐喻表达,从话语与认知的角度揭示华侨、华人遭遇的歧视与不公,指出隐喻表征与认知所构建的意识形态以潜在的方式影响着公共决策与个人行为。

综观国内外的众多研究成果,批评隐喻分析作为一种文本分析方法可以用于研究各种话语,这些研究尽管有的是单语研究,有的是双语对比,还有的采用语料库甚至多模态的分析方法,但是总体上以政治话语居多。这可能与政治话语中意识形态较为集中与鲜明有关(徐莹等,2013)。虽然有些学者已经开始将批评隐喻范式用来分析经济或商务话语中的隐喻现象,但是企业家作为经济和商务活动的一类特殊群体,他们的话语隐喻是如何体现在日常话语中的,以及它们又传递了说话人怎样的情感和态度,似乎很少被关注。国外在这方面已经有一些相关的研究,如 Dodd(2002)和 Cardon 等(2005)。Dodd(2002)以通俗商业刊物中的企业家人生故事为语料,通过分析,他发现用来描述美国企业家商业精神的喻体有七个,分别是旅行、比赛、养育、建造房子、战争、疯狂举动以及激情行为。Dodd(2002)以这些概念隐喻为基础进一步建立了有关美国企业家精神的文化模型。Cardon 等(2005)深入探讨了用于描述企业家精神的"亲子关系"隐喻,全面分析了"抚养子女"与"商业行为"之间的对应关系,并且对该隐喻的局限性进行了反思。他们认为,隐喻分析可以很好地揭示情感因素与企业家行为之间的内在关联,因而会比现有的理论更能激起企业家自身的共鸣。然而,国内暂无对中国本土企业家的话语隐喻进行批评隐喻视角的探析。

2.2.2 批评隐喻分析的一般路径

Fairclough(1989:109)提出了批评话语分析的三阶段模式:描写(description),即语篇的语言描写;解读(interpretation),即解读语篇及其推理过程之间的关系；阐释（explanation），即解释推理过程与社会语境之间的关系。在 Fairclough（1989）的基础上，Charteris-Black（2004，2005）认为批评隐喻分析也包含三个阶段，分别是隐喻的识别（identification）、隐喻的解读（interpretation）和隐喻的阐释（explanation）。其中，隐喻的识别是指识别出语篇或话语中的隐喻性语言表达，隐喻的解读是指参照概念隐喻来说明这些隐喻性语言表达之间的关系并将它们进行归类，而隐喻的阐释则是解释隐喻使用背后的意识形态动机。

在隐喻的识别阶段，Charteris-Black（2004：31）认为最好借助语料库语言学的方法，因为语料库和其他那些为了专门的研究目的而设计的适合特定语境的文本相比具有自己的优势：语料库所收集的文本源于自然语言，而且语料库具有一定的规模，所以得出的数据也更具有说服力。因此，在隐喻识别前，有必要先建立一个语料库，然后通过隐喻识别的方法对语料库进行检索，识别出隐喻性的语言表达。在隐喻的说明阶段，我们分析隐喻性语言表达之间的关系，归纳出始源域以及概念隐喻。在隐喻的阐释阶段，解释说话人在隐喻使用上为什么会有不同的偏好，及其背后有着怎样的交际意图和情感，所以这个阶段主要是从话语策略、意识形态与社会文化的视角阐释从前面识别和归纳出来的概念隐喻。

与查特里斯-布莱克（Charteris-Black）的批评隐喻分析模式不同，Hart（2008）提出了另一种批评隐喻分析的模式。他在 van Dijk（2001：98）"话语（Discourse）—社会认知（Social Cognition）—社会结构（Social Structure）"（见图 2.2）的批评话语分析模式的基础上提出了"隐喻（Metaphor）—归约性复合体（Entrenched Blends）—社会结构（Social Structure）"（见图 2.3）的批评隐喻分析模式。该分析模式将批评话语分析与概念整合理论相结合，因为 Hart（2008）认为概念整合理论的隐喻观比概念隐喻理论的隐喻观更契合批评话语分析，二者之间的兼容性更强。然而，Hart（2008）主要探讨的是概念整合理论和批评话语分析的融合基础，他在这个基础上提出批评隐喻的分析模式，但是该模式还没有详细的操作步骤可循。而查特里斯-布莱克的三步骤批评隐喻分析模式已经在政治、新闻和宗教等不同的话语类型中得到了印证，更具可操作性。所以，本书中涉及的批评隐喻分析主要借鉴查特里斯-布莱克的分析模式。

Social Cognition

Discourse　　　　　　　Social Structure

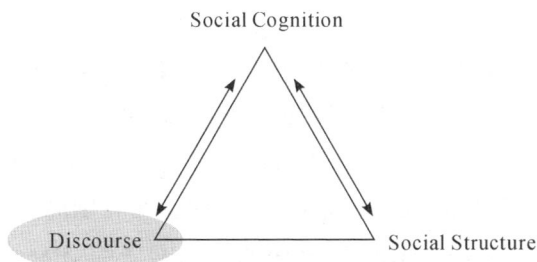

图 2.2　"话语－社会认知－社会结构"三角

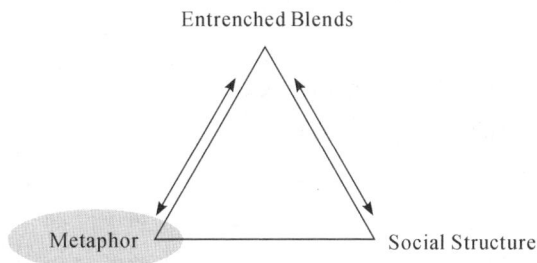

Entrenched Blends

Metaphor　　　　　　　Social Structure

图 2.3　"隐喻－规约性复合体－社会结构"三角中的隐喻

2.3　企业家话语的批评隐喻分析

本书是对中国企业家话语中隐喻现象的批评性分析,将采用定量和定性相结合的研究方法,同时融合概念隐喻理论、语料库语言学与批评话语分析等理论基础,探究中国企业家隐喻话语背后的情感、信仰、价值等意识形态层面的意义。在研究过程中,我们主要采用 Charteris-Black(2004)的批评隐喻分析模式,即隐喻的识别、隐喻的解读和隐喻的阐释。

2.3.1　隐喻的识别

在企业的经营管理活动中,隐喻性语言可以用来描述创意是如何产生和表达的、如何解决经营中的困难和问题、如何说服其他人(如投资人、经销商、供应商、客户)相信某些想法或者概念是可行的。同样,隐喻性语言还可以用来讨论企业家精神、如何成为一名企业家,以及整个创业过程(Dodd,2002)。鉴于本书的研究目的,我们只关注两个主题,分别是"企业是什么"和"做企业就是做什么"。

围绕这两个主题,我们首先建构了一个中国企业家话语语料库,然后系统地收集中国企业家话语语料库中与"企业是什么"和"做企业就是做什么"相关的隐喻句。接着,再对这些隐喻句进行仔细分析,甄别出其中的隐喻表达和隐喻关键词,并建立了带标注的隐喻话语语料库。在甄别的过程中,我们借鉴了Pragglejaz Group(2007)提出的 MIP 隐喻识别程序与 Steen 等(2010)提出的MIPVU 隐喻识别程序。

MIP 隐喻识别程序主要针对"间接性"的语言表达,识别过程大致可以分为以下四个步骤:

(1)阅读整个语篇,大致理解其意义。

(2)确定语篇中的词汇单位(lexical unit)。

(3)(a)确立文本中每个词汇单位在语境中的意义,也就是说,它是如何在由文本引发的情境中去描述实体、关系或属性的,即语境义(contextual meaning)。确立语境义时,还要考虑该词汇单位前后的内容。

(b)确定每个词汇单位在其他语境中是否还有比在当前特定的语境中更基本的意义。

(c)相比当前特定的语境,如果词汇单位在其他语境中有更基本的意义,那么就要确定其语境义是否与基本义形成对比,且前者可通过与后者的比较得以理解。

(4)如果该词汇单位的语境义确实与其基本义形成对比,且语境义可通过与基本义的比较得以理解,就把该词汇单位标注为隐喻性用法。

例如,隐喻句"我们/知道/B2C/、C2C/的/市场/很/大/,要/抢占/制高点/",共有 11 个词汇单位,其中"抢占"与"制高点"两个词汇单位的语境义分别是"获取"与"更多的市场份额",基本义分别是"抢先占领"与"军事上指能够俯视、控制周围地面的高地或建筑物",因此其语境义与基本义形成对比,并且能通过与后者的比较来理解前者,即我们通过"在战争环境中抢先占领军事要地"的概念来理解"我们在商业环境中获取更多市场份额"的概念,从而判断出这两个词汇单位属于隐喻性用法。

MIPVU 隐喻识别程序是由阿姆斯特丹自由大学(Vrije Universiteit Amsterdam)的研究人员在 MIP 的基础上发展而来的。MIPVU 针对的是"直接性"的语言表达,即明喻与其他"显性对比表述"(Semino et al.,2018:60),

如"做企业就像养猪、种树"。

2.3.2 隐喻的解读

在隐喻的识别阶段,我们得到的是一系列语言隐喻,或者说隐喻性的语言表达。在隐喻的解读阶段,我们需要判断这些语言隐喻与支配它们的认知语用因素之间的关系(Charteris-Black,2004:37)。换言之,在这个阶段我们需要从认知的层面先对这些语言隐喻进行分类,找出各自的始源域,然后归纳出隐藏在隐喻表达式中的概念隐喻。

由于本书选取的两个主题是"做企业"和"企业",因此在对概念隐喻的归纳中,我们借鉴了 Kövecses(2010:151)对隐喻系统的分类,他认为不同的概念隐喻可以构成更高层级的隐喻系统,分别是事物隐喻(the Great Chain of Being metaphor)和事件结构隐喻(the Event Structure metaphor)。事物隐喻是指以隐喻的方式对世界上的事物进行概念化,而事件结构隐喻则是指以隐喻的方式理解事件状态的变化。认知语言学家认为"事物"和"关系"是建构和理解现实世界的两类基本概念实体。具体来说,"事物"指的是在空间和时间上具有稳定状态和固定位置的实体,而"关系"正如其字面意义所示,指的是各种概念实体之间的相互作用。从这个角度来讲,事物隐喻和事件结构隐喻的分类有点类似于认知语言学中"事物"和"关系"的分类。因此,与"做企业"相关的概念隐喻基本上可以归入事件结构隐喻,与"企业"相关的概念隐喻基本上可以归入事物隐喻。

2.3.3 隐喻的阐释

隐喻的阐释需要明确隐喻产生的社会机构以及隐喻在劝说中的社会作用,概念隐喻的形成正好有助于我们阐释隐喻的劝说功能。这就是说,只有在隐喻的话语功能确定之后,我们才可以挖掘潜藏在隐喻使用背后的意识形态意义与修辞动机(Charteris-Black,2004:39)。通过对企业家话语中概念隐喻的整理、分类与统计,在隐喻的阐释阶段,我们需要对统计结果进行分析和反思,进而阐释企业家话语中这些概念隐喻使用背后的态度情感与修辞动机等话语的交际目的。

Lakoff 和 Johnson(1980:10)曾指出:隐喻的系统性使我们能够用一个概念来理解另一个概念的某些方面,同时它也必然隐藏了那个概念的其他方面;

它允许我们聚焦于某个概念的某一个部分内容,同时也会使我们忽略这个概念中与该隐喻不一致的内容。因此,对"企业"这个复杂事物的认识以及"做企业"这个复杂事件过程的描述,我们不可能只依靠某一个始源域(或概念隐喻),而是需要通过不同的始源域(或概念隐喻)才能对它们有更全面的理解。但是,在这么多概念隐喻中,我们需要考虑如下问题:哪些概念隐喻处于支配性地位? 哪些概念隐喻处于辅助性地位? 它们又是如何共同影响企业家话语社团的共享心智模式的? 在本书后面几章里,我们将就这些问题进行详细论述。

第3章 企业家话语隐喻及其心智模式

"心智模式"这个概念最早由心理学家肯尼思·克雷克提出。他认为,心智将现实建构成"小型的模式",人们用它来对事件进行预测、归因以及做出解释(1943:61)。Senge(1990:11)将"心智模式"引入了管理学,他指出,心智模式是那些深深根植于我们头脑中的设想、概括甚至图片,它们影响着我们如何理解周围的世界,也决定了我们如何采取行动,但我们通常无法意识到心智模式的存在或者心智模式对我们的行为所产生的影响。简单地说,心智模式指的就是个体认知系统所建构的用来解释外部世界的内在表征(Denzau & North,1994)。Hill 和 Levenhagen(1995)进一步指出,企业家心智模式的发展通常会经历隐喻化阶段。只有通过隐喻,直觉性的心智模式才能转化为形式化的心智模式。因此,隐喻认知是企业家心智模式发展中的关键环节。准确地理解企业家的隐喻话语,系统地梳理这些话语背后的概念隐喻,有助于我们更好地理解他们的情感、态度与构想(Cameron & Maslen,2010:vii),进而有效地分析和把握企业家的心智模式。

在过去的几十年中,人们对隐喻的认识也发生了根本性的变化。以传统修辞学为代表的观点认为,隐喻是一种修饰性的语言现象,它是文学中常用的表现手法。但人们在越来越多的实证研究和理论探索中发现,隐喻普遍存在于我们日常生活的各个领域,隐喻不仅仅是一种语言上的修饰,而且是一种基本的认知机制,它无时无刻不在影响我们的概念系统建构以及与之相应的行为方式(Lakoff & Johnson,1980;Raymond & Gibbs,2008)。根据概念隐喻理论,我们的概念系统多数是以隐喻的方式建构的,它们影响着我们看待世界的方式;同时,我们可以基于认知语用层面的因素,通过系统的语言分析寻找诸多隐喻表达背后的概念隐喻(Lakoff & Johnson,1980;Charteris-Black,2004)。在概念隐喻理论的基础上,批评隐喻分析进一步整合了批评话语分析、语料库分析和语用学思想,探讨隐喻话语生成者的意图和话语背后的意识形态。本章将以中国企业家的自然话语为语料,建构一个企业家话语总语料库,通过隐喻识别程序识别总语料库中的隐喻句与隐喻表达,然后建构一个以总语料库为基础的企业家隐喻语料库,在聚类分析的基础上形成中国企业家话语的概念隐喻网络,归纳出支配性概念隐喻与辅助性概念隐喻,并对统计结果进行分析和反思,进一步阐释企业家话语中概念隐喻使用背后的态度情感与修辞动机,从而探究中国企业家话语社团的共享心智模式。

3.1 语料库与数据统计

本章主要从整体上分析中国企业家话语中的隐喻现象。首先,我们构建了一个较大规模的语料库,收集了《总裁的智慧——中国顶级 CEO 演讲录》第 1 至 8 册的全部内容,总规模约为 153 万字。根据 1.2.2 小节所述,该语料库在本书中被称为企业家话语总语料库(以下简称"总语料库")。在这个较大规模的总语料库中,我们借鉴了 Pragglejaz Group(2007)提出的 MIP 隐喻识别程序与 Steen 等(2010)提出的 MIPVU 隐喻识别程序,识别总语料库中与"企业"和"做企业"两个主题相关的隐喻句,分析发现总语料库中与这两个主题相关的隐喻句共有 3489 句。在这些隐喻句中,有些句子含有 1 个隐喻表达,有些句子含有 2 个隐喻表达,而有些句子则含有 3 个或 3 个以上的隐喻表达。例如,隐喻句"这个公司要走一百零二年,今年才走了九年,后面会变成什么样子",里面含有两个相同的隐喻关键词"走",这样,这句话的隐喻表达就计为 2 例(见表 3.1)。

表 3.1 总语料库句子中隐喻的分布情况

每句所含隐喻数	句子数量	百分比
1	2207	63.26
2	785	22.50
3	291	8.34
>3	206	5.90
总计	3489	100

表 3.1 显示,总语料库中所有与"做企业"和"企业"主题相关的隐喻句中,含有 1 个隐喻表达的句子占多数,共有 2207 句,占总数的 63.26%;含有 2 个或 2 个以上隐喻表达的句子共有 1282 句,占总数的 36.74%。通过对这 3489 个隐喻句进行分析,我们甄别出隐喻关键词,并最终识别出 5610 例隐喻表达。如前所述,语言隐喻是概念隐喻的具体表征方式,所以我们需要对上述统计出的 5610 例隐喻表达进行聚类分析,以便探寻更高层级的概念隐喻。经过进一步的分析,我们从这些语言隐喻中归纳出 11 类始源域(见表 3.2)。

表 3.2 总语料库中始源域分布情况

始源域	频数	百分比
战争	1397	24.90
人体	1348	24.03
旅行	1056	18.82
体育	824	14.69
物体	334	5.95
植物	209	3.73
游戏	172	3.07
亲情/养育	76	1.35
气候	65	1.16
容器	25	0.45
其他	104	1.85
总计	5610	100

表 3.2 向我们清晰展示了总语料库中隐喻的始源域分布情况。其中,排在前 4 位的始源域是"战争""人体""旅行""体育",分别占总数的 24.90%、24.03%、18.82%、14.69%。这 4 类始源域的总和占了总语料库中所有始源域总数的八成以上,即企业家借助这 4 类始源域建构隐喻的频度明显高于其他始源域,所以我们称其为高频始源域。除了这些高频始源域外,总语料库中还涉及"物体""植物""游戏""亲情/养育""气候""容器"等始源域。而且,企业家在演讲中还会使用诸如"地震""恋爱""日常生活"等始源域,但是它们的数量非常少,通常每类只有一两例,所以我们在统计的时候把它们归入"其他"类

当中。

　　根据批评隐喻分析框架,在隐喻识别的基础上,我们还需对这些语言隐喻进行归纳,从认知的层面探寻隐藏在话语隐喻中的概念隐喻,即隐喻的解读。如前文所述,我们识别的是总语料库中与"企业"和"做企业"主题(或目标域)相关的隐喻表达,因此,在隐喻的解读阶段,我们需要归纳出的概念隐喻表达式是"企业是什么"与"做企业就是做什么"。具体分布状况如下(见表3.3)。

表 3.3　总语料库概念隐喻在两个目标域中的分布情况

目标域	始源域	概念隐喻	频数
做企业	战争	做企业就是打仗	1397
	旅行	做企业就是旅行	1056
	体育	做企业就是参加体育比赛	824
	游戏	做企业就是玩游戏	172
	气候	做企业就是适应气候	65
	植物	做企业就是种植	60
	亲情/养育	做企业就是养育孩子	51
企业	人体	企业是人体	1348
	物体	企业是物体	334
	植物	企业是植物	149
	亲情/养育	企业是家庭	25
	容器	企业是容器	25

　　表3.3显示,目标域为"做企业"的概念隐喻有7类,分别是"做企业就是打仗""做企业就是旅行""做企业就是参加体育比赛""做企业就是玩游戏""做企业就是适应气候""做企业就是种植"以及"做企业就是养育孩子"。目标域为"企业"的概念隐喻有5类,分别是"企业是人体""企业是物体""企业是植物""企业是家庭"以及"企业是容器"。仔细观察,我们会发现,大多数始源域对应单一的概念隐喻,而有些始源域却对应多个不同的概念隐喻,如"植物"与"亲情/养育"。Charteris-Black(2004:91)认为如果某个始源域能够对应多个概念隐喻,那么它比那些只能对应单一概念隐喻的始源域在建构企业家话语隐喻上具有更大的潜力。

在 2.3.2 小节,我们引入了 Kövecses(2010:151)对隐喻系统的分类,他指出,不同的概念隐喻可以构成更高层级的隐喻系统,分别是事物隐喻和事件结构隐喻。事物隐喻是指以隐喻的方式对世界上的事物进行概念化,而事件结构隐喻是指以隐喻的方式理解事件状态的变化。由此可见,与"做企业"目标域相关的概念隐喻基本上可以归入事件结构隐喻,而与"企业"目标域相关的概念隐喻基本上可以归入事物隐喻。因此,我们对总语料库中得出的数据建立了相应的概念隐喻分类体系(见图 3.1)。

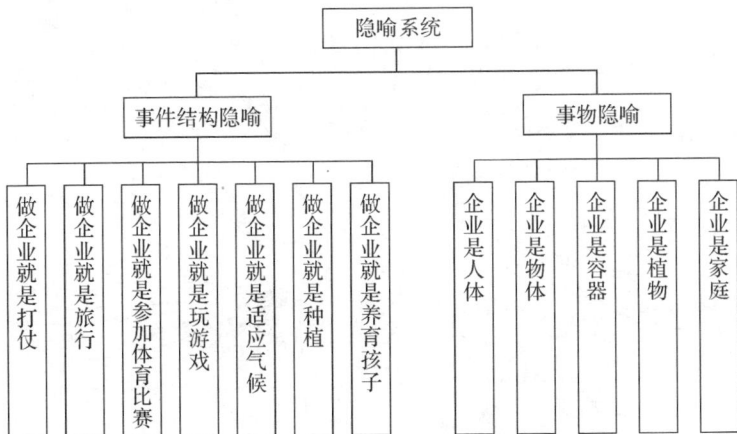

图 3.1　中国企业家话语隐喻的层级系统

尽管如此,本章接下来的讨论将基于上面统计得出的数据,从"做企业"与"企业"两个目标域维度讨论总语料库中涉及的事件结构隐喻与事物隐喻。

3.2　"做企业"目标域

3.2.1　战争隐喻

在总语料库中,中国企业家使用频率最高的是战争隐喻,占 24.90%。在创业与企业经营语境中,很多表达,如"军队""将士""战略战术""攻打""防御""武器""部署",都来自战争域。汉语中我们也经常能听到"商场如战场""商战"这样的表述。所以,"战争"成为中国企业家话语社团里最常见的始源域。

在战争始源域中,几乎所有的话语隐喻都可归纳为概念隐喻"做企业就是打仗"。Goatly(2007:72-74)认为战争域中的很多元素,如人、工具、前期准备、位置、攻打、抵抗等,在隐喻化过程中会被激活并参与映射。在总语料库中,我们也发现大量战争话语隐喻的表达,被用于描述"做企业"的过程(见图 3.2)。

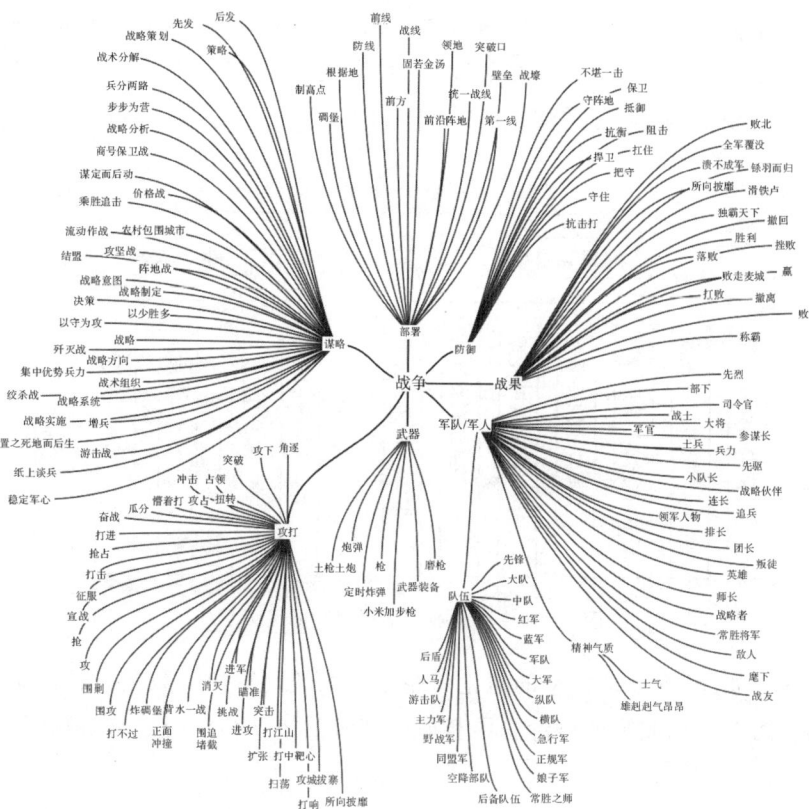

图 3.2　战争隐喻分布

图 3.2 显示,战争隐喻包含 7 个子类,分别是谋略隐喻、部署隐喻、防御隐喻、攻打隐喻、武器隐喻、战果隐喻、军队/军人隐喻。这 7 个子类是根据隐喻关键词的语义取向划分的,比如"游击队""参谋长"等隐喻关键词与军队/军人隐喻相关,"集中优势兵力""战略规划"与谋略隐喻相关,"打击""围攻"与攻打隐喻相关,"防线""战线"与部署隐喻相关,"抵御""把守"与防御隐喻相关,"枪""炮"与武器隐喻相关,"称霸""铩羽而归"与战果隐喻相关。

军队与军人的价值最直接的体现是能在战场上打仗。因此,不管是军人,还是由军人组成的军队,都是战争中的核心与主导因素,操控着战争结果的走向。在总语料库中,中国企业家使用了很多军队/军人隐喻表达。他们在使用"空降部队""同盟军""游击队""正规军""主力部队""后备队伍"等军队隐喻表达时,企业的员工从整体上被看作一支作战部队。当员工整体被企业家隐喻化为军队时,员工就需要做到个人服从整体,企业集体的利益高于一切,如:

(1)是不是外来的"空降部队"就一定不好呢?

(2)这里,我还是强化建立广泛的"同盟军"的概念。

(3)优先选拔责任结果好、在一线和海外艰苦地区工作的员工进入干部后备队伍培养,我们华为大学的第一期就办在尼日利亚。

(4)随着时代的发展,我们需要从"游击队"转向"正规军",像参谋作业一样策划市场、像织布那样精密管理市场。

(5)民营企业和国有企业、外资企业一道成为中国经济的主力军。

企业家在使用更具体的人,像"将军""连长""排长""战友""麾下"等军人隐喻时,企业中的个人或更具象的人就被隐喻化为具有军衔或职能角色的军人。现代企业为了能在严酷无情的商战环境中存活下来,这些更具象的个体的人就需要有视死如归的精神斗志,宁可头破血流也要保证企业打赢这场战争。演讲者把战争域中的个人牺牲与身体搏斗等方面的内容突显出来,有助于实现社会目标(Charteris-Black,2004:91)。因此,企业家使用军人隐喻,其修辞动机是从个体层面突显员工个人或中层领导在企业运营中对任务的执行力与领导力,如:

(6)但是有一天如果有重要项目,就不要派常胜将军上去。

(7)那么子公司的问题又带来了新的问题,就是你这个领军人物够格不够格当这个子公司的领导。

(8)这一点即使在新东方这样的培训学校都能体现出来,你给的工资高,优秀的老师就会自动到你麾下工作。

(9)我们忽略了心理测试,对他们的心理关怀也不够,不论谁出现这种情况,他们都是我们的战友……

(10)他们看看我也估计就是个连长、排长好当。

此外,军队与军人的精神气质也是整个企业在商战过程中不可或缺的元素。英姿飒爽、积极向上的精神风貌是军队和军人的心之所向,也是军队底气与实力的精神外显,如"雄赳赳气昂昂"就能够非常提振整支队伍的士气。同样,企业家通过使用这类隐喻,希望自己的企业拥有在黑暗中寻找光明的勇气与决心,如:

(11)如果大家都有这种士气,兵到底可以升变,团队的士气不言而喻。

(12)所以,虽然受行业环境影响,整个市场销售下滑,但队伍的士气不能衰退,还要雄赳赳气昂昂地奔赴前线,越在困难时越要看到光明的前途。

企业被视为军队,企业家被视为这支队伍的将军或统帅,企业的内部组织被看作具有不同功能的作战单位。首先,在将军的带领下,企业成员通过完成不同的任务,发挥出最大的整体效应。其次,应对复杂多变的经商环境与企业发展态势,因时制宜、灵活机动的战略战术也是企业赢取战役的关键。所谓"谋定而后动"就是在战争开始前要全面考察敌我双方的形势,制定周全的谋略而后才能行动。我们在总语料库中发现相当数量的谋略隐喻,如"以守为攻""阵地战""攻坚战""商号保卫战""战略策划""农村包围城市"等。中国企业家在使用谋略隐喻时,旨在突显企业的决策计划,因为整个战略战术是商战能否取胜、企业能否生存的关键。图3.2中显示的战争域中的谋略隐喻非常丰富,如:

(13)在这种情况下,我们公司要以守为攻。

(14)这是置之死地而后生,也许会把我们逼成一流的设备供应商。

(15)归核化可能就是我们企业的焦点法则,意思就是集中优势兵力打歼灭战。

(16)我们当然也不敢去了,也要农村包围城市,我们还要采取其他的一些手段。

(17)我们做任何事情都有好的策划,谋定而后动,要善于总结经验教训并在组织内传播共享。

(18)这个题目不仅是对海尔,对于全国的企业都是一个新的课题,作为海尔[人],我感到已提前进入了攻坚战。

(19)从家电行业看,中国的市场全是价格战,价格战的核心是向全世界展示了中国会有长远的时间运行低成本,是有极强竞争力的,但是……

（20）我自己从某个角度体会，觉得我们这种变革都是在**战略指导思想**下的变革，是有明确目的的变革，为我们的**总体战略**服务的，并且得到了很好的执行。

在战争中，军队要重视战略战术。战略战术运用得当，军队就容易打胜仗，反之就容易失败。对于大规模的企业运营来说，也是如此。通过跨域映射后，企业经营中也要重视管理和营销的策略。企业家运用战略战术隐喻，体现出他们希望员工明白企业在运行中是讲究策略的，从而提高组织应对困难或危机局面的灵活性与适应性。

有了整装待发的军队与军人，有了明确的战略战术，那么接下来就是如何去打好这场仗了。如何打仗涉及作战动作，说话人就需要调用战争域中的攻打、防御等元素参与跨域映射。企业家在演讲中使用攻打隐喻与防御隐喻，一方面向全体员工透露他们需要用实际行动来兑现企业发展规划与战略决策，从而实现他们对于企业发展的自我价值；另一方面也体现了企业家作为军队首领在指挥这场战役时的魄力和野心，从而突显了企业家果决的领导力。图3.2 显示，攻打隐喻与防御隐喻在词汇层面的表征非常丰富，如"抢占""打入""强力攻击""攻城拔寨""守阵地""抵御""扛住"等。结合总语料库提供的具体语境，我们可以更好地识别、解读这些隐喻表征背后的态度价值与交际目的，如：

（21）大家回想一下五六月份的情况，市场既萧条又混乱，西方公司低价抛售，恶性**抢占市场**，我们整个市场体系沉不住气了。

（22）这几年很多人认为，阿里巴巴在国外的名气比在国内大，这跟我们 1999 年、2000 年、2001 年全面的战略是有关的，我们迅速地**打入**海外。

（23）这样的话，把时间精力放在这个方面，就捉襟见肘，而主业这时候受到了国际竞争对手的**强力攻击**，市场份额就开始连连缩小。

（24）10 年来，我们这种团队靠着不懈向上的精神，**攻城拔寨**进入中国的市场，又进入亚太地区的市场中。

（25）我们在多层次上和客户建立了全方位的关系，我可以说这一点西方公司是做不到的，没有一个人会为西方公司卖命而到一个偏远的地方去**守阵地**甚至守上几年而不回家。

（26）国际品牌做得好，没有必要**抵御**，应该靠自主创新打造自己的品牌。

（27）市场部今年应该说是对中研很客气的，能忍受就忍受，能扛住就扛住，扛不住才把矛盾推向公司……

相比之下，攻打隐喻要比防御隐喻的比重更高，而且在词汇隐喻表征方面种类也更加丰富。商战对于企业来说虽然艰难，但是要想赢得胜利，就必须排除万难，积极进攻总是优于被动防守。华为总裁任正非曾言"进攻是最好的防御"，也是不无道理的。

战争域中除了上述提及的比重较高的三类隐喻外，在总语料库中还有其他种类的战争隐喻，如部署隐喻、武器隐喻、战果隐喻。部署隐喻类似于谋略隐喻，但比谋略隐喻更具体。军事部署是指在军事行动中布置任务、划分阵线、配置武力等，也是正式开战前必不可少的一步。企业在商战中，根据自己的战略需要，调用部署隐喻参与概念映射，如稳固自己的"根据地"，挖好"战壕"，建立"堡垒""防线""统一战线"，开拓"领地"，抢占"制高点"。这些具体的军事部署也是战争胜负的重要保障，企业家在演讲中适当采用部署隐喻有助于向员工灌输"稳定军心、扩张野心"的企业发展需求，如：

（28）那么调动后续资源的实力就增大，闪转腾挪的空间也扩大，这就有了向中端产品与高端产品进攻的"根据地"。

（29）我们在全国各地建立了很多合资企业，大家知道客户经理部就是一个个碉堡，而本地化合资就是通向这些碉堡的一条条战壕。

（30）作为一家企业，如何在这些纷纭的需求中寻找自己的"定位点"，发掘自己的"生长点"，抢占自己的"制高点"？

另外，武器作为战争中的重要工具，对战争胜利也是至关重要的。在现代商战中，任何企业都必须掌握其他企业无法企及的核心技术，抑或先进的管理理念，才能在残酷的现实环境中立于不败之地。在总语料库中，企业家在演讲中突显的武器隐喻基本上是为了向听众传递初创企业的艰难或战局的残酷，如：

（31）那时的阿里巴巴只有二十几条枪，招人特难招，我觉得我们最难的是两个阶段。

（32）今年（1997年）我们的研究，中试经费将达到4亿人民币，无论装备还是规模上都从土枪土炮时代开始上升。

(33)在残酷的竞争面前,<u>武器装备</u>一定要厉害,得有好的<u>炮弹</u>。

战局的走向就涉及战争域中的战果表达。要么打赢要么打输,这关系到企业的生死存亡。图 3.2 显示,在总语料库中跟"打输"或"打败"相关的隐喻表达比"打赢"或"胜利"的隐喻表达更加丰富,如"败北""全军覆没""铩羽而归""滑铁卢""溃不成军""败走麦城""挫败""落败"等。这也说明了企业在商战中需要经历各种困难局面,对于最后的战果,谁都没有十足的把握,如:

(34)再上吸油烟机其风险是可想而知的,弄不好,可能成为"<u>滑铁卢</u>"。

(35)到了 1993 年的时候,我们的老大哥长城被打得<u>溃不成军</u>,其他几家,像山东浪潮、上海东海,都是<u>溃不成军</u>,我们也一样。

(36)国外企业管理比我们好,钱比我们多,怎么能<u>打赢</u>?

(37)这样经过九年的艰苦拓展,<u>屡战屡败</u>,<u>屡战屡败</u>,终于<u>赢</u>来了今天海外市场的全面进步。

企业与军队相同,都面临着巨大的生存压力。企业在遇到管理、资源优化重组,海外政府打压和制裁,以及国际金融危机带来的影响和恐慌等内部与外部的挑战与压力时,企业家会被迫做出选择,帮助公司渡过难关,让员工保持信心和动力。虽然战争结果并不一定明朗,但是做好打仗的过程则是必需的,也是企业生存的当务之急。企业家话语中频繁且大量地出现战争隐喻有助于唤起员工的危机感和紧迫意识,强化员工的纪律意识和等级意识,推动企业充分利用现有的资源,做出正确的判断和选择。但也有学者指出,大量的军事话语属于男性话语,方便男性在商业体系中建立主导地位,而削弱了女性在现代商业生活中的地位(Desmond,1997;Koller,2004)。

3.2.2　旅行隐喻

在总语料库中,旅行隐喻也是中国企业家使用频率较高的隐喻类型,占18.82%。在创业与企业经营语境中,像"路径""方向""交通工具""走"这样的表达,都来自旅行域。在旅行始源域中,几乎所有的话语隐喻都与"做企业"目标域相关,都被用来概念化企业经营,所以这里的概念隐喻可以归纳为"做企业就是旅行"。在总语料库中,我们发现了相当比重的旅行隐喻的表达被用来描述"做企业"的过程(见图 3.3)。

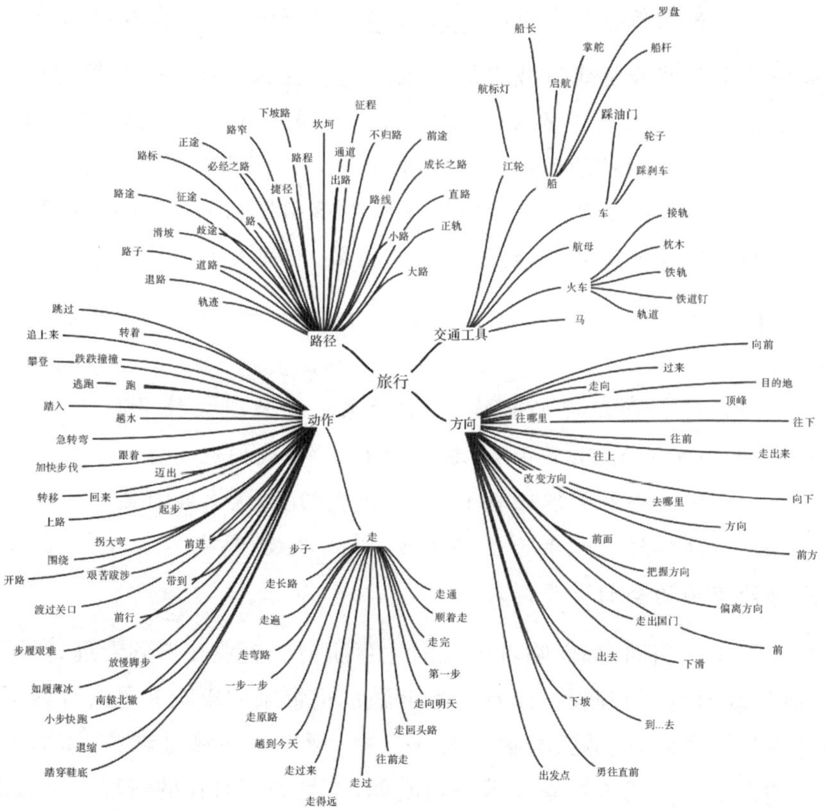

图 3.3　旅行隐喻分布

图 3.3 显示,旅行隐喻包含 4 个子类,分别是路径隐喻、方向隐喻、动作隐喻与交通工具隐喻。这 4 个子类是根据隐喻关键词的语义取向划分的,比如"前途""征程"等隐喻关键词与路径隐喻相关,"改变方向""往哪里"与方向隐喻相关,"跌跌撞撞""走弯路"与动作隐喻相关,"火车""船"与交通工具隐喻相关。

旅行是一个有目的的空间移动过程,会涉及导游、游客、旅途、目的地、旅行方向、交通工具、动作以及途中突发状况等元素。我们常常会把有目的的行动隐喻化为沿着特定方向上的移动。在"做企业就是旅行"这个概念隐喻下,企业家需要考虑企业旅行的方向,以及作为导游的企业家如何才能把企业带向旅行的目的地。方向对于旅行者来说至关重要,如果方向错了,不仅到不了预定的目的地,还可能让自己迷失方向,给自己带来很多不必要的麻烦。相应地,要是企业发展的方向错了,那么就会给企业带来毁灭性的打击。在总语料库中,中国企业家使用了很多方向隐喻表达。他们在使用"把握方向""向前""改变方向""偏离方向""走向"等方向隐喻表达时,把整个企业发展的方向看作旅行的方向。那么,作为游客的员工,应该按照作为导游的企业家所指引的方向昂首向前,共同推动企业向前发展,如:

(38)首先要选择正确的方向,如果你方向选错了,你做得越对死得越快,所以我觉得我比较幸运,阿里巴巴选择了一个正确的方向——电子商务——互联网这个方向。

(39)1995 年 8 月份开始走下坡路,当时没意识到,因为当时没有做满一年,不知道产品的周期是什么样的。

(40)这个时候到了我们的顶峰,但过了春节一直到现在我们一直是在打败仗。

(41)当我们走出国门拓展国际市场时,放眼一望,所能看到的良田沃土,早已被西方公司抢占一空。

企业的发展有了正确的方向,还需要有清晰的路径,这样才能引领企业走好脚下的道路,到达预期的目的地。因此,路径隐喻与方向隐喻密切相关。因为旅行时,如果方向或目的地设定后,我们通常需要事先规划好旅行的线路,然后开始我们的行程。如果线路设计合理,我们的旅途就会比较顺利,如果不合理,就会比较辛苦。做企业也同样如此,每个企业家都希望自己的企业能走一条顺利发展的道路。然而,有时候企业发展无法避免各种突发状况,比如决策失误,从而导致企业走弯路。通过检索总语料库,我们发现中国企业家使用了相当数量的路径隐喻,如"直路""征途""路途""道路""出路""路子""退路""弯路""滑坡""歧途"等。这些表达既有正向的路径,也有负向的路径。前者被用来表述企业的发展,后者被用来表述企业在发展中遇到的困局。企业家使用正向的路径隐喻表达来概念化企业的发展路线,其修辞动机是向员工传递企业的运营现状与发展蓝图,希望他们能脚踏实地走好企业的前进之路,如:

(42)我希望大家多多使用格力空调,我们在专业化的道路上会走得更好,我们现在就进军了中央空调。

(43)一个中国高科技企业,在海外开拓的征途中,注定是艰难的,但意义也将是非同寻常的。

(44)原先我们给 AST 做台式电脑的代理,给 IBM 做台式电脑的代理,后来发展到我们自己的台式电脑,我们做过东芝、HP 激光打印机,代理方面做得非常好,都是在中国在亚洲最大的代理,我们这条路是循序渐进的道路。

相反,企业家使用负向的路径隐喻表达来概念化企业的发展路线时,其交际目的是向听众传递企业运营已出现暂时的困境、需要重新设计前进道路的信息,如:

(45)以前我们走了不少弯路,我们现在已采取了对产品负责的方针。

(46)华为不战则亡,没有退路,只有奋斗才能改变自己的命运。

(47)如果我们不提出以核心竞争力的提升为总目标,那么我们的"小改进"就会误入歧途。

(48)2003 年上半年由于万家的经营业绩发生滑坡,我们主动放慢了开店速度,调整了策略,其经营行为得到了资本市场的认同。

在旅行的过程中,有了明确的目的地(方向隐喻)与清晰的旅行线路(路径隐喻)后,接下来就是旅行者如何完成旅行这一行为,这就涉及旅行域中的一个重要构成要素,即"动作"。旅行者需要朝着事先设定好的目的地,在既定的线路上移动。企业家在演讲中借用旅行域中的动作表达,旨在让员工明白他们需要用实际行动去完成企业的旅程。如果一帆风顺的话,企业在抵达一个目的地后,才有可能继续前行,朝着下一个目的地进发。然而,旅程中还有一些不确定因素,它们可能会阻挠企业前行,导致企业停滞不前、走弯路,甚至走入歧途。因此,图3.3显示,企业家的动作隐喻包含了我们旅行中常见的行为动作,如"走""踏入""攀登""勇往直前""如履薄冰""放慢脚步""步履艰难""跌跌撞撞"等动作隐喻表达。结合总语料库提供的语境,读者可以更好地理解动作隐喻在旅行域中的意义及企业家的交际目的,如:

(49)我们走到现在,找到了行业上的一个点,我们选择的住宅行业,这个行业有无限的广阔发展的前景。

(50)实际上我们是过了很多沟沟坎坎,归纳起来说,即是渡过了三个难关。

(51)所以新东方可见的未来,一定是在教育领域里风雨兼程,勇往直前。

（52）所以现在我们就是要<u>放慢脚步</u>，像国家搞宏观调控一样搞一搞我们企业自身的微观调整。

（53）既要实现高速增长，又要同时开展各项管理变革，错综复杂，<u>步履艰难</u>。

（54）我们没有钱了，没有失败的机会，很慎重，<u>如履薄冰</u>。

除此之外，交通工具是旅行中不可或缺的要素。现代化的交通给旅行者带来了更多便捷，使长距离旅行成为可能。当旅行域中的交通工具隐喻投射到"做企业"上时，就加速了企业旅行的步伐，可以更快实现企业的某些目标与进度。在总语料库中，我们发现企业家经常把自己隐喻化为船长，带着乘客（即员工）驾驶着企业这艘航船在风雨中搏击，如：

（55）当然，这里面我一开始是因为我自己喜欢变化，我很多主意经常要变，但这个变，是因为我作为<u>船长</u>爬到<u>船杆</u>上看方向，哎呀不对，那边乌云，那边下雨很大。

该例中，企业家突显了自己在企业中的位置，因为他是船长，掌握着企业这艘船的航向。作为掌舵人，他要避免航船驶进暴风雨。结合语境分析，暴风雨就如同一些不确定因素，所以企业家思维中对于企业发展的概念或想法需要根据实际情况做出及时调整。这也是企业家领导能力的一个重要组成部分，很微妙地通过旅行域中的交通工具隐喻得到显化。此外，企业家有时还会用开火车来隐喻化"做企业"，从而把加速实现公司愿景的期待传递给员工，如：

（56）平台就像一列在<u>轨道</u>上高速奔驰的<u>火车</u>，现在的轨道比过去踏实了许多，质量提高了许多，<u>火车</u>已经可以稍微提速了，希望每一位平安的干部和员工都能跟上公司的步伐和速度，与公司共同发展，实现共同理想。

旅行隐喻在企业家话语中被频繁地使用并不令人奇怪，因为我们每个人几乎都有旅行经验。这样我们就比较容易地通过旅行或移动来理解企业经营。Charteris-Black（2004：95）认为旅行隐喻通过话语的模式为听众铺设道路并邀请他们参与到旅行中来。从旅行域映射到做企业的过程，就是通过我们身边熟悉的概念去理解做企业这个普通人通常无法触及的陌生概念域。由此可见,旅行隐喻在某种程度上会加强演说人和听众之间的人际互动,缩小交际距离。演讲中的企业家犹如一个导游,知道目的地,也清楚如何带领大家到达这个目的地。因此,旅行隐喻的使用有助于突显企业家在企业里的地位和作用。另外,听众也能通过自身熟悉的认知域近距离了解企业的运营。作为企业员工,他们听取企业家的演讲后,能更清楚自己企业的发展方向与发展轨迹。为了达到共同的目标,实现企业的使命,旅行隐喻可用于唤起员工努力工作的意识,积极投身到企业的建设中来。

3.2.3　体育隐喻

表 3.2 与表 3.3 显示,在总语料库中,体育隐喻是对"做企业"进行概念化的第三大隐喻,占 14.69%,仅次于战争与旅行隐喻。在创业与企业经营语境中,像"竞争对手""竞争""马拉松""百米冲刺""守门员""比武"这样的表达,都来自体育始源域。在体育始源域中,几乎所有的话语隐喻都与"做企业"的目标域相关,都被用来概念化企业经营,所以这里的概念隐喻可以归纳为"做企业就是参加体育比赛"。

体育是一种竞争性的社会行为,它深深根植于人们的身体经验。体育崇尚艰苦奋斗、竞争以及团队合作。而且,体育精神是一种能动的特殊意识,它是人类实践行为的重要推动力。因此,体育精神被看作一种具有强大精神力量的心理资源。奥林匹克鼓励运动员追求更快、更高、更强、更团结的目标,而这其实也是艰苦奋斗、积极进取、命运与共的真实写照。企业家在演讲时正是使用了体育始源域中这种健康积极的因素来概念化如何"做企业"。从某种意义上来说,体育隐喻向员工传递了体育精神背后某些积极的东西,从而激发他们的工作热情与激情,说服他们为公司的发展贡献自己的力量。

通过梳理总语料库中的体育隐喻,我们发现体育隐喻按照隐喻关键词的语义取向包含以下 4 个子类,分别有以"对手"或"竞争者"为关键词的竞争者隐喻,以"竞争"为关键词的竞争隐喻,以具体的体育项目,如"马拉松""棒球",及其相关表达为关键词的比赛隐喻,以及以"武术"及其相关表达为关键词的武术隐喻。

运动员、竞争者与对手的价值最直接的体现是在运动竞技场上参加比赛。所以,运动员和竞争者是体育始源域中的主体与核心,他们才是比赛或竞争的主角。通过检索总语料库，我们发现与运动员相关的隐喻表达类型比较简单，基本上是"竞争对手""对手"或"竞争者"，如：

(57)竞争规则中，游戏规则中，第一是选择优秀的对手，千万不要选无赖的对手，选择一个无赖当对手往往使自己成为无赖。

(58)可是新的市场没有什么竞争者，在那你会感到很放松、很自在。

(59)我们有一款全球领先而且份额占据第一的产品，在功能、性能上超越竞争对手的一个关键技术，是我们通过购买某外国公司的技术获得的。

在这些隐喻句中，企业家运用了体育隐喻中"竞争对手"的概念，有助于唤起管理层和员工的忧患意识，进而达到让员工聚拢人心，齐心协力参与到商业竞赛中的目的。说到体育比赛，"竞争/竞赛"本身也是一个重要的概念，通过检索总语料库，我们发现以"竞争"为关键词的竞争隐喻在所有 824 例体育隐喻中占了相当大的比重，如：

(60)跟国企竞争也不容易，后来竞争的时候，我悟出了一个很重要的道理，对手很强，[但]未必会赢你，大象是踩不死蚂蚁的，只要你躲得好。

(61)康柏在 1997 年前后由于急于想和 AST 竞争，放账比较松，结果中国的市场份额突飞猛进发展很快，但是那一年大概有 8000 多万美元的坏账。

(62)我们认为，竞争不是主项，我们希望通过和 Ebay 的竞争，来学习西方文化管理能力，增强我们的业务水平。

体育比赛传递给我们的是一种"积极向上、奋发进取"的价值观，虽然竞争是体育的主题，但是体育所崇尚的是良性竞争，即在比赛规则的制约下公平竞争。在这些隐喻句中，演讲者强调了竞争的重要性，但是更为重要的是与其他商业机构的合理竞争，如例(62)中说"通过和 Ebay 的竞争，来学习西方文化管理能力，增强我们的业务水平"。这也从某种程度上体现出体育隐喻中所蕴含的健康、积极的因素。正是在这样的环境下，世界上不同的企业才有机会相互学习，增进交流，取长补短。

除了以"竞争者/竞争对手"和"竞争"为关键词的体育隐喻外，在我们的总语料库中还有很多与竞技体育比赛直接相关的体育隐喻，即比赛隐喻。比赛隐喻描绘的是竞技体育中你追我赶的局面。企业家使用比赛隐喻，像"百米冲刺""马拉松长跑""领先""落后""领跑者",可以很直观地描述"做企业"的动态画面,让员工体会到企业之间相互竞争的残酷性,唤起他们内心不服输的劲头与渴望获取胜利的动力,为自己所在的企业出一份力,贡献自己的力量。具体的例子如:

(63)我们企业最重要的是追求稳健的发展,就像跑长跑一样,如果跑一万米,你从第一百米开始冲刺,冲不了一千米,你就垮掉了。

(64)我们在处理这个问题的时候,这样来界定,每年对海尔来讲都是一个马拉松,每天都是一个百米冲刺。

(65)以棒球"三振与五振"为例,如果我们能够压低营销费用,减少人员流动,就可以多一些尝试失败的机会,成为五振才出局的赛局,当竞争厂商三振出局时,我们可以多两次选球的机会。

(66)这是万科现在提供的住宅产业化的产品,一定要高于国家的标准、高于行业的标准,这样才能成为领跑者。

除此之外,体育隐喻中还有一些特殊的隐喻表达,这些表达与武术有关,或与武侠小说中的武功表达有关,我们统一将这类表达称为武术隐喻。武术是中华民族特有的文化瑰宝,扎根于中国的历史文化土壤,过去曾是百姓强身健体的锻炼方式,可用于护体防敌,如今被称为中国的四大国粹之一,所以它在中国人心中有一种特殊的地位。武术在西方体育的冲击下出现了新的文化形态(郭玉成,2008),即体育化的武术,并通过现代竞技体育的通道,传播到世界各地(郭玉成,2007)。因此,从某种程度上来说,武术也具有体育的属性,属于体育始源域的一个次范畴。中国企业家作为浸润在中国文化中的冒险群体,自然比较青睐用武术隐喻表达对"做企业"目标域进行概念化,如:

(67)所以只有练好管理的内功才能生存发展,把自己的内功练到极致就会形成个性。

(68)但不要一提比武就是比速度,我认为不要忽略质量、遵守规章、处理问题的能力。

(69)因为许多人,一讲到企业呢,就是他有什么绝招,有什么招数,要请个什么策划大师。

(70)我们正在筹划,以往我们在杭州搞西湖论剑。

(71)那么我们觉得什么样的工作环境是我们最喜欢的工作环境,我们需要建立一个什么样的文化，所以我们提出做人的道理、做事的原则，在阿里巴巴我们提出六大价值观，在我们公司叫作六脉神剑。

例(67)中的"内功"是一个武术术语，字面义是"锻炼身体内部器官的功夫"，而隐喻义是"公司的自身能力"。例(68)中的"比武"的字面义是"比赛武艺"，而这里的隐喻义为"员工之间的竞争"。例(69)中的"绝招"和"招数"也是武术术语，本义与武术的动作有关，而隐喻义与公司的能力有关。要理解例(70)和例(71)中的"西湖论剑"和"六脉神剑"需要一定的文化背景知识，比如要了解中国的武侠小说。"西湖论剑"是从"华山论剑"改编而来的，而"华山论剑"是著名武侠作家金庸(查良镛)在《射雕英雄传》中的一个表达，原指"小说里的武林高手去华山参加比武"，所以"西湖论剑"的字面义就是"去西湖参加比武"，而隐喻义是"出席在杭州召开的高级商务会议"。与"西湖论剑"类似，"六脉神剑"出自金庸的武侠小说《天龙八部》，原指"小说里某一门派的精绝武艺"，而隐喻义是"阿里巴巴公司内部有关做人做事的六大价值观"。企业家在演讲中不管是借用武术用语，还是将武侠小说中的一些特定表达延伸到现实的"做企业"的行为中，都体现出武术与侠客精神在中国人心中的地位。这种本土文化有着广泛的群众基础，如果企业家将其运用在演讲中，可以迅速拉拢听众，产生共鸣，进而可以把自己心智模式中一些很重要的东西更有效地传递给自己的员工。

3.2.4　游戏隐喻

在"做企业"目标域中，相比上述三类高频隐喻，游戏隐喻的比重并不高，只占 3.07%。在创业与企业经营语境中，像"下棋""打牌"这样的表达，都来自游戏域。在游戏始源域中，所有的话语隐喻都与"做企业"目标域相关，都用来概念化企业的运行，所以这类概念隐喻可归纳为"做企业就是玩游戏"。

2004 年，美国通用电气前董事长兼 CEO 杰克·韦尔奇(Jack Welch)在"杰克·韦尔奇与中国企业领袖高峰论坛"上，面对着渴望成功又陷入成长烦恼的中国企业家，他指出："在企业管理中，每个人都太过严肃了，把脸拉得很长。实际上商业并不是枯燥无味的，商业就是生活，是每天我们都想打赢的一场游戏。"①这段话也可以概括为"做企业就是玩游戏"。在经营企业的过程中,企业家和员工也需要用玩游戏的心态来对待企业的经营。

通过梳理总语料库中的游戏隐喻,我们发现游戏隐喻按照隐喻关键词的语义取向,主要可分为两个子类,分别是以"围棋""棋子""布局""棋盘"等为关键词的下棋隐喻,以及以"出牌""洗牌"等为关键词的打牌隐喻。

下棋是一种益智游戏,全面考验棋手的智慧、谋略与心计,围棋、象棋、军棋尤为如此。因此,下棋的时候,人们需要考虑如何布局、如何与对手周旋、如何在动态行棋中进行博弈。企业家使用下棋隐喻中的相关表达来隐喻化企业运营的过程或某个阶段,有助于描绘企业之间的博弈与企业内部的发展布局,突显企业运营的竞争性与残酷性,如:

(72)这就有点像围棋一样,先要布局,而不是像旧经济,不是说先拿订单来赚钱。

(73)我们也进行了很多博弈,可以说[是]正义和邪恶的较量,很多人是既得利益者,如果剥夺[其利益]之后他[就]跟你是生死的较量。

(74)当时,公司从上而下一盘棋,面对极为严峻的局势,大家充分发挥了集团智慧和力量,全力处理一切问题。

我们知道,在"下棋"概念域中,"布局"非常重要。做企业同样如此,根据各种已有的条件和可能出现的问题尽可能制定合理的方案与计划,这样不管对公司上层还是普通员工来说都会觉得对于这局棋我们是有准备的,从另一个侧面来说,也增加了获胜的概率。此外,下棋的时候,棋子是要一步一步地在棋盘上移动,只有正确的移动才有可能赢得一盘棋。

游戏隐喻中除了下棋隐喻外,还有打牌隐喻。像桥牌、麻将都属于牌类游戏,与下棋类似,也是一种益智类游戏。企业家话语中,使用最多的打牌隐喻表达是"出牌"和"洗牌"。尤其是企业在面临市场调整与行业整合时,需要做出正确的决策与行动。所以,企业家使用打牌隐喻,可以有效地向员工传递在经营企业的过程中要依靠冷静的头脑,临危不乱,然后抓住机会做出正确的选择,如:

(75)家电行业正面临着技术升级,任何一次技术升级实际上就是一

---

① 详见:http://news.sina.com.cn/c/2004-06-23/00032878821s.shtml.

次企业<u>洗牌</u>的过程,这为技术强大的日韩企业提供了良机。

(76)而在一个市场经济逐渐规范和比较规范的社会经济条件下,按<u>规矩出牌</u>,是企业家运作企业的最好手段。

游戏域中还有一个重要的属性便是"游戏规则"。中国古代思想家孟子说过:"不以规矩,不能成方圆。"此话在游戏中同样适用,游戏同样需要规则,玩家必须遵照游戏规则。企业内部也要有规章制度,企业与企业之间的合作也要有合作协议,甚至往大了说,企业作为社会的一个单位,还要遵守法律制度。这些都可以纳入游戏规则的范畴。在我们的总语料库中,也有以"规则"或"游戏规则"为关键词的隐喻句,如:

(77)无论什么时候都应当积极遵守必要的<u>游戏规则</u>、市场<u>规则</u>,这是一个企业诚信的表现,也是企业社会责任的重要方面。

(78)例如它千方百计谋求市场垄断,破坏了政府的公平<u>游戏规则</u>······但不讲效率的企业必然会死亡的。

(79)这个<u>规则</u>如果不解决掉,自己的内耗也解决不了,我们就没有机会在国际上跟实力强大的国际品牌抗衡。

综上所述,企业家通过下棋与打牌等益智类的游戏隐喻,向听众展现了企业运营是讲究整体布局的,而且企业家在面对行业重组与调整时需要保持清醒的头脑,从而抓住时机,实现企业的发展。此外,企业的运营、企业间的竞争都需要遵守相关的游戏规则,维护好公平的市场秩序。

3.2.5 气候隐喻

在总语料库中,中国企业家还会使用气候隐喻。气候隐喻总共有 65 例,占了所有隐喻的 1.16%。虽然比重略低一点,但是在创业与企业经营语境中,气候隐喻可以用来概念化瞬息万变的营商环境。所以这里的概念隐喻可归纳为"做企业就是适应气候"。气候作为传统的始源域,传递的是"变化"或与"变化"相关的抽象概念,气候条件变化越大,说明隐含的变化程度越激烈,这种用法其实是基于气候的破坏性潜质的源域知识(Charteris-Black,2004:103)。企业家话语中的气候隐喻可以突显企业在遇到突发状况或危机时如何积极有效地应对。在总语料库中,有些表达与"季节"相关,有些表达与"具体天气"相关。企业家在借用气候始源域时,可以有效激活听话人的正面情

绪,如:

(80)IT 业的<u>冬天</u>对别的公司来说不一定是<u>冬天</u>,而对华为可能是<u>冬天</u>。

(81)传出去以后媒体开始炒,说阿里巴巴遇上<u>冬天</u>了、电子商务遇上<u>冬天</u>了,马云快不行了。

(82)一旦<u>春天</u>到来,这些同盟军就可能生龙活虎出去抢单,我们就缓过劲来了。

从上述隐喻句可以看出,企业可能都不喜欢冬天,因为冬天代表着气候严寒,企业的生存环境比较严峻;企业可能更喜欢春天,因为春天代表着天气转暖、春暖花开、万物复苏,它是希望的象征。可见,冬天是寒冷的代名词,从情感的角度判断的话,属于负面评价,因此"互联网的冬天""经济的冬天"以及"严冬"对企业来说都不是好事,会阻碍企业的发展,最终有可能会让企业倒闭。然而,冬天对企业来说也并非坏事,寒冷的天气可以磨炼意志。经历过严冬的企业,如果能够生存下来,那么这种经历对企业来说是一笔重要财富。更为重要的是,企业对突发状况和危机要有预判,提前做好过冬的准备,以免冻死、饿死,如:

(83)我们如果不<u>经过一个冬天</u>,我们的队伍一直飘飘然,是非常危险的,华为千万不能骄傲。

(84)我们<u>冬秋的棉袄</u>就够了,安圣已经给了我们一件<u>大棉袄</u>披上,再配上我们同盟军,<u>冬天</u>就不存在了。

(85)我们通过舍家别妻奔赴海外开疆拓土来为公司<u>过冬添棉袄</u>。

虽然冬天是一个负面的评价,但是要做好准备迎接冬天、度过冬天就是对冬天积极的回应,属于正面的应对态度。这会让听话人(即员工)在情感上产生共鸣,正所谓手中有粮心中不慌,我们既然准备好了,冬天真的来了,我们也不怕。

气候隐喻中,除了与"季节"相关的表达,还有与"具体天气"相关的表达,如:

(86)等我说我变来变去好辛苦,不要变算了,但是不变又会撞到<u>暴风雨</u>去了。

(87)所以作为一个 CEO,你的工作就是,你肩负的职责是必须看到**风向**。

天气是多变的,即使天气预报说明天下雨,但也有可能明天是阴天,没有雨水。所以企业家要拥抱变化,因为随时都有可能遇见意外,如例(86)中的"暴风雨"。而且,也不能因为天气的多变,企业家就不去做预案,这是因为任何一个企业都要具备危机意识,得学会预判,如例(87)中的"看到风向"。由于气候与人们的生活息息相关,属于身体经验的一部分,所以企业家在演讲时利用与"气候"相关的表达来描述企业的运行就非常贴近听众,很容易与员工在情感上产生互动。尽管气候具有破坏性与不确定性的潜质,但是企业只要自身做好准备,经历过寒冬酷暑,就能真正适应变幻莫测的商业环境。

3.3 "企业"目标域

3.3.1 人体隐喻

我们常常会用"人体"的概念来对那些抽象复杂的系统进行概念化,如社会、组织、经济、政治体系和公司。企业家在演讲中用人体始源域对"企业"进行概念化时,企业就被视为人来对待。在总语料库中,人体隐喻的比重仅次于战争隐喻,占总数的 24.03%。在创业或企业经营语境中,很多表达,像"身体部位""身体状况""感知系统""人的行为""人生阶段",它们都来自人体始源域。Kövecses(2010:158)认为可以从抽象系统的结构视角关注人体隐喻的意义,并归纳出"抽象复杂系统的结构是人体的物理结构"的概念隐喻。在人体始源域中,几乎所有的话语隐喻都可归纳为概念隐喻"企业是人体"。人体隐喻是"企业"目标域中的第一大隐喻类型。在总语料库中,企业家使用了大量的人体隐喻,来描述"企业"这个复杂实体。这些人体隐喻基本上与人的构成、人的发展阶段、人的动作,以及人对外界的反应、感受等要素相关(见图 3.4)。

图 3.4 显示,人体隐喻包含 5 个子类,分别是身体组织/器官隐喻、身体状况隐喻、感知隐喻、人生阶段隐喻、人体行为隐喻。这 5 个子类是根据隐喻关键词的语义取向划分的,比如"血液""手指"等隐喻关键词与身体组织/器官隐喻相关,"生病""诊断"与身体状况隐喻相关,"痛苦""疲惫"与感知隐喻相关,

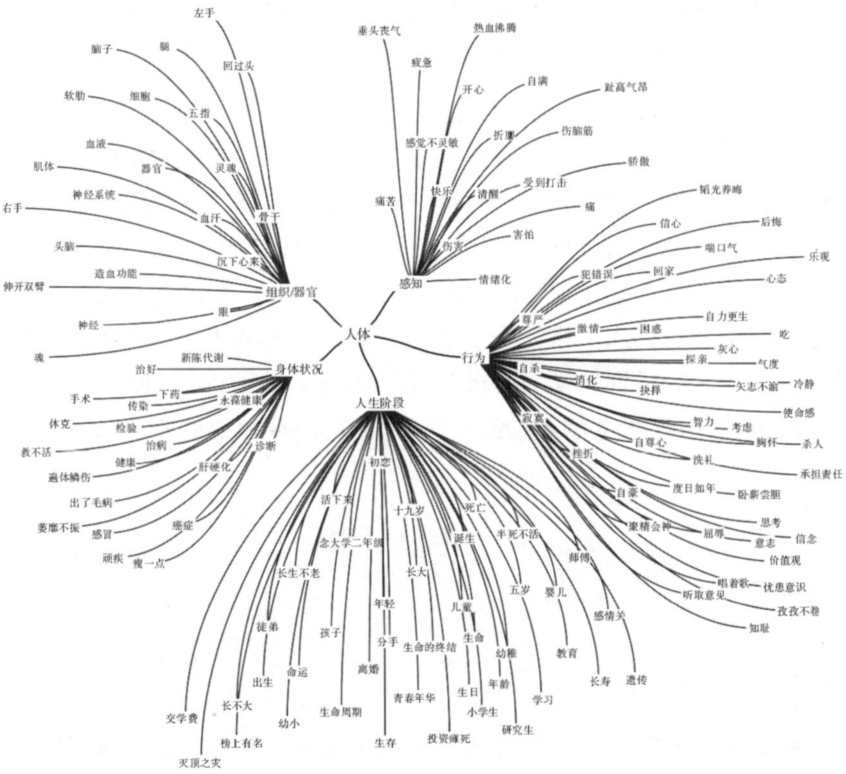

图 3.4　人体隐喻分布

"婴儿""小学生"与人生阶段隐喻相关，"思考""韬光养晦"与人体行为隐喻相关。

　　人是由各个不同的身体组织/器官构成的，如头、大脑、脖子、手臂、手指、腿、脚趾、脊椎、血液、肌肉、血管等。各个身体组织/器官各司其职，缺一不可。企业家使用身体组织/器官隐喻对"企业"这个复杂系统进行概念化时，企业被看作完整的人，由不同的组织/器官组成。人体组织/器官类似于企业的不同部门或者企业效益的不同衡量指标，只有各个部位相互协调，共同运作，才能促使企业有效地运营。如果各个部位没有协调好，导致企业运行受挫，这时就需要做出相应调整，以求企业这个整体发挥出最大的功效。如：

　　(88)如果企业的<u>神经系统</u>不发达，对客户、对供应商、对内部员工的<u>感觉</u>不<u>灵敏</u>，很显然无法达到良好的绩效。

　　(89)现金流对于企业来讲，好比是企业的空气，利润好比是企业的<u>血液</u>。

（90）同学们好，首先欢迎大家来到新东方，新东方会伸开双臂全力欢迎大家，但是新东方并不像大家想象的那么好。

（91）但作为一个企业，能够把自主创新和自主品牌当作自己的两条腿一样并行，很可能可以实现我们一直追求的1＋1＝11。

（92）当年我们送出去培训的这些人都派上了用场，成了企业发展的骨干。

（93）这就既要放出眼光，又要放出脑髓——思考，做出有策略的抉择。

在这些隐喻句中，"神经系统""血液""双臂""腿""骨干""眼""脑髓"等组织/器官都是一个企业发展过程中不可或缺的要素。为了企业的有效运作，身体各个组织/器官需要协调一致。身体组织/器官隐喻突显了企业作为生命有机体参与市场竞争的重要性。企业家使用身体组织/器官隐喻，向员工传递了企业的发展不是内部某一个或几个机构单打独斗的结果，靠的是整体的相互依靠与协调。所以，身体组织/器官隐喻有助于加强员工之间的凝聚力，增强团队合作的意识。

身体组织/器官如果功能健全，那么人就会处于健康的状态；但如果这些组织/器官功能失灵，人就会处于生病的状态。Kövecses（2010:158）认为"适切条件是健康状态""不适切条件（如困难和问题）是生病状态"，也就是说身体状况隐喻意义的一个重要方面来自条件的适切性。这也同样适用于企业这个复杂实体，当各个部门不能有效地执行企业的决策，当企业效益的衡量指标异常时，整个企业可能会出问题，发展停滞。这就如同人生病了，需要及时就医，如：

（94）我天天想，什么东西会阻碍公司[的发展，从而]变成[公司的]癌症，什么会变成[公司的]感冒。

（95）其他网络商也是遍体鳞伤，他们不亏损，也是处在很低的利润水平，他们绝对不会用更多的钱来购买东西。

（96）公司一下子就陷入了停顿，运营不下去了，就突然休克了，钱都没了，发工资也发不出来。

（97）1997年，IBM对华为当时的管理现状进行了全面诊断：缺乏准确、前瞻的客户需求关注，反复做无用功，浪费资源，造成高成本。

(98)如果大家对于这个(变动的理念)不认同,整个就会出现一片大的混乱,这是相当大的<u>手术</u>,相当于把一个企业推倒重来。

(99)这种心态下,相对来说,我感觉我们公司比较<u>健康</u>,再有媒体骂我,说我们怎么的,我都不怕。

在这些隐喻句中,"癌症""感冒""遍体鳞伤""休克"这些话语隐喻说明企业病了,健康受到了威胁;"诊断""手术"这些表达说明生病的企业应该去"看医生","医生"给企业治疗;而"健康"则是所有企业理想的"身体状态"。尽管身体状况隐喻突显了企业脆弱的一面,但是企业家使用这类隐喻,更多的是希望向员工传递这一信息,即企业在面临危机时具有及时发现问题、及时寻求帮助,从而让自己快速渡过难关的能力。所以,身体状况隐喻一方面让员工有危机意识,另一方面可以增强员工对企业解决困难的信心。

正常情况下,人们可以通过感知系统(如视觉、嗅觉、听觉)或心理感知对物理世界的刺激做出反应与判断,表达自己的感受。企业也同样如此,它们在创业或企业经营环境中能够敏锐地感知到外在的刺激,进而表达自己的感受或做出判断,如:

(100)很多公司现在<u>热血沸腾</u>,还要准备做第二个思科。

(101)所以,产品线还是要考核和核算,但不要说哪个产品赚钱,哪个产品不赚钱,赚钱的就<u>趾高气昂[扬]</u>,不赚钱的就<u>垂头丧气</u>,这样,公司很快就崩溃了。

(102)这次蜕变是<u>痛苦</u>的,对企业,对全体员工,对我本人都一样。

(103)而企业有了长期追求的愿景,才不会<u>自满</u>,才会时时把发展新优势放在心上,并付诸行动。

在这些隐喻句中,"热血沸腾""趾高气昂[扬]""垂头丧气""痛苦的""自满"这些话语隐喻说明企业作为人体,也有自己的感知系统,能够感受到外部世界的刺激,并对此做出反应。如果企业受到的外界刺激是正能量的,那么企业很有可能就会做出积极的感知反应;如果企业受到的外界刺激是负能量的,那么企业很有可能就会做出消极的感知反应。前者有利于鼓舞企业员工的士气,后者可能会打击他们的信心。

图3.4显示,中国企业家在使用人体隐喻时,还会使用人生阶段隐喻。如同人生的每个阶段都有不同的任务,企业的每个阶段,包括从初创、成长到成

熟,也有不同的任务,因此这类隐喻特别适合用来描述创业与企业发展过程。通过检索总语料库中的关键词,我们可以发现人生阶段隐喻大致可以分为以下几类:以"出生""婴儿""儿童""孩子""半死不活""死亡"等为关键词的生命阶段隐喻;以"幼小""五岁""十九岁""四十岁"等为关键词的年龄阶段隐喻;以"小学生""大学二年级""研究生""交学费"等为关键词的教育阶段隐喻;以及以"初恋""分手""离婚""感情关"等为关键词的婚恋阶段隐喻。由此可见,人生阶段隐喻的词汇表达特别丰富,这是因为企业生涯类似于人生阶段,企业家很容易将人生阶段概念域投射到企业生涯概念域。

首先,生命周期是指从出生到死亡所经历的时间过程,包括出生、成长、成熟、衰老等不同生命阶段。在企业的生命周期中,有些企业是从创业开始的,有些是从大公司创建的子公司发展而来的,还有些是公司通过并购重新组建而成的。不管是哪种类型的企业,整个生命的大周期都是基本相似的,都经历了从初创、成长、成熟再到后来的衰败、灭亡的过程。如:

(104)今天我非常高兴,非常激动,能和大家一起来见证新联想的诞生。

(105)就全世界的产业界、企业来说,我们还是婴儿还是儿童,确实还有很多路要走,还有很多东西要学。

(106)如果你不能正确对待变革,抵制变革,公司就会死亡。

其次,中国企业家还会使用年龄来隐喻化企业的成长阶段,即企业是有年龄的,如例(107)中的"40岁"。而且,有时候生命阶段隐喻与年龄阶段隐喻还会一起使用,共现在同一语境中,如例(108),其中"5岁"是年龄阶段隐喻表达,"孩子"是生命阶段隐喻表达。

(107)也就是从今年开始,到2009年海信40岁前,将是一个非常关键的时期。

(108)我认为阿里巴巴是一个中型企业甚至是小型企业,它还是个孩子,才5岁。

再次,教育是人生的一个重要阶段,在这个阶段人们可以不断地学习知识技能。因此,教育阶段隐喻在总语料库中也占了一定的比例,如:

(109)我们始终坚持"先做好小学生,再读好研究生……"的学习态度。

（110）有时候看到一张张年轻的脸,就想如果金山是个人的话,他现在已经念<u>大学二年级</u>了……

婚姻也是人生阶段一个绕不开的话题,企业家在描述企业的成长时,也会借用婚姻始源域中的一些隐喻表达来概念化企业的一些特殊时期,如:

（111）当两个合作伙伴有共同的合作目标和理念的时候,如果他们走的路线不一样,他们可能就不会成功,而如果两个合作伙伴他们的目标不一样,结果就会非常的坏,那么两方都会遭受损失,因此,我们必须要保证在我们"<u>结婚</u>"之前就要好好考虑考虑。

上述隐喻句中画线部分的隐喻表达体现出企业在发展过程中,也跟人一样,要经历不同的阶段,包括各种生命阶段、年龄阶段、教育阶段和婚恋阶段。人生阶段隐喻突显了企业的成长之路。企业家使用人生阶段隐喻进行跨域映射时,目的是希望员工能正视企业的成长阶段,允许企业在某些阶段犯错误,而不是一出问题就嫌弃,要学会包容与谅解,从而使企业更好更快地成长。

除此之外,有些人特有的行为,比如"犯错误""韬光养晦""卧薪尝胆""（有）价值观""（有）忧患意识"等,也被投射到企业上面。这类隐喻可以被概括为人体行为隐喻。在演讲的过程中,企业家完全把企业当作人来看待,突显了企业也是有思想、有价值观、有灵魂的复杂抽象实体,如:

（112）阿里巴巴<u>犯</u>了一个小小的<u>错误</u>,但是我觉得它不是一个,它是真正的阿里巴巴的<u>价值观</u>和使命感。

（113）华为公司<u>清醒</u>地<u>认识</u>到,我们在技术上需要<u>韬光养晦</u>,必须承认国际厂商领先了许多。

（114）这是公司发展的一个战略转折点,就是经历了十年的<u>卧薪尝胆</u>,开始向高目标冲击。

企业是一个抽象复杂的实体,通过人体隐喻,我们可以从复杂系统的结构视角去关注意义,进而更好地认识企业这个神秘的、复杂的、系统的实体。作为我们最熟悉的概念域,人体隐喻以不同的维度刻画企业的构造与发展,从认知的层面实现了企业家的交际目的与修辞动机。从听众的角度,尤其从员工的角度来看,人体隐喻可以增强员工的凝聚力、危机意识与包容度,进而共同推动企业的成长。

3.3.2 物体隐喻

企业是一个相对来说比较抽象的概念。因此,除了可以通过上面讲到的"人体"概念域来实现对企业的认知外,我们还可以借助身边具体有形的东西来对其加以理解,比如物体。物体是指自然界客观存在的一切占有一定空间的有形体。在总语料库中,物体始源域是对"企业"目标域进行概念化的,所以这里的概念隐喻可以归纳为"企业是物体"。单纯从使用频数来看,在"企业"目标域中,物体隐喻仅次于人体隐喻,总共有 334 例,占所有隐喻的 5.95%。物体不仅有大小和颜色之分,而且还可以进行切割与粘贴。因此,在创业与企业经营语境中,我们发现很多像"规格大小""材质属性""切割、黏合"这样的物体隐喻表达。

在 334 例物体隐喻中,绝大部分是与"规格大小"相关的隐喻表达,如"大""小""中小"等。这些隐喻表达隐含了企业由小到大的动态变化过程,如:

(115)我们在场的企业为什么这么小,要做大,第一一定要问你们企业有没有一个共同的目标?

(116)追昔抚今,平安二十年从无到有、从小到大的拼搏之路,交织着创业的艰辛和挑战,也充满了收获的快乐和希望。

(117)人才资源的匮乏,大公司无论从吸引人才、培养人才和留住人才方面比我们中小企业要大得多,多得多。

物体还有不同的质地与材质等物理属性,像"透明""软""脆弱"。这些隐喻突显了企业的质感,如:

(118)我们很透明,我们欢迎所有的客户到公司来检查,或者说要求我们的客户,根据他们的安全标准,由东软来解决他们对安全的担心。

(119)平安现在还脆弱,一时的成功并不能保证长远的成功。

(120)以前我们的竞争对手在全世界是所向披靡,就是在中国遇到了强力的阻击,现在因为大的形势变化,这个对手又开始变软了。

"越来越大"或"做大做强"对企业来说是好事,属于正面的评价和判断。在物体隐喻中,另一个被突显的属性是"物体可以被切割"。一个完整的东西被切割后,就变得四分五裂,丧失了原来的功能,像"分裂""垮""倒塌""断"等

隐喻表述。因此,从某种意义上来说,企业家在使用这类隐喻表达时,往往表达自己内心的负面判断,赋予了话语负面的评价,如:

(121)但我们不能让英雄没有经过社会责任感的改造就进入公司的高层,因为他们一进入高层,将很可能导致公司内部矛盾和分裂。

(122)而是说华为公司垮了再起来,再垮再兴起。

(123)每天在市场上发生的变化,都有可能使公司倒塌下去。

(124)所以我一直在研究身边的这些朋友、这些民营企业在一刹那发生的事情,一刹那就断了。

然而,这类隐喻表述也并非传达了说话人负面的情绪与判断,有时"物体被切割"的属性突显了说话人积极的态度,如:

(125)2001年的时候,我从联想CEO的位置[退下来],我当时是董事长和CEO,从CEO的位置上退下来,然后把公司一分为二,一个是联想集团,专做自有品牌的研发生产和销售,另外一部分是神州数码,专做国外大的产品品牌的代理业务和软件业务。

该隐喻句中的"一分为二"表达了企业朝着更好的方向发展,因为专业化、精细化的分工是现代企业的发展潮流。正是"一分为二"这个物体隐喻的表述,才使母公司诞生出联想集团与神州数码两个子公司,从而进一步推进了母公司的专业化发展道路。

此外,物体始源域中的有些表达,直接将企业比作具体的物体,像"陀螺"与"标杆"。具体的物体对听话人来说可能更加直观,如:

(126)企业发展也是这样,犹如一枚陀螺,没有一定的速度,旋转不起来。

(127)第二,一个国际领先的企业必须是市场规则的制定者,必须能对市场规则产生很大的影响力,不论是在产品制造标准、行业服务标准,还是业务规章、运作流程方面,都要成为行业中的标杆和典范。

上述隐喻句中,例(126)中的"陀螺"喻指企业处于高速的发展状态。企业家借用"陀螺",意在表达企业想要快速发展,不仅需要借用外力,而且自身还要有任劳任怨的工作态度。例(127)中的"标杆"喻指企业成为其他企业学习的榜样。企业家借用"标杆"来表达企业需要努力成为国际领先的企业,这样才能在行业内有话语权与影响力,才能主宰这个行业,成为其他企业学习的标杆。

3.3.3 容器隐喻

在总语料库中,中国企业家还会使用容器隐喻来对"企业"目标域进行概念化。企业作为一个复杂的实体,它也有边界,类似于物体,更像一个可以盛各种东西的器皿。通过检索总语料库,我们发现容器隐喻的数量较少,只有25 例,以隐喻关键词"进入""离开""容纳""掏空"为主,其概念隐喻可归纳为"企业是容器"。企业家在演讲中使用容器始源域去隐喻化"企业"时,意在表达企业内部员工的流动性特征,体现了组织人才结构的更新换代,如:

(128)未来的十年,是他们成熟发挥出作用的十年,而且这十年,将会有大批更优秀的青年涌入我们公司,他们在这批导师的带领下,必将产生更大的成就,公司也一定会在未来的十年得到发展。

(129)但是总体来说,他想要离开新东方,一般来说是对管理者不满意才会离开。

(130)二是公司整个组织结构和规范化管理不够,容纳不进更多的人和更多的项目。

在这些隐喻句中,例(128)中"更优秀的青年涌入我们公司……公司也一定会在未来的十年得到发展",说明当业务精良的员工真正融入企业时,会促进企业的发展,容器隐喻此时突显了人员流动的积极性。例(129)中"对管理者不满意才会离开"与例(130)中"公司组织结构和规范化管理不够,容纳不进更多的人",说明企业管理者能力有限,以及公司组织结构管理的局限,导致有人辞职或企业无法吸收新员工,那么该容器隐喻就突显了人员流动的消极性。

当然,企业这一容器也不一定是十全十美的,有时候也会出问题,出现裂痕、漏洞与短板。这时,容器隐喻的使用,就会有助于企业去查漏补缺,防止漏洞进一步扩大,表现出积极作用,如:

(131)在管理改进中,一定要强调改进我们木板最短的那一块。

(132)后来当我们认真研究透了以后,觉得不管人家多强,我们自身的管理中有重大的漏洞……

3.4 "企业"与"做企业"共有的隐喻

上面讨论的几种概念隐喻分别有单一对应的目标域,比如始源域为"战争""旅行""体育""游戏"和"气候"的概念隐喻对应的目标域均为"做企业";而始源域为"人体""物体"和"容器"的概念隐喻对应的目标域均为"企业"。然而,在总语料库中,我们也发现有些始源域可以同时对应两个目标域,即"做企业"和"企业",比如下面将要讨论的"植物隐喻"和"亲情/养育隐喻"。Charteris-Black(2004:91)认为如果某个始源域能够对应多个概念隐喻,那么它比那些只能对应单一概念隐喻的始源域在建构隐喻上具有更大的潜力。因此,植物始源域和亲情/养育始源域比3.2小节与3.3小节中讨论过的始源域在建构企业家话语隐喻上就具有更大的潜能。

3.4.1 植物隐喻

在总语料库中,植物隐喻在企业家话语中也是一类重要的隐喻,占总数的3.73%。上述讨论的隐喻要么是对"做企业"进行概念化,要么是对"企业"进行概念化,但是在我们的语料中,植物隐喻可以同时将"企业"和"做企业"作为自己的目标域。相应的概念隐喻分别是:"企业是植物"和"做企业就是种植"。

首先,我们来讨论"企业是植物"概念隐喻。植物隐喻包含的元素比较丰富。从生长周期来看,植物的生长会经历播种、发芽、开花、结果到枯萎凋谢几个阶段。此外,与这些阶段密切相关的外界因素对植物的生长也非常重要,比如"阳光""雨水""土壤"等外界因素都会影响到植物的成长,因此,我们也将这类隐喻表达纳入"企业是植物"概念隐喻。通过检索总语料库,我们发现以"生长"与"成长"为关键词的话语隐喻占的比重最高,共有101例,在149例"企业是植物"的隐喻表达中占了67.79%,如:

(133)中国没有大企业,没有靠自己机能生长起来的大企业,没有靠自己的竞争力成长起来的企业。

(134)在QQ成长的七年中,很多的用户朋友对于QQ给予了关爱和帮助,也对QQ的发展提出了很多十分有价值的建议。

可见,"成长"和"生长"是企业家高频使用的植物隐喻表述。这说明企业家特别关注企业的成长与发展,因为企业家创立企业,都希望该企业能够茁壮成长,将来成为参天大树。所以,这样一个期待就埋藏在企业家的心里,在描述企业的这个阶段时,他们就会有意无意地使用这些隐喻表达。

企业的成长和发展是一个相当漫长的过程,也就是说,一家企业如同一株植物,有一段漫长的生长周期,从播种、发芽、开花、结果、丰收到枯萎,都是必经的过程。植物的这种生长过程被投射到了公司发展的概念域中。每个公司从创业初始就自动进入一个生长周期,而映射该周期里的各个阶段的隐喻表达,如"萌芽""扎根""小树苗""壮大""成熟""参天大树""盛衰"等也都被相应地投射到企业目标域中,如:

(135)本来那时候巨人已经开始略有起色了,因为那时候脑黄金的旺季也即将来了,脑黄金也开始能转动了,那个萌芽一下就被扼杀了,一下就陷入困境了。

(136)然后我们扎根在江阴,开始研究失败的原因。

(137)是客户多年来给予的理解和帮助,才使华为从幼小的树苗成长到今天的规模和水平。

(138)再次,伴随着企业的壮大,我们的创业精神也受到极大的考验。

(139)我认为万事开头难的意思是做企业就是三年机会,三年决定生死,五年打下基础,八年小有成就,十年才有品牌,二十年才能成为参天大树。

(140)中国企业快似豆芽菜,盛也快速,衰也快速。

(141)应该看到,运营商在逐渐成熟、规范。

概念隐喻"企业是植物"类似于"人体隐喻"中的人生阶段隐喻,都是探讨企业的生命周期:从生到死,从幼小到成熟、到最后的衰亡。虽然最后都会走向生命的结束,但它们都突显了从无到有、从小到大的动态发展过程,向听众传递的是正面与积极的信号。植物的生长过程本身就是一个给人希望的过程,充满了对生命成长的期待,对美好未来的憧憬。企业家希望借此让员工与其他合作伙伴明白公司在不断地成长,未来是可期的。"企业是植物"概念隐喻暗含了企业的成长值得全体员工的期待,以及成长中的企业值得更多商业伙伴与之开展合作。

其次,我们再来讨论"做企业就是种植"概念隐喻。如果说"企业是植物"概念隐喻更多地关注植物自身通过吸收自然界的养分而茁壮生长,那么"做企业就是种植"则关注的是人们在种植过程中可以做些什么。在这类隐喻中,"做企业"被视为种植的过程或者帮助植物适应土壤的过程,因此就会突显植物隐喻中"人"的因素。尽管植物的生长可以不需要依靠人力,但是人力可能会使植物生长得更好,也可能会改良植物的品种。

培育一株健康的植物,人们需要在种植的过程中付出努力,像播种、浇水、施肥、照料以及收割。比如在播种时,人们可以先对土壤进行处理,刨松土壤、让土壤在太阳底下暴晒几天可以减少病虫害的发生、给土壤加点肥料有助于作物的生长等。这些人为因素的加入,可能会让植物生长得更好。企业家把"做企业"隐喻化为种植作物的过程,体现了企业经营中企业家、中层管理者、普通员工等全体人员的努力与企业的发展是分不开的,企业的发展需要他们对企业的精心培育与呵护,如:

(142)创业的同志在 1990 年、1991 年,一个月才拿几百元工资的情况下,辛辛苦苦<u>把树种大了</u>,<u>浇了水</u>,<u>施了肥</u>。

(143)我们讲的农场法则是我们人类五千年以来追求的生存方式,你每一年<u>培育种子</u>,进行<u>耕耘</u>,<u>播种</u>,然后管理,然后<u>施肥</u>,然后<u>收获</u>。

(144)这些年来,公司在《华为人》《管理优化》、公司文件和大会上,不断地公开自己的不足,披露自己的错误,勇敢自我批判,<u>刨松了整个公司思想建设的土壤</u>。

(145)在产品的经营和资本经营的有效<u>嫁接</u>中,注意企业的发展,更注重企业的安全。

上述"做企业就是种植"概念隐喻的具体例子说明了人们在种植过程中发挥着重要的作用。企业家在演讲中用植物始源域对"做企业"目标域进行隐喻化,其交际目的是希望通过种植的过程,给听众尤其是员工与合作伙伴传递积极的信号。因为诸如"施肥""浇水""培植""嫁接""刨土""耕耘""播种""收获"等有关种植的隐喻表达,体现了企业全体工作人员对于企业这棵植物付出的辛勤劳动,旨在实现一个美好的结果,即企业可以"开花""结果""大丰收"。

总之,植物隐喻隐含了自然界生命的周而复始,是希望的象征。企业家适当使用植物隐喻有助于展示企业生机勃勃的景象,这对于企业员工和商业伙伴来说都非常有意义。企业员工能够感受到自己服务的组织是欣欣向荣的集体,因此会加倍努力地工作,来推动这个组织朝着更好的方向发展。商业伙伴能够感受到与其合作的组织充满生机,将来可能会有更光明的合作前景。

3.4.2 亲情/养育隐喻

除植物隐喻外,以"亲情/养育"为始源域的隐喻也横跨了"企业"与"做企业"两个目标域。对应两者的概念隐喻分别是"企业是家庭"和"做企业就是养育孩子"。在"企业是家庭"概念隐喻中,家庭所具有的一部分属性被激活并投射到"企业"这个概念域上,由于家里有爸爸、妈妈以及兄弟姐妹等各种具有血缘或亲情关系的人,通过跨域映射后,企业里也有这种亲属关系的存在。检索总语料库,我们发现了很多家庭称呼与血缘关系表达,如"妈妈""兄弟""父母""老大哥""娘舅""婆婆""血缘关系"等,还有与"家"相关的表达,像"传家宝""家底""亲如一家""分家"等。这些隐喻表达突显了企业中的家文化概念,企业被隐喻化为大家庭,具有家族的特征,而且由不同的家庭成员组成,如:

(146)在1999年融资的时候,我第一天就跟股东讲,我们的投资者是阿里巴巴的*娘舅*,客户才是阿里巴巴的*父母*。

(147)今天联想能发展到这样,我们的好"*婆婆*",就是中国科学院是功不可没的。

(148)这种文化是海信不断发展并要永远坚持的*传家之宝*。

(149)我们将创造这样的氛围,让我们每一名员工,不管是来自联想还是 IBM 都*亲如一家*,都能发现新联想是他们事业的最佳舞台。

(150)他们还与方太有更亲密的*血缘关系*。

在这些隐喻句中,企业被概念化为大家庭,企业内部成员之间或企业之间的相互关系被概念化为家庭中的血缘或亲情关系。中国是一个很重视亲情的国家,家文化(亲情文化)在人们心中根深蒂固,例如每年的春节和中秋节都是举家团圆的日子,大家通常会不远千里回到家里跟亲人团聚。企业家在演讲中适当地调用"企业是家庭"概念隐喻,能够成功地唤起员工内心深处的共鸣,一股家的温暖就会涌上心头。这种情感进而会激发员工,让他们觉得企业就是自己的家,并时刻提醒自己要履行责任、奉献爱心,共同经营好企业这个家。这种劝说会比那些平铺直叙的语言更加有效,作用也更大。

其次,我们再来讨论"做企业就是养育孩子"概念隐喻。"企业是家庭"概念隐喻强调的是企业内部或企业之间的亲属血缘关系,而"做企业就是养育孩子"则强调企业被当作孩子来抚养,抚养人对企业有"教养""教育"的责任。从某种程度上来说,企业发展得好坏,部分取决于这个抚养人,也就是取决于企业家、CEO等这些对企业有实际领导权的人如何"抚养"企业。通过检索总语料库,我们发现很多与"养育孩子"相关的表达,像"母公司""子公司""优生优育""哺育""养""孕育期""一代一代传下去"等,其中以"母公司"与"子公司"居多。这些隐喻表达不仅突显了企业成长的依赖性,即企业需要企业家的精心养育与呵护,也突显了企业的传承性,即优秀的企业品质或企业文化可以不断地传承下去,如:

> (151)这两家公司都是上市公司,我自己就退到了这两家公司的母公司,这个母公司是 2001 年才叫联想控股,我们拥有这两家子公司 50％左右的股份。

> (152)就像一个孩子出生之前还有十月怀胎一样,我也并不是在1993 年突然心血来潮创办新东方的,在此之前,新东方至少还有 5 年的孕育期可以追溯。

> (153)在追求"综合金融、国际领先"这一梦想的道路上,我们哺育了中西合璧、兼容进取的平安文化。

> (154)所以力帆要把自己的企业变成员工们防老所养下的儿子,变成员工们为了饥荒时候所存下的谷粮。

> (155)我们希望把联想这个事业一代一代传下去。

> (156)孩子从受孕到出生,父母还是要关心这个孩子在肚子里是不是健康,更重要的是孩子到十八岁会不会出现健康问题,做企业也是一样。

(注:整句被标注为隐喻句)

养育孩子是一个艰辛的过程,每个父母都希望自己的孩子能够健康成长。在孩子还小的时候要负责给他们喂奶、换尿布、哄他们睡觉、陪他们玩、教他们说话等各种生活琐事,可以说事无巨细,什么都得管,都得操心。这种生活体验同样适用于"做企业"。刚刚建立的企业就如同刚出生的婴儿一样,需要企业家的悉心呵护。

在"做企业就是养育孩子"概念隐喻中,企业被概念化为孩子,所以企业犯错是不可避免的,但是只要我们认真地呵护、教导这个孩子,他就可以健康苗壮地成长,变成一个聪明的孩子,他的前途也会是光明的。因此,企业家在使用这个概念隐喻时,赋予了话语积极的态度,同时希望将这种情感能够传递给他的员工,让员工能够有更多的耐心克服眼前的困难,共同见证企业的发展,从初创走向成熟。正如 Dodd(2002)所言,亲情/养育隐喻不仅隐含了创立企业(或制造新生命)时、养育企业中以及在复杂漫长的生命过程中的欢乐与痛苦,而且还预示了企业最终都要脱离创业者的呵护走向成熟、独立的必经之路。

总之,亲情/养育隐喻蕴含了企业文化中的家文化与企业成长过程的养育之道。在企业家话语中,适当使用亲情/养育隐喻不仅有助于唤起员工内心对于"企业是温暖之家"这一想法的共鸣与共情,可以激发员工的责任心与爱心,还可以唤起企业家的父母之爱,温柔对待自己日夜照料的企业,呵护其走向成熟与独立,感受养育过程中的酸甜苦辣。

3.5　企业家心智模式

心智模式是指个体认知系统所建构的用来解释外部世界的内在表征(Denzau & North,1994)。隐喻作为一种重要的认知机制,能够被用来解释外部世界。企业家的心智模式发展通常会经历隐喻化的过程(Hill & Levenhagen,1995)。隐喻认知是企业家心智模式发展中的关键环节,因为隐喻话语有助于我们理解企业家的内在情感与态度。通过上述企业家话语的概念隐喻网络分析,我们可以更好地描绘出中国企业家共享的心智模式(见图3.5)。

图 3.5 显示,中国企业家使用的隐喻按照比重高低,分为支配性概念隐喻与辅助性概念隐喻。支配性概念隐喻由战争隐喻、旅行隐喻、体育隐喻与人体隐喻构成,占所有隐喻的 82.44%。辅助性隐喻由游戏隐喻、气候隐喻、物体隐喻、容器隐喻、植物隐喻、亲情/养育隐喻组成。支配性概念隐喻与辅助性概念隐喻共同揭示了企业家的共享心智模式。

通过对支配性概念隐喻的分析,我们发现企业家通过这 4 类高频隐喻,突显了企业家自己在企业中的领导力与执行力,比如指挥企业打仗、带领企业旅

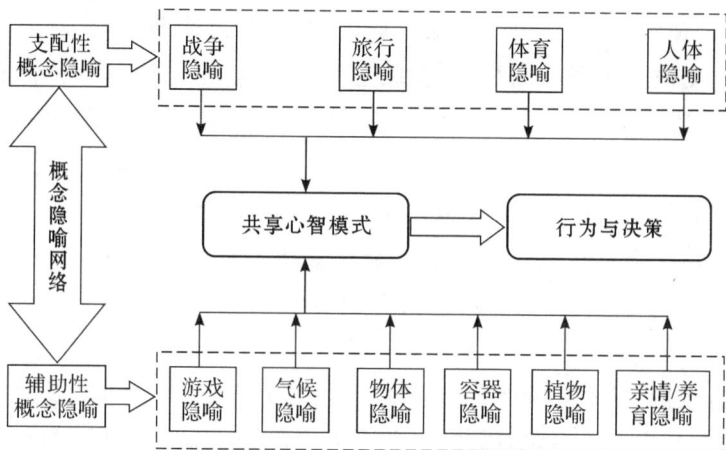

图 3.5　企业家的共享心智模式

游、指导企业参加体育比赛、指引企业的发展方向。此外,企业家还通过这 4
类隐喻向员工传达如下思想:(1)企业的集体利益高于一切;(2)企业是发展中
的个体,员工应允许企业犯错;(3)员工要有危机意识、紧迫意识与纪律意识;
(4)员工需要齐心协力,增强团队合作意识,提升企业的凝聚力;(5)员工需要
脚踏实地工作,加强学习,提高解决问题的能力;(6)员工要有昂扬的斗志与精
神风貌,有不服输的劲头与迎难而上的信心。这些是隐藏在概念隐喻背后企
业家内心的态度、情感与价值观,从侧面部分地揭示了中国企业家共享的心智
模式。

　　通过对辅助性概念隐喻的分析,我们发现这 6 类辅助性隐喻虽然占比不
高,但在确定与揭示企业家的共享心智模式中发挥着重要作用。我们发现,这
些隐喻突显的企业家的交际意图与修辞动机具有多样性,具体如下:(1)企业
的动态发展轨迹与精细化发展路径;(2)企业员工的流动性与人才结构的更新
换代;(3)企业的不完美性决定了查漏补缺的重要性;(4)企业要未雨绸缪,即
使困境对企业来说也是财富;(5)企业发展要讲究布局与博弈,但必须遵守市
场规则;(6)企业的生机活力可以谋求更多的合作;(7)企业的温暖氛围让员工
有依靠,但企业也需要企业家的关爱。

　　支配性概念隐喻与辅助性概念隐喻背后蕴含着企业家对于企业的设想、
概括与意图,它们共同揭示了中国企业家话语社团的共享心智模式。而心智
模式又决定着企业家如何理解企业的生存环境、如何给企业做决策以及如何

采取行动。企业家群体中这种共享的心智模式是企业发展的现实在企业家头脑中的概括与总结,但反过来又影响着企业家对现实的研判与决策。

3.6　小　结

本章我们主要从批评隐喻分析的视角对总语料库中涉及与"做企业"和"企业"目标域相关的 10 类隐喻进行了深入研究。数据显示,这 10 类隐喻的使用频率是不均衡的,但存在一定的规律性。中国企业家更喜欢使用以"战争""旅行""体育""人体"为始源域的隐喻,这些隐喻在所有隐喻中居于支配性地位,而其他的诸如以"游戏""气候""植物""物体""容器""亲情/养育"为始源域的隐喻则处于辅助性地位。

隐喻的系统性使我们能够用一个概念来理解另一个概念的某些方面,同时它也必然隐藏了那个概念的其他方面;它允许我们聚焦于某个概念的某一部分内容,同时也会使我们忽略这个概念中与该隐喻不一致的内容(Lakoff&Johnson,1980:10)。从总语料库中得出的数据可以很好地说明:不管是"做企业",还是"企业",都是通过不同的始源域进行概念化的。因此,对于认识像企业这样一个复杂的事物,支配性概念隐喻与辅助性概念隐喻的共同作用有助于我们形成更加全面的认识。此外,支配性概念隐喻与辅助性概念隐喻背后还隐藏着企业家对于"做企业"与"企业"的态度与情感,所以它们还共同揭示了中国企业家话语社团的共享心智模式。

第 4 章　企业家概念隐喻的行业比较

第 3 章从整体上讨论了中国企业家话语中的隐喻现象,探讨了企业家在隐喻选择背后所传递出的不同态度,进而探析了中国企业家话语社团的共享心智模式。然而,中国企业家话语社团中的企业家来自不同的行业,那么不同行业中企业家的话语隐喻的分布情况及其突显的态度情感意义,与整体性的企业家话语隐喻分析得出的结论是否一致,还是呈现出自己独有的特征?这些也是需要我们进一步关注的问题。因此,本章我们将聚焦于具体行业中企业家的话语隐喻,讨论它们与总语料库中企业家话语隐喻的异同,以及不同行业的企业家话语隐喻的使用差异。在此,我们选择来自互联网行业的马云与来自通信行业的任正非的话语作为语料,来探讨不同行业的企业家话语隐喻使用的差异。

4.1　马云话语语料库中的隐喻

4.1.1　马云话语语料库概况

中国经济在过去的四十多年取得了快速的发展,涌现出了一大批具有影响力的企业家,马云是其中之一。马云既是中国互联网经济的见证者又是其实践者。中国的互联网经济从无到有,到现在发展壮大,极大地推动着中国经济的发展与社会的进步。马云作为阿里巴巴集团的创始人,对中国互联网经济的发展功不可没。此外,2014 年 9 月阿里巴巴集团在纽约股票交易所成功上市,融资 250 亿美元,成为历史上 IPO(Initial Public Offerings,首次公开募股)规模最大的企业,成为仅次于谷歌(Google)的全球第二大互联网公司。由于他的卓越贡献,他曾两度荣获中国年度经济人物(2004、2012),被"世界经济论坛"评为 2001 年全球 100 位"未来领袖"之一(2000),被美国亚洲商业协会评为 2001 年度"商业领袖"(2001),荣获美国《商业周刊》评出的"25 位互联网业最具影响力的人物"(2008),美国《时代》评出的"2009 年百大最具影响力人物"(2009)以及福布斯终身成就奖(2019)等各种殊荣,同时他还是首位登上《福布斯》杂志封面的中国企业家(不含港澳台地区)。

马云话语语料库收录了马云在员工及管理干部的交流会、集团年会、集团内部会议、部门动员会、欢迎大会、员工大会、员工集体婚礼、集团周年庆典及晚会等各种场合的演讲实录。马云话语语料库来自《马云内部讲话》,时间跨度为 2004—2010 年,包含 18 篇演讲实录,总规模约达 25.3 万字。

4.1.2　马云话语语料库与总语料库对比

我们也借鉴了 Pragglejaz Group(2007)提出的 MIP 隐喻识别程序与Steen 等(2010)提出的 MIPVU 隐喻识别程序,识别马云话语语料库中与"企业"和"做企业"两个主题相关的隐喻句。分析发现,马云话语语料库中与这两个主题相关的隐喻句共有 573 句。在这些隐喻句中,有些句子含有 1 个隐喻表达,有些句子含有 2 个隐喻表达,而有些句子则含有 3 个或 3 个以上的隐喻表达。从数据上看,马云话语语料库中隐喻的频数分布和总语料库中企业家话语隐喻的频数分布十分接近(见表 4.1)。

表 4.1　马云话语语料库句子中隐喻的分布情况

每句所含隐喻数	句子数量	百分比
1	376	65.62
2	120	20.94
3	53	9.25
>3	24	4.19
总计	573	100

表 4.1 显示,在所有与"做企业"和"企业"主题相关的隐喻句中,含有 1 个隐喻表达的句子占多数,共有 376 句,占总数的 65.62%;含有 2 个或 2 个以上隐喻表达的句子共有 197 句,占总数的 34.38%。通过对这 573 句隐喻句进行

分析,我们甄别出隐喻关键词,并最终识别出877例隐喻表达。如前所述,语言隐喻是概念隐喻的具体表征方式,所以我们需要对上述统计出的877例语言隐喻进行聚类分析,进而提炼出更高层级的概念隐喻。经过进一步的分析,我们从这些语言隐喻中归纳出11类始源域(见表4.2)。

表4.2　马云话语语料库中始源域分布情况

始源域	频数	百分比
战争	287	32.73
旅行	201	22.92
人体	145	16.53
体育	86	9.81
植物	41	4.68
游戏	22	2.51
气候	20	2.28
物体	15	1.71
亲情/养育	14	1.60
容器	10	1.14
其他	36	4.10
总计	877	100

表4.2向我们展示了马云话语语料库中隐喻的始源域分布情况。其中,排在前4位的始源域分别是"战争""旅行""人体"和"体育",分别占总数的32.73%、22.92%、16.53%和9.81%。这与总语料库中始源域的分布情况基本相似,而且这4类始源域中占比最多的也是"战争"始源域。马云话语语料库中这4类隐喻占了所有隐喻的81.99%,而总语料库中这4类隐喻占了所有隐喻的82.44%。可见,这4类隐喻在两个语料库中都占了绝大多数,而且两者比重不相上下。这说明马云与大多数中国企业家一样,喜欢通过"战争""旅行""人体""体育"这4个始源域来概念化"做企业"和"企业"目标域,而且更倾向于使用"战争"始源域。这从某种程度上表明,包括马云在内的大多数中国企业家认为做企业的过程基本上就是指挥军队作战的过程。但是,在马云话语语料库中,人体隐喻的比重尽管排名第三,但与排名第一的战争隐喻的

比重差距较大,前者大约只有后者的一半。

除了这些高频隐喻外,马云话语语料库中还涉及诸如"植物""游戏""气候""物体""亲情/养育""容器"等始源域。通过这些始源域映射构成的隐喻占所有隐喻的 13.92%。这些隐喻类型与总语料库中的情况一致。此外,马云话语语料库和总语料库中都有一些其他类型的始源域,比如"生态系统""建筑物""日常生活""地震"等,但是它们的数量非常少,所以这些始源域被纳入"其他"中。

根据批评隐喻分析框架,在隐喻识别的基础上,我们还须对马云话语语料库中的这些语言隐喻进行归纳,从认知的层面探寻隐藏在语言隐喻背后的概念隐喻,即隐喻的解读。如前所述,我们识别的是马云话语语料库中与"企业"和"做企业"主题(或目标域)相关的隐喻表达,因此,在隐喻的解读阶段,我们需要归纳出的概念隐喻表达式分别是"企业是什么"与"做企业就是做什么"。具体分布状况见表 4.3。

表 4.3　马云话语语料库中概念隐喻在两个目标域中的分布情况

	概念隐喻	频数
做企业		
1	做企业就是打仗	287
2	做企业就是旅行	201
3	做企业就是参加体育比赛	86
4	做企业就是玩游戏	22
5	做企业就是适应气候	20
企业		
6	企业是人体	145
7	企业是物体	15
8	企业是容器	10
企业＋做企业		
9	企业是植物("植物"始源域)	37
10	做企业就是种植("植物"始源域)	4
11	企业是家庭("亲情/养育"始源域)	9
12	做企业就是养育孩子("亲情/养育"始源域)	5

与总语料库一样,在马云话语语料库中:目标域为"做企业"的概念隐喻主要有 5 类,分别是"做企业就是打仗""做企业就是旅行""做企业就是参加体育比赛""做企业就是玩游戏"以及"做企业就是适应气候";目标域为"企业"的概念隐喻主要有 3 类,分别是"企业是人体""企业是物体"以及"企业是容器";以"植物"和"亲情/养育"为始源域的概念隐喻渗透在"做企业"和"企业"两个目标域中。例如,在"做企业"目标域中,对应两个始源域的概念隐喻分别是"做企业就是种植"与"做企业就是养育孩子",而在"企业"目标域中,对应两个始源域的概念隐喻则分别是"企业是植物"与"企业是家庭"。

我们在对马云话语语料库和总语料库的分析中,发现这两个语料库的话语里与"做企业"和"企业"两个主题相关的 10 类隐喻是一样的。然而,数据显示,这 10 类隐喻的使用频率在各自的语料库中又是不均衡的,但呈现出一定的规律性。马云话语与中国企业家话语社团都倾向于使用战争隐喻、旅行隐喻、体育隐喻和人体隐喻来概念化"企业"与"做企业"。因此,这 4 种高频隐喻在整体上处于支配性地位,而其他类型的隐喻,如游戏隐喻、气候隐喻、植物隐喻、亲情/养育隐喻、物体隐喻和容器隐喻,由于占比较低,所以在整体上处于辅助性地位。

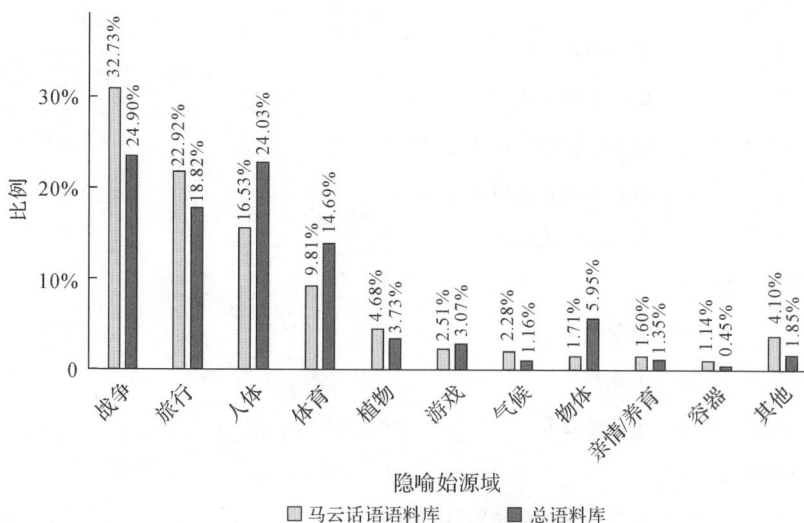

图 4.1 马云话语语料库与总语料库中始源域类型的比较

图 4.1 显示,与总语料库相比,马云话语语料库中涉及的战争隐喻和旅行隐喻所占的比重分别高出 7.83 和 4.10 个百分点,而人体隐喻和体育隐喻的

比重则分别低了 7.50 和 4.88 个百分点。但是,如果仔细观察的话,我们就会发现两个语料库中比重差距最明显的分别是战争隐喻和人体隐喻。马云话语语料库中战争隐喻(32.73%)比总语料库中战争隐喻(24.90%)多 7.83 个百分点,而总语料库中人体隐喻(24.03%)则比马云话语语料库中的人体隐喻(16.53%)多出 7.50 个百分点。这反映出整个中国企业家话语社团普遍倾向于使用"人体"始源域,也就是说,在话语产生的过程中他们更愿意将企业视为人体来对待。马云作为该话语社团的成员,他的话语既具有该话语社团的共性,同时也具有自己的特性。这种特性是综合因素作用的结果,但不可否认的是隐喻使用的倾向性与特定的行业具有某种关联。众所周知,马云是互联网行业的企业家,互联网经济在中国的历史并不长,但是自从其诞生后就呈现出迅猛的发展态势,各大电子商务企业的竞争日趋白热化,因此在互联网行业生存和发展之艰辛可想而知。这种适者生存的环境会让互联网行业的企业家更具抗争性。因此,互联网行业的企业家更具有战争意识和忧患意识。如果无法适应这种艰难的环境,他们随时可能会战死,所以需要不顾一切地扛起枪去战斗。由此可见,像马云这样的互联网企业家在讲话的过程中自然会更多地使用战争隐喻。

总语料库中人体隐喻的比重要比马云话语语料库中的高出 7.50 个百分点。这在某种程度上说明,相比马云话语语料库,整个中国企业家话语社团更看重人体隐喻,这种话语特色也符合中国的传统文化。中国儒家传统非常重视人本文化,它将人作为考虑一切问题的出发点与归宿,肯定天地之间人为贵,人为万物之灵,因此以人为中心是中国传统文化的基调(刘忠孝等,2012:44)。此外,儒家文化中的人伦道德,以及正心、修身、齐家、治国、平天下与人本文化也是一脉相承的。受到这种儒家传统的影响,人本文化在中国人心中根深蒂固,这又进一步体现在人们日常说话和做事的过程中。这也就是为什么自古以来在中国的商人中流传着"儒商"这种称呼。这种视人为万物之根本的思想渗透于中国企业家话语中,成为中国企业家话语社团的一种普遍现象。

4.2 任正非话语语料库中的隐喻

4.2.1 任正非话语语料库概况

本节我们要讨论的语料来自华为集团总裁任正非的话语。华为由任正非于 1987 年创立,是全球领先的信息与通信基础设施和智能终端供应商,在 2020 年已成长为年销售规模 8914 亿人民币[①]的世界 500 强企业。华为作为一家通信科技公司,其电信网络设备、IT 设备和解决方案以及智能终端已应用于全球 170 多个国家和地区。作为全球领先的信息与通信解决方案供应商,华为为电信运营商、企业和消费者等提供端到端 ICT(Information Communication Technology,信息通信技术)解决方案和服务,帮助客户在数字社会获得成功。华为始终处于行业的前沿,引领行业的发展,公司每年将销售收入的 10% 以上投入研发。在近 20 万华为人中,超过 53% 的员工从事创新、研究与开发,目前已累计获得专利授权 10 万余项,其中 90% 以上专利为发明专利,近 10 年累计投入的研发经费超过 7200 亿元人民币[②]。由于任正非的突出贡献,他曾多次荣获国内外的商界大奖,例如,他曾荣膺网民评选的"2003 年中国 IT 十大上升人物"(2003),位居《财富》中国最具影响力的 50 位商界领袖排行榜第一(2012),多次登上美国《时代》杂志"全球一百位最具影响力人物"(2005,2013,2019),并入选中央统战部、全国工商联"改革开放 40 年百名杰出民营企业家名单"(2018)等。

与建构马云话语语料库和总语料库的方法类似,任正非话语语料库收录了任正非在各种场合的演讲。这些演讲包括他在与员工及管理干部的交流会、座谈会、例会、新年致辞、表彰大会、颁奖典礼、产品评审规划会议、产品发布会、员工出征大会等场合的讲话。任正非话语语料库来自《任正非内部讲话实录》,时间跨度为 17 年(1997—2013 年),包括 33 篇演讲实录,总规模约达 20.5 万字。

---

① 数据来自华为投资控股有限公司 2020 年年报。详见:https://www.huawei.com/cn/annual-report/2020.

② 详见:https://www.huawei.com/cn/corporate-information/research-development.

4.2.2　任正非话语语料库与总语料库对比

在任正非话语语料库中,我们发现总共有 930 句与"做企业"和"企业"这两个主题相关的隐喻句。在这些隐喻句中,有些句子含有 1 个隐喻,有些句子含有 2 个或 2 个以上的隐喻。从数据上看,任正非话语语料库中隐喻的频数分布和总语料库中隐喻的频数分布相当接近(见表 4.4)。

表 4.4　任正非话语语料库中句子中隐喻的分布情况

每句所含隐喻数	句子数量	百分比
1	610	65.59
2	210	22.58
3	84	9.03
>3	26	2.80
总计	930	100

表 4.4 显示,任正非话语语料库里所有与"做企业"和"企业"主题相关的隐喻句中,含有 1 个隐喻表达的句子占多数,共有 610 句,占总数的 65.59%;含有 2 个或 2 个以上隐喻表达的句子共有 320 句,占总数的 34.41%。经统计,我们得出这 930 句隐喻句中,总共含有 1391 例隐喻表达。由于语言隐喻是概念隐喻的具体表征方式,因此上述统计得出的 1391 例语言隐喻可以形成更高层级的概念隐喻。经过进一步的分析,我们可以从中归纳出 11 类始源域(见表 4.5)。

表 4.5　任正非话语语料库中始源域分布情况

始源域	频数	百分比
人体	395	28.40
战争	361	25.95
体育	195	14.02
旅行	157	11.29
物体	89	6.40
气候	63	4.53
植物	47	3.38

续表

始源域	频数	百分比
国家	21	1.51
游戏	14	1.01
动物	8	0.58
其他	41	2.95
总计	1391	100

表 4.5 显示了任正非话语语料库中隐喻的始源域分布情况。其中,排在前 4 位的始源域分别是"人体""战争""体育"和"旅行",分别占总数的 28.40％、25.95％、14.02％和 11.29％。这与总语料库("战争""人体""旅行""体育")以及马云话语语料库("战争""旅行""人体""体育")始源域的分布情况基本相似,都是这 4 类始源域排在前 4 位,只是各个始源域在不同的语料库中占比排名先后不同而已。任正非话语语料库中这 4 类始源域占了所有始源域的 79.66％,而总语料库中这 4 类隐喻占了所有隐喻的 82.44％。这表明任正非和中国大多数企业家一样,喜欢通过"人体""战争""体育""旅行"这 4 个始源域来对"做企业"和"企业"这两个主题进行概念化,而且更倾向于使用人体始源域。

除了这些高频隐喻外,任正非话语语料库中还涉及诸如"物体""气候""植物""国家""游戏""动物"等始源域。通过这些始源域映射构成的隐喻占所有隐喻的 17.41％,这与总语料库中的情况并非完全一致。首先,任正非话语语料库中这些辅助性隐喻的比例要高于总语料库中的比例(17.41％＞13.92％);其次,任正非话语语料库和总语料库中的辅助性隐喻的始源域种类并不完全相同。此外,与总语料库相似,任正非话语语料库中也有一些其他类型的始源域,比如以"寺庙""建筑物""生态系统"等为始源域的隐喻,但它们的数量非常少,所以这些始源域被归入"其他"当中。

根据批评隐喻分析框架,在隐喻识别的基础上,我们也需要对任正非话语语料库中的这些语言隐喻进行归纳,从认知的层面探析隐藏在语言隐喻背后的概念隐喻,即隐喻的解读。如前所述,我们识别的是任正非话语语料库中与"企业"和"做企业"主题(或目标域)相关的隐喻表达,因此,在隐喻的解读阶段,我们需要归纳出的概念隐喻表达式分别是"企业是什么"与"做企业就是做什么"。具体分布见表 4.6。

表 4.6 任正非话语语料库中概念隐喻在两个目标域中的分布情况

概念隐喻		频数
做企业		
1	做企业就是打仗	361
2	做企业就是参加体育比赛	195
3	做企业就是旅行	157
4	做企业就是适应气候	63
5	做企业就是管理国家	21
6	做企业就是玩游戏	14
企业		
7	企业是人体	395
8	企业是物体	89
9	企业是动物	8
企业＋做企业		
10	企业是植物("植物"始源域)	35
11	做企业就是种植("植物"始源域)	12

表 4.6 显示,目标域为"做企业"的概念隐喻主要有 6 类,分别是"做企业就是打仗""做企业就是参加体育比赛""做企业就是旅行""做企业就是适应气候""做企业就是管理国家"以及"做企业就是玩游戏";目标域为"企业"的概念隐喻主要有 3 类,分别是"企业是人体""企业是物体"以及"企业是动物";以"植物"为始源域的概念隐喻渗透在"做企业"和"企业"两个主题中。例如,在"做企业"主题中,对应"植物"始源域的概念隐喻是"做企业就是种植",而在"企业"主题中,对应"植物"始源域的概念隐喻则是"企业是植物"。

由此可见,这些概念隐喻和总语料库中的概念隐喻类别稍有差异。在总语料库中,用来概念化"做企业"的概念隐喻主要有 5 类,分别是"做企业就是打仗""做企业就是旅行""做企业就是参加体育比赛""做企业就是玩游戏"以及"做企业就是适应气候",但没有任正非话语语料库中的"做企业就是管理国家";总语料库中用来概念化"企业"的概念隐喻主要有 3 类,分别是"企业是人体""企业是物体"以及"企业是容器",与任正非话语语料库相比,多出一个"企业是容器",但没有"企业是动物";总语料库中对应"做企业"和"企业"两个主题中的始源域有两个,一个是"植物"始源域,另一个是"亲情/养育"始源域,但在任正非话语语料库中,横跨两个主题的始源域仅有"植物"始源域。

对比分析任正非话语语料库与总语料库,我们发现两个语料库里与"做企业"和"企业"两个主题相关的概念隐喻主要有 10 类,其中有 8 类是相同的。数据显示,这 10 类隐喻的使用频率在各自的语料库中又呈现出不同的分布规律。任正非的话语与中国企业家话语社团都倾向于使用 4 类高频隐喻,即人体隐喻、战争隐喻、体育隐喻和旅行隐喻,来对"企业"和"做企业"进行概念化。所以,这 4 类高频隐喻也被叫作支配性隐喻。相比而言,其他几类比重较低的概念隐喻被称为辅助性隐喻。

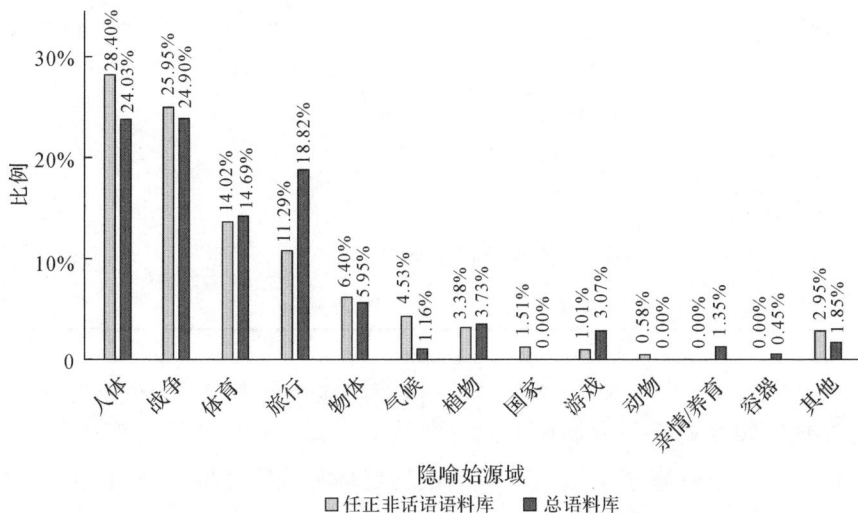

图 4.2　任正非话语语料库与总语料库中始源域类型的比较

图 4.2 显示,与总语料库相比,任正非话语语料库中涉及的战争隐喻和体育隐喻的比重与总语料库中的相差不大,因此在这两种隐喻的使用上,任正非的话语符合中国企业家话语社团的基本特征。图 4.2 还显示,任正非话语语料库中人体隐喻的使用频率是最高的,达到 28.40%,而且比总语料库中的人体隐喻使用频率(24.03%)还要高出 4.37 个百分点;但是任正非话语语料库中旅行隐喻的比重(11.29%)要比总语料库中该隐喻的比重(18.82%)低了 7.53 个百分点。我们在之前的讨论中讲过,整个中国企业家话语社团普遍倾

向于使用人体始源域,把企业看作人体。然而,在任正非的话语中,人体始源域的比重比总语料库的还要高,可见他是一个典型的中国企业家,他更愿意把企业当作人来对待,认为企业有生老病死、有感知、有担当、会思考、能解决问题以及有学习能力等等。然而,旅行隐喻在总语料库中的比重要比任正非话语语料库中高出 7.53 个百分点。这说明,相比任正非话语,整个中国企业家话语社团更注重用旅行隐喻来概念化企业家是如何经营企业的。从另一个角度看,旅行隐喻虽然属于支配性隐喻,但在任正非的话语中相对被弱化。

4.3 马云与任正非隐喻话语的对比分析

我们在 4.1 小节与 4.2 小节分别讨论了马云话语与整体性中国企业家话语社团,以及任正非话语与整体性中国企业家话语社团的对比情况。结果显示,马云话语和任正非话语中隐喻的分布频数与整个中国企业家话语中隐喻的分布频数呈现出一定的相似性与差异性。那么,马云和任正非作为杰出的中国企业家,来自不同的行业,他们各自话语中的隐喻又具有哪些相似点和不同点呢?造成这些差异的原因又有哪些?我们将在本节对这些问题展开讨论。

表 4.7 整合了表 4.1 与表 4.2 的数据,从而可以更直观地看出马云话语与任正非话语中所含的隐喻数对比。在所有与"企业"和"做企业"主题相关的隐喻句中,含有一个隐喻的句子比重占多数,在两者的话语中均占 65% 以上。每个隐喻句中含有 2 个、3 个或 3 个以上隐喻表达的句子比重在各自的语料库中都差不多。如前所述,马云话语语料库中的 573 个隐喻句中,总共含有 877 例隐喻表达;而任正非话语语料库中的 930 个隐喻句中,总共含有 1391 例隐喻表达。这些话语隐喻经过进一步分析可以形成更高层级的概念隐喻,共有 13 类(见表 4.8)。

表 4.7　马云话语语料库与任正非话语语料库中所含的隐喻数对比

每句所含隐喻数	马云话语语料库		任正非话语语料库	
	句子数量	百分比	句子数量	百分比
1	376	65.62	610	65.59
2	120	20.94	210	22.58
3	53	9.25	84	9.03
>3	24	4.19	26	2.80
合计	573	100	930	100

表 4.8　马云话语语料库与任正非话语语料库中概念隐喻分布对比①

概念隐喻	马云话语语料库		任正非话语语料库	
	数量	百分比	数量	百分比
战争隐喻	287	32.73	361	25.95
旅行隐喻	201	22.92	157	11.29
人体隐喻	145	16.53	395	28.40
体育隐喻	86	9.81	195	14.02
植物隐喻	41	4.68	47	3.38
游戏隐喻	22	2.51	14	1.01
气候隐喻	20	2.28	63	4.53
物体隐喻	15	1.71	89	6.40
亲情/养育隐喻	14	1.60	—	—
容器隐喻	10	1.14	—	—
国家隐喻	—	—	21	1.51
动物隐喻	—	—	8	0.58
其他	36	4.10	41	2.95
总计	877	100	1391	100

---

① 两个语料库中比重偏低的几类概念隐喻由于数量少种类较多,因此在统计时被归入"其他类"中,本书不对其展开讨论。

马云话语语料库的总字数约达 25.3 万字,任正非话语语料库总字数约达 20.5 万字。尽管任正非话语语料库约比马云话语语料库少了 4.8 万字,然而根据表 4.8 所示,任正非话语中的隐喻数量是马云话语中的将近 1.6 倍。如果按照语篇每千字含有的隐喻数来计算的话,马云话语中每千字含有 3.47 个隐喻,任正非话语中每千字含有 6.79 个隐喻。由此可见,任正非话语中隐喻的分布密度是马云话语的近 2 倍,隐喻使用频率更高。因此,相比马云,任正非更喜欢使用隐喻来对"企业"与"做企业"进行概念化。

在马云话语语料库中,使用频率最高的 4 类隐喻分别是战争隐喻、旅行隐喻、人体隐喻和体育隐喻;在任正非话语语料库中,使用频率最高的 4 类隐喻分别是人体隐喻、战争隐喻、体育隐喻和旅行隐喻。4 类隐喻的总和分别占各自语料库隐喻的 81.99% 和 79.66%,属于高频隐喻。当然,有些隐喻只出现在其中一个语料库中,例如亲情/养育隐喻和容器隐喻只出现在马云话语中,并没有出现在任正非话语中;而国家隐喻和动物隐喻只出现在任正非话语中,而没有出现在马云话语中。除此之外,其他 8 类概念隐喻在两人的话语语料中是都有的。下面我们将重点讨论马云与任正非话语中的高频隐喻,通过对比分析,探究两位企业家隐喻话语背后所隐含的心智模式。

4.3.1 高频隐喻对比分析

马云话语与任正非话语中的高频隐喻类型是相同的,由于这些高频隐喻的比重占了各自语料库中隐喻数量的绝大多数,因此它们也被称作支配性隐喻。这些高频隐喻在马云话语语料库和任正非话语语料库中呈现出不同的特点,下面我们将对其进行对比分析。

(1)战争隐喻

表 4.8 显示,马云话语中比重最高的是战争隐喻,占 32.73%;而任正非话语中战争隐喻的占比排名第二,仅次于人体隐喻,占 25.95%。从某种意义上来说,战争隐喻在马云话语中的高频率使用与其企业所处的发展阶段以及整体外部环境有关。阿里巴巴集团诞生于 1999 年,本书所选马云话语的时间跨度为 2004—2010 年。那时候,阿里巴巴的产品与服务趋于定型,核心竞争力逐渐形成,已实现资产重组并在港交所上市,正处于企业生命周期的成长期(李华军,2015;周诗雨,2017)。21 世纪以来,随着国内互联网企业如雨后春笋般涌现,整个行业竞争压力日益增大。在这种情况下,马云在演讲中采用了

更多的战争隐喻来概念化"做企业"的过程,如:

(1)在座所有的人,你们是阿里巴巴的<u>铁军</u>。

(2)我们一直说在商战中最重要的是<u>上兵伐谋</u>,<u>不战而屈人之兵</u>。

(3)我想,在历史上大家都知道我们开始干的时候没有钱,然后犯很多错误,每天到处<u>打仗</u>。

(4)我们今天的<u>兵器</u>并不差,我们的市场并不差,我们要练好搜索引擎,还有旺旺。

任正非话语中战争隐喻的使用比重比马云话语中的低了 6.78%。这并不意味着任正非在其演讲中不重视战争隐喻的使用,而是相比马云,其使用战争隐喻的频率要稍低一些。如前所述,本书所选任正非话语的时间跨度为1997—2013 年。那时的华为集团正经历着变革与国际化,企业逐步走出混沌状态,在产品开发战略上采取纵向一体化、多元化与全球化并举的战略,在市场开拓战略上采取合作共赢的战略,称对手为"友商",变竞争为合作(杨少龙,2014;彭剑锋,2016;何新云,2018)。由初创时期(1987—1994 年)到走出混沌(1995—2003 年)再到全球化(2004—2012 年)(何新云,2018),华为集团的发展可谓历尽艰辛,居安思危是其必须重点考量的问题之一。因此,战争隐喻在任正非话语中也具有比较重要的地位,如:

(5)我们要把这一个个<u>碉堡</u>建设起来,今年还要再扩大这些<u>碉堡</u>的覆盖面,我们只要<u>守住</u>这一个个<u>碉堡</u>,<u>挖通</u>一条条<u>战壕</u>,我们就会有更大的收益。

(6)华为正处在一个关键的发展时期,我们已经连续数年大量招收新员工,<u>壮大队伍</u>。

(7)我们要积极地先从改革<u>前方作战部队</u>开始,加强他们的<u>作战能力</u>,要综合<u>后方平台</u>的服务与管理,非主业干部要加强对主业务的理解,减少前后方的协调量。

(8)在海外市场拓展上,我们强调<u>不打价格战</u>,要与友商共存双赢,不扰乱市场。

(2)旅行隐喻

马云话语中使用比重居第二位的是旅行隐喻,占所有概念隐喻的

22.92%；任正非话语中旅行隐喻占所有概念隐喻的 11.29%，排在 4 类高频隐喻的末位。如前所述，2004—2010 年阿里巴巴集团正处在成长期，整个企业具有较为强烈的方向意识和探索意识，所以马云在演讲中使用较多的旅行隐喻来概念化"做企业"，如：

(9)各位阿里人，九十二年的路非常之长，来到阿里巴巴不是为了一个工作，而是为了一份梦想，为了一份事业。

(10)我们不会因为这个随便改变方向，因为我们自己本人，阿里巴巴的员工也是股东。

(11)我们已经在一条船上，所有网站部门、客户部门、直销部门等等必须同舟共济，必须渡过我们的阿里巴巴升级，帮助中小企业渡过难关。

(12)我很荣幸与大家共事，把中国人创办的最伟大的公司这个理想一步一步地实现，一步一步工作，我非常感谢大家能够与我一起共事。

上述例子中的"路""改变方向""同舟共济""一步一步"等表达都是旅行隐喻的具体语言表征。相比于马云，虽然任正非较少采用旅行隐喻来概念化"做企业"，但那个时期的华为集团也面临诸多挑战。因此，他也会运用旅行隐喻来激励企业成员及时辨明前进方向，勇于开拓创新，如：

(13)当目标方向清楚了，如果此路不通，我们妥协一下，绕个弯，总比原地踏步要好，干吗要一头撞到南墙上？

(14)我们已经走到了通信业的前沿，要决定下一步如何走，是十分艰难的问题。

(15)我们必须廉洁正气、奋发图强、励精图治，带领公司冲过未来征途上的暗礁险滩。

(16)从高层管理团队到每个基层员工，只有保持不懈怠的状态，华为才能活着走向明天。

(3)人体隐喻

两位企业家的话语中都使用了人体隐喻。中国儒家传统非常重视人本文化，将人作为考虑一切问题的出发点与归宿，肯定天地之间人为贵，人为万物之灵，因此以人为中心是中国传统文化的基调(刘忠孝等，2012:44)。受中国传统人本文化的影响，中国企业家经常把企业当作有肉体、有灵魂、有态度，而且不断发展的个体来对待。任正非话语中人体隐喻的使用比重最高,占28.40%,马云话语中人体隐喻的使用比重也有16.53%。任正非话语中较高频率的人体隐喻使用不仅体现了说话人的心智模式,而且也突显了人本化管理模式之于企业的意义,如:

(17)我们不要忌讳我们的病灶,要敢于改革一切不适应实现端到端的东西。

(18)但华为现在还是很弱小,还不足以和国际友商直接抗衡,所以我们要韬光养晦。

(19)只有这样,我们才不是一个僵化的样板,而是一个有活的灵魂的管理有效的企业。

(20)说信息流的管道像太平洋一样粗,那会是什么概念,我们像幼儿园小朋友一样,想象不出来。

(21)在这个领域,没有喘气的机会,哪怕只落后一点点,就意味着逐渐死亡。

在中国传统人本文化的影响之下,人体隐喻也经常出现在马云话语中,如:

(22)所有的对手出手都可以让我们断一个胳膊、少一条腿,我们的形势非常的严峻。

(23)公司在加速发展过程中,需要注入越来越多的新鲜血液。

(24)我们是一家年轻的企业,刚刚开始进入小学,我们才八岁,离一百零二年还有九十四年要走。

(25)我们要坚持走下去,如果有一天我们成功了,我们的这套东西,就会被很多企业学习,这个DNA传到别的机体里面,我们的灵魂才能延续下去,这可能要我们看得更遥远一点。

(4)体育隐喻

马云话语中体育隐喻的使用比重是9.81%,任正非话语中该隐喻占了所有隐喻的14.02%。相比马云,任正非话语更倾向于使用体育隐喻来概念化"做企业"的过程。体育运动崇尚艰苦奋斗、勇于拼搏以及团队合作意识,因此体育精神经常被用来鼓舞团队合作,尤其是在艰难的环境下,体育精神是一种支撑企业渡过难关的重要心理资源。在演讲中,企业家使用体育隐喻的频率较高,而且形式也较为多样。比如,面对严峻的商业竞争,企业要想在竞争中保持领先,就必须提升产品与服务的质量,这样才有机会赢得胜利,否则就会被淘汰;又如,耐力和毅力是企业非常关注的品质,因为竞争是一种进步的常态,一时的领先或落后并不重要,但是企业必须保持自己的耐力和毅力,要为争取最后的胜利而不懈努力。请看以下引自任正非话语的隐喻句:

(26)在电子信息产业中,要么成为领先者,要么被淘汰,没有第三条路可走。

(27)我们现在最严重的问题是管理落后,比技术落后的差距还大。

(28)我们制定的产品和管理规划都要向他们靠拢,而且要跟随并超越他们。

(29)许多领导世界潮流的技术,虽然是万米赛跑的领跑者,却不一定是赢家。

马云同样重视在演讲中使用体育隐喻来向员工传递积极向上、奋发进取的价值理念,如:

(30)阿里巴巴是强大,但我们对手也是世界一流,中国一流。

(31)最后强调的是,2008 年到 2010 年阿里巴巴整个集团的战略思想是:宁失机会,不抓机会,修炼内功,跑赢大局。

(32)这是真正世界性的拳击台,马上要上去,我们要配置好优秀的人才,要配置好优秀的肌肉,拳击套、牙套要戴好。

4.3.2　心智模式对比

中国企业家话语中存在着大量的隐喻现象,这有助于企业家将自己心智模式中那些模糊的概念或想法通过具体的形式化的语言呈现出来,以便被理解及与他人进行沟通。通过对高频隐喻的对比分析,我们可以清晰地描绘出马云与任正非两位企业家的心智模式(见图 4.3)。

由图 4.3 可知,两位企业家的心智模式总体上是一致的,因为他们的高频隐喻大部分是重叠的。相比而言,马云更偏向于使用战争隐喻与旅行隐喻来概念化“企业是什么”与“做企业就是做什么”,而任正非更倾向于使用人体隐喻与体育隐喻。由此可见,马云以话语隐喻的方式呈现出来的心智模式侧重

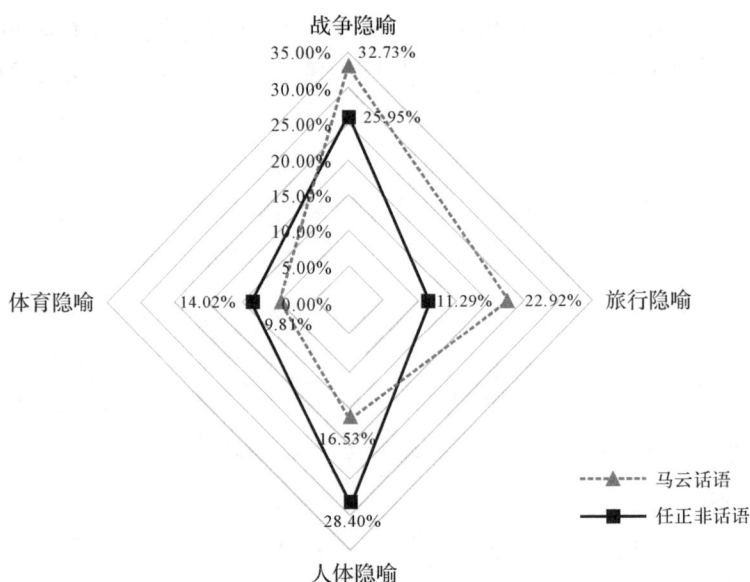

战争隐喻

35.00% 32.73%
30.00%
25.00% 25.95%
20.00%
15.00%
10.00%
5.00%

体育隐喻 14.02% 0.00% 11.29% 22.92% 旅行隐喻
9.81%

16.53%

28.40%
人体隐喻

▲‑‑‑ 马云话语
■—— 任正非话语

图 4.3　马云与任正非心智模式对比

于战斗精神与冒险精神。通过战争隐喻与旅行隐喻,企业家在某种程度上将自己概念化为军队的将领,指挥士兵作战;或将自己概念化为导游,带领游客探险。在竞争激烈的互联网行业,马云的这种心智模式突显了自己在企业经营中的领导力。任正非的心智模式侧重于人本精神与公平竞争意识。通过人体隐喻,企业被隐喻化为有肉体、有灵魂、有态度,而且不断发展的个体;通过体育隐喻,企业本身需要努力拼搏、积极参与公平规则制约下的良性竞争。任正非的这种心智模式突显了企业的社会性与商业竞争规则的公平性。虽然两位企业家通过话语隐喻呈现出来的心智模式各有侧重,但他们的话语隐喻均显现出战斗精神、人本精神、合作精神,而这些精神恰是企业家心智模式的内核与灵魂。事实证明,在全面建成小康社会决胜阶段,不仅要大力弘扬企业家不畏风险、勇于开拓的创新精神,还要发扬他们坚守初心、兼济天下的家国情怀,进而推动企业不断进步,促进经济社会持续健康发展。

4.4　小　结

本章在对总语料库进行分析的基础上,从行业的维度出发,以马云与任正非两位中国知名企业家的话语为语料，进行对比分析。首先，我们将马云、任正非的话语分别与整个中国企业家话语社团进行对比，发现两位企业家话语中使用的高频隐喻类型与中国企业家话语社团相同，但在辅助性隐喻的类型上略有差异。其次，我们重点分析了两位企业家话语中隐喻表达及其概念隐喻的分布特征，揭示了话语隐喻使用背后的情感与意图，进而考察了他们的心智模式。研究发现，尽管马云与任正非来自不同的行业，但他们所使用的 4 类高频隐喻的类型是一致的，分别为战争隐喻、旅行隐喻、人体隐喻与体育隐喻。这表明，无论是来自互联网行业的马云，还是来自通信行业的任正非，他们的心智模式在总体上是一致的，但这 4 类高频隐喻在各自的话语隐喻中所占的比重各有差异。隐喻选择的差异，不仅受到隐喻使用者个人因素的隐喻，也会受到社会因素的制约（Charteris-Black,2004:248)，更为重要的是，它还会受到行业环境、企业发展周期等各种因素的影响。这些差异又从侧面诠释了企业家对于企业经营与企业形象建构的不同情感与态度，突显了他们独特的认知特征与心智模式。这种对比分析不仅可以让我们从微观上把握企业家话语隐喻的行业特性，还有助于让我们从宏观上反思中国企业家的商业精神。

第5章　中西企业家概念隐喻的对比分析

第3章从整体上探讨了中国企业家话语中的隐喻现象,在总语料库中寻找与"企业"和"做企业"两个主题相关的隐喻表达,进而归纳出更高层级的概念隐喻,通过分析不同概念隐喻在企业家话语中的分布与比重来探讨潜藏在话语隐喻背后的态度与情感意义,从而揭示企业家的心智模式。因此,我们对整个中国企业家话语社团中的隐喻现象有了一个比较完整的认识。

不仅在中国企业家话语中充满了隐喻性的言语表达,在西方企业话语中也有很多隐喻性的表达,这些隐喻表达有助于听众通过熟悉的概念域去理解诸如"企业家的创业过程"与"企业经营"等陌生的概念域,如:微软前首席执行官史蒂夫·鲍尔默(Steve Ballmer)曾言"It's a good year to go build business and it's a good year to lay the seeds for the next generation of businesses…",英特尔前首席执行官保罗·欧德宁(Paul Otellini)说"as a company we are a bellwether and that's one of the reasons that you saw us stand up",宝洁公司前首席执行官乔治·雷富礼(George Lafley)说"(Innovation) is the game and in fact, in our industry, about 80 to 85% of new porducts fail in the sense that they're no longer on store shelves 3 to 5 years after they're introduced",星巴克首席执行官霍华德·舒尔茨(Howard Schultz)说"I would one day own the company or be in a position where we would have as you said 10,000 stores around the world,which has just been an incredible journey for all of us"。

在这些隐喻句中,"build"(建造)、"lay seeds for"(播种)、"next generation"(下一代)、"stand up"(站起来)、"bellwether"(领头羊)、"game"(游戏)、"fail"(失败)、"journey"(旅程),都属于隐喻表达,分别来自建筑隐喻、植物隐喻、人体隐喻、动物隐喻、游戏隐喻以及旅行隐喻。

可见,西方企业家话语中也有很多隐喻性表达,这些话语隐喻有的是用来描述企业的经营过程的,有的则是对企业这个实体进行概念化的。从这个角度来讲,这些隐喻与中国企业家话语隐喻比较相似。那么,西方企业家话语中的隐喻具有哪些特点,它们与中国企业家话语隐喻存在哪些相似点与不同点,又是什么原因导致中西方企业家话语隐喻的差异?这些问题将是本章讨论的重点。

5.1　中国企业家话语隐喻的特点

企业家在描述"企业"以及"如何运营企业"的时候,或者说描述"整个创业过程"时,常常让人有些难以捉摸的感觉(Cardon et al.,2005),但是这些叙述听起来似乎又是顺理成章、合情合理的,符合我们对生活的认知。人们总是以隐喻的方式、用具体和清晰的概念来界定抽象概念,隐喻映射的方向是由具体到抽象,因为隐喻的始源域更贴近人们的生活,为人们所熟知(范振强,2018)。其实,企业家也是普通人,也有自己的生活经验,因此对于那些远离我们的日常生活而且难以言状的事物和经历,他们可能会借助自己身边熟悉的东西将其呈现出来。隐喻作为人类一种重要的认知方式,可以促使人们通过自己身边具体的、熟悉的或者系统性程度高的概念域来理解那些抽象的、陌生的或者系统性程度低的概念域(Lakoff & Johnson,1980;Kövecses,2010),这种现象在企业家话语中比较普遍。他们可能在无意识的状态下通过隐喻的方式把自己对企业的看法以及如何经营企业的过程描述出来,让那些原本神秘、深奥的概念呈现为人们熟悉的知识或常识,从而拉近与听众的认知距离,方便与听众进行更好的交流与互动。

如第 3 章所述,我们构建了一个规模为 153 万字的总语料库,通过隐喻识别程序识别并标注了语料库中与"企业"和"做企业"主题相关的隐喻表达,然后在隐喻表达的基础上进行聚类分析,得出更高层级的概念隐喻,并对其进行阐释,从而揭示了隐喻表达背后的意识形态意义。通过这个过程,我们发现在总语料库中总共有 10 类始源域,涉及 10 多种概念隐喻。其中,复现率较高的有"做企业就是打仗""做企业就是旅行""做企业就是参加体育比赛"以及"企业是人体",它们被称为支配性概念隐喻。除了这些复现率较高的概念隐喻外,中国企业家话语中还包含了其他类型的概念隐喻,它们同样也是不可或缺的,如"做企业就是玩游戏""做企业就是适应气候""做企业就是种植""做企业就是养育孩子""企业是物体""企业是容器""企业是植物"以及"企业是家庭"。虽然这些概念隐喻的数量在总语料库中占的比重不是很高,但也被企业家用来概念化"企业"以及"经营企业"的过程,它们被称为辅助性概念隐喻。支配性概念隐喻与辅助性概念隐喻共同建构了中国企业家话语社团的概念隐喻网络。该网络有助于我们更好地了解企业家话语社团的情感与态度,及其共享的心智模式。

5.2 西方企业商务话语隐喻研究概览

国外对企业商务话语中的隐喻研究起步较早,从 20 世纪 90 年代开始至今,已有诸多文献探讨了商务话语中的隐喻现象,例如 Koiranen(1995)、Pitt(1998)、Dodd(2002)、Dodd 和 Anderson（2007）、Koller（2004）、Cardon 等(2005)、Nicholson 和 Anderson（2005）、Anderson 等（2009）、Anderson 和 Warren(2011)、Wee 和 Brooks(2012)、Clarke 等(2014)以及 Clarke 和 Holt(2017)。

Koiranen(1995)的研究以北欧地区被试的调查问卷为基础,确定了"企业家"与"创业行为"两个主题,并对其进行隐喻性分析。在调查的过程中,被试主要由三类群体构成:企业家、经理人和没有管理职位或头衔的普通人。调查结果显示,这三类群体对上述两个主题的隐喻表述差异基本不大,而且总体上来说,对"企业家"的隐喻性描述可以归纳为以下 6 类,分别是创造性或勤奋的行动者(如船长、牧羊人、艺术家、牧师),具有独特品质或特征的人(如独立而有抱负的人、有领袖魅力的人、工作狂),机器或其他物体(如电脑、发电机、橡皮球、收银机),与自然界相关的动植物(如狐狸、狮子、橡树、松树),运动员或游戏玩家(如登山者、玩家、赛马者、越野跑运动员),冒险者或勇士(如游击队员、哥伦布、探险家、超人)。而对"创业行为"的隐喻性描述与对"企业家"的描述则非常类似,也可以归纳为 6 类:创造性行为(如原创性、盖房子、驾驶巴士、玩音乐),独特品质或特征(如耍花招、疯狂工作),机械或物体的运转(如万花筒、灰狗巴士、玩跷跷板),自然界中的现象(如爬坡、基因遗传、日出日落),体育比赛或游戏（如跳台滑雪、马拉松比赛、玩游戏），冒险行为或战斗（如如履薄冰、俄式轮盘赌、战争）。作者认为这些隐喻表达其实也反映了北欧人是如何从隐喻的视角理解什么是"企业家"以及什么是"创业"。由于这些隐喻是从北欧语言翻译成英语的，其中有些隐喻表达在英语文化中可能有不同的解读，因此他在下一步的研究中会从实证的角度对英语国家的相关隐喻再进行跨文化的对比研究。

Pitt(1998)以纵向案例为基础，完成了关于两位创业者在数年内用来描述自身的不同角色的隐喻研究，他发现其中一位企业家曾用不同的隐喻来描述自己，例如"突击队员""偷猎者""拓荒者"以及"勘探者"。Dodd(2002)以商业刊物中的企业家人生故事为语料，从 100 篇出版于 1996 年至 1998 年的文章中筛选出 24 篇符合要求的文本。通过对这些文本的研究，她发现 7 种从广义上概括美国企业家精神的喻体：旅行（journey）、比赛（race）、养育孩子（parenting）、建造房子（building）、战争（war）、疯狂行为/打破习俗（lunacy/iconoclasm）以及激情行为（passion）。然后，在这些概念隐喻的基础上，她进一步总结出了美国企业家精神的文化模型。

Koller(2004)从隐喻认知理论和批评话语分析的视角探讨了英美商务媒体话语中的隐喻现象。她建构的商务媒体话语语料库由 4 种英美主流杂志和报纸构成，分别是美国的《商务周刊》(*Business Week*)和《财富杂志》(*Fortune*)，以及英国的《经济学人》(*The Economist*)和《金融时报》(*Financial Times*)。这个语料库又分为两个次语料库，分别由以"市场与销售"为主题的语篇和以"合并与收购"为主题的语篇构成。作者分别对两个语料库进行了定量和定性分析，结果显示"战争隐喻"和"斗争隐喻"在两个语料库中居于核心地位，而且她还进一步指出这些隐喻使用与它们背后的社会文化因素息息相关。同时，她还指出商务话语中战争、体育、游戏等隐喻的主导性地位从某种程度上也揭示了女性在商业话语甚至商业活动中不断被边缘化（marginalization）的境况。

Cardon 等(2005)深入探讨了用于描述企业家创业过程中的"养育孩子"（parenting）隐喻，全面分析了养育孩子与经营企业之间的对应关系。他们认为企业家在做企业的过程中经常把企业当作自己的孩子来对待，在与企业的维系与认同中常常对企业赋予企业家自身的情感。因此，他们对养育孩子与经营企业两者进行了详细的分析，认为不管是养育孩子还是经营企业，都需要经历包括孕育、分娩以及抚养成人在内的各个阶段,进而对不同阶段中父母(或企业家)赋予孩子(或企业)的激情、认同感、情感依附、成长环境等维度展开探讨,并且对该隐喻的局限性也进行了深刻的反思。

Nicholson 和 Anderson（2005）基于吉登（Gidden）的结构化理论(Structuration Theory,一种社会学观点)观察了英国主流纸媒话语中对"企业家"和"创业"主题的隐喻性表述。他们所收集的语料时间跨度为 12 年(1989—2000 年)。作者从历时的角度分析了隐喻表述在这 12 年中的变化,认为这些表述是动态性的;进而又探讨了纸媒作为创造神话的一种交流模式如何帮助我们去建构和界定我们周围的世界。因此,他们认为不管是文化、交际理论、神话还是隐喻,都是整个社会建构的基本成分。

此外,Wee 和 Brooks(2012)分析了企业文化里的性别主观性与隐喻之间的关系,认为隐喻作为指引和资源可以帮助人们理解企业文化中的性别主观性。Clarke 等(2014)深入研究了企业成长过程中的生物隐喻,他们在研究中全面探讨了创业型公司的成长过程与生物隐喻之间的互动关系,以及这种关系是如何影响研究者和决策人对公司成长过程的思考的。

上文较为详细地梳理了西方学者研究商务话语中隐喻的使用情况,可以发现他们的研究范围比较广,视角也较为多样化。我们收集的西方企业家话语由两部分构成,一部分来自本章上述文献中所述及的语料,另一部分来自《高端访谈:对话世界 500 强 CEO》(中国致公出版社,2013)与《高端访谈:对话全球财经巨鳄》(中国致公出版社,2013)中的访谈实录。在此基础上,我们将其与中国企业家话语进行对比分析,从跨文化的视角探究中西方企业家话语中的隐喻现象及其背后所隐含的情感与文化差异。

5.3　中西企业家话语隐喻对比

隐喻作为人类的基本认知机制,深刻影响着人类的思维方式和言语表达。对于陌生和不熟悉的事物,我们会习惯性地借助自己身边熟悉的概念域来对不熟悉的事物进行描述,通常会使用"比如说""打个比方"以及"就像……"等语言标记来引入话语,进而使听众获得对陌生事物的了解和认识。因此,中西企业家通常会借用类比的方式对"企业经营""创业过程"等陌生的概念域进行隐喻化,让受众对这些陌生的概念域获得更好的认知。隐喻的使用从某种程度上也体现了企业家的心智模式。

这种心智模式不仅影响着人们对企业的了解以及对创业和经营企业过程的认识,而且还影响着媒体记者对企业和企业家的思考与判断。后者也会间接地对商务报道语言以及话语的组织模式产生影响。比如说,美国的《商业周刊》创立于 1929 年,它是全球销量第一的商务类杂志,提供细致详尽的信息和深入独到的见解,帮助专业人士在商业、财务以及事业发展方面做出重要的决定。据统计,2000 年《商业周刊》在全球的发行量达到 115.5 万多份,其 86%的读者拥有大学学历,更为重要的是,63%的读者在各自的领域居于高管职位(Koller,2004:45)。在一定程度上,商务媒体报道中的语言表征有时候也会影响到企业管理层对"企业"和"做企业"的过程的描述。

Dodd(2002)通过分析商业刊物中的企业家人生故事,探讨了美国企业家在描述创业过程时所用到的隐喻表达,进而概括了美国企业家精神所根植的文化模型。该模型有助于我们更好地理解企业家在经营企业的过程中自身的态度、愿景以及认知模式。但她认为,在企业的经营管理活动中隐喻性语言可以用来描述创意是如何产生和表达的、如何解决经营中的困难和问题、如何说服其他人(投资人、经销商、供应商、客户)相信某些想法或者概念是可行的;此外,大量的隐喻性语言还可以用来讨论企业家精神、如何成为和做好一名企业家以及整个创业过程。

通过进一步观察,我们发现在西方企业家话语中,"企业家"有被隐喻性描述为父母、船长、牧羊人、牧师、艺术家、小丑、登山运动员、赛马运动员、越野跑运动员、游击队员、突击队员、探险家、超人、演员、偷猎者、拓荒者、勘探者以及侵略者的(Koiranen,1995;Pitt,1998;Cardon et al.,2005;Dodd & Anderson,2007;Anderson et al.,2009;Anderson & Warren,2011),也有被描述为狐狸、狮子、橡树、松树等动植物的(Koiranen,1995;Clarke et al.,2014),甚至还被描述为电脑、发电机等物体的(Koiranen,1995)。"经营企业"或"创业过程"被隐喻性描述为战争、旅行、抚养孩子、体育比赛、建造房子、冒险、玩游戏、驾驶巴士、种植等行为(Cardon et al.,2005;Koiranen,1995;Dodd,2002;Clarke & Holt,2017)。

在中国企业家话语中,也蕴含了丰富的隐喻性话语,如"企业家"被概念化为父母、将军、旅行者、导游、体育比赛运动员(拳击手、田径运动员)等,"企业"

被概念化为人体、家庭、动植物、容器、物体、国家,"企业经营"被概念化为打仗、旅行、养育孩子、体育比赛、种植、做游戏、适应气候等行为(邱辉等,2019)。这些隐喻表达涵盖了战争、人体、旅行、体育、物体、植物、游戏、亲情/养育、气候以及容器等始源域。

同时,我们发现 Dodd(2002)的研究所讨论的比赛隐喻与中国企业家话语中的体育隐喻类似,因为比赛是与体育紧密相关的一个范畴;抚养孩子隐喻与中国企业家话语中的亲情/养育隐喻类似。而且,Dodd(2002)认为美国企业家在对创业与经营企业的描述中也使用了旅行与战争隐喻。这同中国企业家隐喻话语的类型非常相似。下面我们将从跨文化的视角分别讨论和比较4种在中西企业家话语中被频繁使用的隐喻:战争隐喻、旅行隐喻、体育隐喻、养育隐喻。

5.3.1　战争隐喻比较

战争隐喻是中国企业家话语中一类非常重要的隐喻,占总语料库中隐喻总数的 24.90%,位居首位。中国企业家话语中的战争隐喻,主要有以下 7 个子类,分别是谋略隐喻、部署隐喻、防御隐喻、攻打隐喻、武器隐喻、战果隐喻、军队/军人隐喻。这 7 个子类是根据隐喻关键词的语义取向划分的,比如"游击队""参谋长"等隐喻关键词与军队/军人隐喻相关,"集中优势兵力""战略规划"与谋略隐喻相关,"打击""围攻"与攻打隐喻相关,"防线""战线"与部署隐喻相关,"抵御""把守"与防御隐喻相关,"枪""炮"与武器隐喻相关,"称霸""铩羽而归"与战果隐喻相关。其中,复现率最高的战争隐喻是谋略隐喻,其次是攻打隐喻,再次是军队/军人隐喻。所以,中国企业家话语重点突显了"谋略"类战争隐喻表述,如:

(1)我们做任何事情都有好的<u>策划</u>,<u>谋定而后动</u>,要善于总结经验教训并在组内传播共享。

(2)今天的研讨会是说海尔一个新的<u>战略</u>发展方向,即全球化品牌<u>战略</u>。

(3)人家是<u>集中力量以十攻一</u>打中国市场,我们则是全面<u>出击以一攻十</u>,需要建立三位一体的营销体系以打造当地名牌。

西方企业家话语中也有不少战争隐喻,但与中国企业家话语相比,其对战争隐喻的侧重点不同。西方企业家在描述商业竞争,甚至是描述创业公司的营销策略时,都倾向于使用与"好斗的""攻打""输赢""侵略"等相关的表达(Dodd,2002),如:

(4)We're taking our competitors to the cleaners(把对手打得落花流水).

(5)Never take your eye off the target(眼睛始终盯着靶子)when you've hit the big one(击中大目标).

(6)Creating a company is very much like a storming a beach in a war(好比打仗时攻占海滩). In order to get a foothold in a marketplace(占有一席之地),you have to have a beachhead(拥有自己的滩头堡)⋯ then,once we were established,we strengthened our flanks and spread out(蔓延、扩张).

另外,英美商务媒体话语中的战争隐喻,与其他隐喻相比,其使用频率也是最高的(Koller,2004:64-65)。Koller(2004)指出媒体话语中的战争表达主要集中在两个方面:一是与"身体暴力"相关的表达,如 blood(血)、to bleed(流血)、bloody(血腥的)、bruise(瘀伤)、to bruise(挫伤)、cut-throat(割喉)、killer(杀手)、to kill(杀死);二是与"军事"相关的表达,如 to beleaguer(围攻)、campaign(战役)、to campaign(作战)、launch(发动)、to launch(发动)、target/targeting(打击目标)、to target(把⋯⋯作为攻击目标)、maneuver(军事演习)、to maneuver(军事演习)。在这些表达中,复现率最高的三类战争隐喻表达是campaign(战役),launch(发动),target(瞄准)(Koller,2004:72),如:

(7)Coca-Cola is to launch a global advertising campaign(将发动全球广告战) this weekend.

(8)Firms are having to target potential customers(瞄准潜在的客户)more precisely.

隐喻的系统性使我们能够通过一个概念来理解另一个概念的某些方面,同时它也必然隐藏了该概念的其他方面;它允许我们聚焦于某个概念的某一部分内容,同时也会使我们忽略这个概念中与该隐喻不一致的内容(Lakoff & Johnson,1980:10)。所以,中西企业家尽管都使用了战争隐喻,但他们突显了战争概念域中不同的要素。

中国企业家话语中的战争隐喻主要突显了"战略/战术""攻打/进攻""军队/军人"以及"战争环境"等方面的要素,且以"战略/战术"居多。这说明中国企业家话语比较注重创业行为过程中的"战略/战术"。谋略作为企业经营中的一个核心因素在中国企业家话语中得以突显,从某种程度上说明中国企业家承袭了中国传统文化中的"谋定而后动"的思想。

这种思想与中国古典军事名著《孙子兵法》中所讲的"庙算"不谋而合。"庙算"是指出兵前在庙堂上比较敌我的各种条件,估算战事胜负的可能性,并制定作战计划。在现代商战的决策上,"庙算"是很重要的工作,如果能详细评估可能的销路、竞争对手的虚实、消费者的心理、成本效益等,则容易制定较优决策(陈昆福等,2007:55)。

导致中国企业家更强调谋略隐喻的另一个原因可能是中西企业之间的机制差异。据统计,美国80%的企业破产是因为执行力的问题,因为美国企业的制度比较健全,有像董事会等机制的制约,所以战略上出大问题的情况比较少,缺乏的往往是正确战略的执行力;而中国80%的企业破产,是因为战略制定的问题,尤其是中国部分民营企业,它们快决策、慢执行,决策时往往"拍脑袋",常常缺乏综合考量,具体实施时会遇到各种问题,因此执行起来就慢了,甚至有些根本无法执行(陈昆福等,2007:72)。想要在商战中取得成功,越来越多的中国企业开始重视企业发展与营销等一系列战略的制定。

相比之下,西方企业家话语中的战争隐喻突显的要素则以"攻打""入侵""好斗的"为主要特征,这在一定程度上与西方民族文化有关,西方国家把自然看作征服的对象(唐炎钊、张丽明,2010)。因此,西方企业家在经营企业时也会将其看作征服的对象,只有通过攻打、侵略等方式打赢战争,企业才能生存下来。

5.3.2 旅行隐喻比较

在中国企业家话语中,旅行隐喻的比重仅次于战争隐喻。在总语料库中共有1056例旅行隐喻,占了隐喻总数的18.82%。通过进一步检索,我们发现这些旅行隐喻主要突显了四个方面的内容,分别是与"方向""路径""动作"和"交通工具"相关的表述。比如,"前途""征途"等隐喻关键词与路径隐喻相关,"改变方向""往哪里"与方向隐喻相关,"跌跌撞撞""走弯路"与动作隐喻相关,"火车""船"与交通工具隐喻相关。其中,复现率最高的是与"动作"相关的

旅行隐喻表达,几乎占了所有旅行隐喻的三成以上,紧随其后的是与"方向"和
"路径"相关的旅行隐喻表达,然后是与"交通工具"相关的旅行隐喻表达。所
以,中国企业家话语重点突显了"动作"类旅行隐喻表述,如:

(9)神州数码可以说正式迈开了步子。

(10)万科走了很多弯路,尤其是我们搞企业的,在产业的选择和结构
上万科走了一条很长的弯路。

(11)在 15 年的风雨兼程之后,现在的新东方依然在一路前行。

从例(9)—(11)可以看出,经营企业或创业过程通常被描述为各种旅行动
作,如"迈开了步子""走了很多弯路""风雨兼程""一路前行"等隐喻表达。旅
行是一个动态的行进过程,所以对过程中的动作,以及如何克服旅程中的困
难,从而完成从出发点到目的地的旅行的描述,也就成了旅行隐喻的核心要
素。将意义从"旅行"概念域投射到"创业行为"概念域的适切性是显而易见
的,因为这种适切性包含了对创业的过程及其复杂性的暗示。也就是说,一旦
企业家克服了创业过程中的障碍和问题,那么他们离成功也就不远了,这也说
明了创业精神对于建构企业家人生的意义、信仰和目标具有极其重要的作用
(Dodd,2002)。不仅中国企业家话语中高频复现旅行隐喻,西方企业家话语
中也使用了很多旅行隐喻,与"走路""步伐""方向""工具"相关的表达也随处
可见,如:

(12)But I think we could agree, all of us could agree that this is the
path we want to go down(我们想要走的路)and then keep working
together.

(13)I believe that there is still a long road to recovery(很长的一段
路才能走向复苏)—we need to see real estate stabilize and consumer
psyche improve.

(14)It's a real hard road(路)。Some people are just not meant to
carve a trail(开凿前路)on their own.

(15)Keep the compass(罗盘)out and keep going in the right
direction(正确的方向)since you're in uncharted territory(神秘的
海域)。

从例(12)—(14)可以看出,西方企业家也将企业的经营或创业行为概念

化为旅行域中的"走路""艰难之路""开凿前路"等动作隐喻表达；例（15）中的"罗盘""正确的方向""神秘的海域"则突显了旅行域中的方向隐喻与工具隐喻。

尽管中西企业家话语中都使用了旅行隐喻，但在以美国为代表的西方社会的企业家话语中，旅行隐喻在很大程度上与美国人当初乘坐"五月花"号移民到北美大陆这段历史是分不开的（Dodd，2002）。她认为刚创立企业的这些企业家就如同乘坐"五月花"号移民到北美大陆的那些冒险者，冒险者的勇敢、成功形象，以及吃苦耐劳的精神被投射到企业家身上来。然而，中国企业家话语中的旅行隐喻很大程度上根植于传统的儒商文化，如晋商与徽商。晋商是我国明清时期盛极一时的山西商帮（方虹，2012：62），凭借其"贸迁四方"的冒险开拓精神纵横当时的国内外市场（杨继平、程远，2018：54）。徽商因受到自然条件的限制，而接受背井离乡、白手起家、游走他乡、自力更生的现实（方虹，2012：63）。这些曾经因时因地被迫游走开拓的经历，成为后来儒商文化的一部分，深深影响着中国企业家话语社团。这可能是中西旅行隐喻在企业家话语中的最大不同。

5.3.3　体育隐喻比较

体育运动崇尚拼搏与团队合作。在艰难的环境下，体育精神是一种能支撑企业渡过难关的重要心理资源。体育隐喻是总语料库中 4 类支配性隐喻之一，共计 824 例，占隐喻总数的 14.69%。在这些体育隐喻中，与"竞争"相关的表达占比最高，如"竞争环境""竞争范围""竞争格局""跨国竞争""竞争优势""竞争舞台"等；其次是与体育比赛中"人"的要素相关的表达，如"对手""教练""队友""高手""守门员""前锋""中锋""领跑者""运动员"等；再次是与"跑步"有关的表达，如"百米冲刺""超越""赶上""后来居上""掉队""跟随""领先""跑马拉松"；以及与"结果（包括输赢）"相关的表达，如"（被）淘汰""（比赛）赢了""金牌/冠军""取胜""输了"，等等。此外，中国企业家话语中的部分体育隐喻表达与"武术"概念域相关，武术作为体育概念域的一个子范畴，是具有中国特色的体育隐喻。总语料库中体育隐喻表达如：

（16）适当地和竞争对手开展合作，降低研发成本。

（17）在万千企业的马拉松长跑中，"弱"的企业不停地掉队，"强"的企业不停地超越，做不到是没有道理的。

（18）这个足球队的守门员就是我这个 CEO，如果你们发现一个球队守门员是最忙的,麻烦就大了。

(19)我主张方正集团在国际化方面采取谨慎原则,要练好内功再出发。

从例(16)—(18)中可以看出,"竞争对手""(球队)守门员""足球队"属于体育隐喻中与人相关的隐喻表达,在第 3 章中,我们称其为竞争者隐喻;而"马拉松长跑""掉队""超越"则属于体育隐喻中与动作相关的隐喻表达,我们称其为比赛隐喻。例(19)中的"内功"则是体育隐喻中的武术隐喻表达。

在西方企业家话语中也有类似的体育隐喻。Dodd(2002)在研究中把这类隐喻归入竞赛隐喻,如"entrepreneurs entering the arena(企业家进入竞技场)""leaving the starting gates(离开起跑门栅)""establishing a record-setting pace(开创新的速度纪录)""taking a series of hurdles(跨过一系列栏架)"。在西方企业家话语中,体育隐喻还经常和战争隐喻一起出现,形成隐喻链,共同对创业行为进行概念化。Koller(2004:109)认为战争隐喻和体育隐喻具有非常强烈的男性色彩,并指出大多数体育项目在西方文化中只对男性开放,而且在 19 世纪殖民主义全盛时期,体育被当作一种理想的方式用来训练国家未来的男性领袖,包括政治领袖、军事领袖与商业领袖。

不仅在西方企业家创业话语中有"体育—战争"隐喻链,在中国企业家话语中也有"体育—战争"隐喻链,如"根据当前世界汽车工业的基本态势,结合吉利汽车的实际情况,我们制定了'总体跟随,局部超越,重点突破,招贤纳士,合纵连横,后来居上,全国领先'的发展战略",其中"跟随""超越""后来居上""领先"是体育隐喻表达,"突破"和"战略"是战争隐喻表达。这种"体育—战争"隐喻链在企业家话语中出现,一方面突显了企业内部与外部之间的对抗性,另一方面则增强了企业内部的凝聚力(Koller,2004:113)。凝聚力或许对于企业来说更加重要。如果企业内部内讧、不团结,即使对抗性再强,也容易被攻破。如果企业内部团结一致,即使面对再大的困难,企业上下也会同舟共济去抵抗强敌。

此外,中国企业家话语中与"武术"相关的表达占据一定的比例,这说明武术与侠客精神在中国人心中具有特殊的地位,也反映了部分中国企业家的豪迈之情。从某种意义上来说,体育隐喻向员工传递了体育精神背后某些积极的东西,从而有助于激发他们的工作热情与激情,说服他们为企业的发展贡献自己的力量。

5.3.4　养育隐喻比较

养育隐喻在中国企业家话语中属于辅助性隐喻,虽然数量较少,但它在中国企业家话语中有其自身的特殊性,它的目标域既可以是"企业",也可以是"做企业"。比如说,在用养育隐喻对"企业"进行概念化时,主要是把企业当作家庭来对待,家里有爸爸、妈妈、兄弟姐妹各种成员。企业内部成员之间和企业与企业之间的相互关系被概念化为家庭中的血缘或亲情关系。对"做企业"进行概念化时,企业被看作孩子,企业家或创业者像是父母,即抚养人。他们对企业有"教养""教育"的责任。从某种程度上来说,企业发展的好坏,部分取决于这个抚养人,也就是取决于企业家、CEO 等这些对企业有实际领导权的人如何"抚养"企业。虽然这类隐喻针对两个不同的目标域进行概念化,但它们都涉及家庭的概念,所以,相对应的概念隐喻分别是"企业是家庭"与"做企业就是养育孩子"。如:

(20)当我们提出"人人享受新鲜科技"时,就必须考虑,这句话能不能适用在所有兄弟公司?

(21)就像一个孩子出生之前还有十月怀胎一样,我也并不是在 1993 年突然心血来潮创办新东方的,在此之前,新东方至少还有 5 年的孕育期可以追溯。

(22)所以力帆要把自己的企业变成员工们防老所养下的儿子,变成员工们为了饥荒时候存下的谷粮。

由此可见,例(20)中的"兄弟公司"表明企业之间的关系被概念化为家庭成员之间的关系,激活的概念隐喻是"企业是家庭"。例(21)—(22)里的"孩子出生""十月怀胎""孕育期""养下的儿子"表明创业过程被概念化为孕育生命的过程,企业经营过程被概念化为传宗接代的过程,它们激活的概念隐喻是"做企业就是养育孩子"。

我们在西方企业家话语中也发现了养育隐喻的存在。Cardon 等(2005)对养育隐喻进行了详细的分析,他们把养育过程分为婴儿出生前、婴儿出生后以及抚养(或领养)等几个阶段。产前阶段包括了受孕(conception)、妊娠期(gestation)以及孕期各时段的事务(timing issues);产后阶段包括婴幼儿时期(infancy and toddlerhood)、童年和青少年时期(childhood and adolescence)以及成年期(maturity)。同时,他们还指出有些企业家热衷于创建企业但不善于管理企业,所以他们会把创建好的企业转让给职业经理人去打理。这就好比是亲生父母发现自己没有能力去养育孩子,所以把孩子给别人领养。在这个过程中,如果养父母疏忽或虐待孩子,就要终止他们继续抚养孩子的权利,所以这个阶段亦被称为"领养阶段"。此外,并不是所有婴儿都会顺利长大,有些可能因为各种原因造成孩子夭折或者新生儿先天残疾,甚至会有孕妇流产的情况,那么这些都属于生养过程中出现的失败(Cardon et al. ,2005)。下面我们通过表 5.1 来看一下养育概念域与创业概念域之间的映射关系。

表 5.1 养育概念域与创业概念域映射关系(Cardon et al. ,2005)

养育概念域	创业概念域
基本角色	
父母	企业家
婴儿	新企业
产前阶段	
受孕	投入创业
妊娠期	收集、整合资源,开办阶段的事务
出生	企业创立
产后阶段	
婴幼儿时期	创立之初的企业,尤其依赖企业家
童年时期	发展中的企业,渐渐不再依赖企业家
青少年时期	制度化而且能自己做主的企业,企业家只扮演指导者的角色而不再是什么事都要自己做主
成熟期	企业独立,脱离创立者
其他重要事项	
孙子孙女	从母公司分离出来的子公司
养父母(正规收养)	从企业家手里购买公司的购买者
养父母(监护权还在生父母那里)	作为投资者的职业经理人,通常在企业创立者经营不善的情况下接手
监护人	企业创立者的继任者
保姆	给企业家打工的职业经理人
产前护理者	企业孵化器,创业顾问
失败	
流产	企业成立之前出现的失败
婴儿死亡率	企业成立后出现的失败

Dodd(2002)也认为在养育隐喻中企业被看作孩子,孩子在刚出生后的那几年需要得到别人的帮助才能成长,而且养育隐喻不仅揭示了怀孕以及生养孩子所带来的欢乐与痛苦,还揭示了这个过程的长久性与复杂性,如:

(23)We still are an entrepreneurial company that is slowly evolving out of toddlerhood(童年时期).

(24)Running a site is like taking care of kids(照顾孩子). It's round-the-clock, with intensive spurts, then long periods of not much happening.

(25)A venture lawyer is served as midwife(助产士) for hundreds of new companies.

例(23)—(25)中的"toddlerhood""taking care of kids""midwife"这些隐喻表达,均将创业或企业经营的过程概念化为抚养、照顾孩子、接生的过程。可见,养育浓缩了整个创业过程的体验,不仅蕴含了过程中的欢乐、痛苦、艰辛以及漫长的孕育周期等方面的内容,更是包含了企业家对新企业在长期的成长与发展过程中所负有的责任。

总体上来讲,中国企业家话语中的养育隐喻表达基本上是以"子公司""儿子"为关键词的表述,而以"养育""生育政策""父母""妊娠期"为关键词的表述相对较少。所以,在中国企业家话语中,养育隐喻主要是把企业描述成需要被企业家照顾和抚养的孩子。企业这个"孩子"在企业家的呵护中慢慢长大,长大成熟的"孩子"将来还会有自己的"孩子",即"子公司"。高频出现的"子公司"表述,在某种程度上也反映出中国企业家话语中的养育隐喻着重突显的是企业的传承性与继承性。然而,西方企业家话语聚焦于企业的各个发展阶段,将其隐喻化为人的孕育、出生或夭折、成长、成熟,甚至包括监护人(如继任者)或保姆(如职业经理人)对企业的照顾,反映出西方企业家话语更重视企业的成长周期与生命循环。

5.4 小 结

本章我们首先探讨了中国企业家话语中的隐喻及其分布特点,然后梳理了西方企业家商务话语中的隐喻特点。我们从中发现中国企业家话语中的概念隐喻与西方企业家话语中的概念隐喻有相似性但也有不同点。比如像战争隐喻、旅行隐喻、体育隐喻这些在中国企业家话语中属于支配性概念隐喻,它们也出现在西方企业家话语中。另外,像养育隐喻这些在中国企业家话语中属于辅助性概念隐喻的也出现在西方企业家话语中。虽然这些相同的概念隐喻同时出现在中西方企业家话语中,但是它们所突显的内容由于各种各样的原因也呈现出不同的特征。

有些隐喻出现在西方企业家话语中却没有出现在中国企业家话语中,如反传统主义行为隐喻(iconoclasm metaphor)与激情隐喻(passion metaphor)。但是,仔细观察的话,我们发现反传统主义行为隐喻中的有些表达,像"changing the rules of the game"(改变游戏规则)在中国企业家话语的归类中属于游戏隐喻。这可能是西方研究者在分析的过程中对隐喻类别的判定与我们的判定有所差异造成的。

企业家在有意或无意的状态下使用隐喻性的语言表达,描绘他们的创业过程与企业运营情况,用熟悉的概念域引导听众去探知陌生的概念域,从而有助于听众更好地理解企业家在经营企业的过程中的态度、愿景以及认知模式。本章从跨文化的视角探析中西企业家在隐喻使用上的差异与偏好,发现相似性与差异性共存。创业与经营企业作为一种激进的冒险行为,对其进行概念化时,中西企业家都选择了战争隐喻、旅行隐喻与体育隐喻,这 3 类概念隐喻包含了冒险行为所需要的斗争、策略、风雨兼程、奔跑、拼搏等特性。

然而,由于中西历史文化与思维模式的差异,中西企业家在使用相同类型的概念隐喻时又突显了不同的侧面,如中国企业家在战争隐喻的使用上突显"谋略"要素,而西方企业家在战争隐喻的使用上突显"攻打"要素。同时,创业与经营企业是一个复杂的概念域,仅激进类隐喻难以对其进行全面的概念化,还需要像养育隐喻这样的亲情类隐喻去体现企业家对企业的呵护。在养育隐喻的使用上,中国企业家比较注重企业的继承性与传承性,而西方企业家比较注重企业的生命周期。中西文化视角下的分析可以让我们从微观层面上更好地把握不同地域、文化背景下企业家隐喻话语的差异,从而反思中国企业家的商业精神。

第6章 企业家概念隐喻的社会认同度

本书在前几章分别分析与论述了中国企业家话语中的隐喻现象、中国企业家话语社团内部不同行业之间隐喻表述的差异，以及中国企业家话语社团与西方企业家话语社团之间隐喻表述的异同等。从这些分析和论述中，我们了解了企业家是如何通过隐喻这种表征方式在创业过程中对包括"企业"与"做企业"在内的与创业相关的内容进行概念化的。这些隐喻表征的方式能否使人产生共鸣，能否得到社会听众的认可，尤其是能否赢得企业员工的认可，我们不得而知。因此，我们有必要对普通员工进行调查，看看他们是否认同企业家在创业过程中对相关内容的隐喻表述。

6.1 概念隐喻认同度调查的基本情况

针对上述问题，我们展开了对企业普通员工的问卷调查。由于本书关注的隐喻主题是"企业"与"做企业"，因此我们的调查问卷设置了这两个主题：员工认为"企业是什么"、员工认为企业家"做企业就是做什么"。我们借助问卷星网络平台(https://www.wjx.cn/)执行了本次调查任务。在问卷调查开始前，我们首先设计了一套问卷题目(见附录)；然后在问卷星平台上进行问卷的发放与收集。

本次调查的范围是在企业工作的员工。调查的时间为从 2015 年 1 月 11 日至 2015 年 2 月 2 日，历时 23 天，总共收到有效问卷 1415 份，其中包括散发问卷 467 份①与委托问卷 948 份②。问卷由两部分内容构成,第一部分是被试的个人基本信息,如性别、年龄、学历、工龄等信息;第二部分是本次调查的核心内容,即员工认为"企业是什么"与员工认为企业家"做企业就是做什么"。首先,我们来看一下本次回收的有效问卷所体现的被试的基本情况:

(1)性别分布

男性员工占 49.12％,女性员工占 50.88％(见图 6.1)。

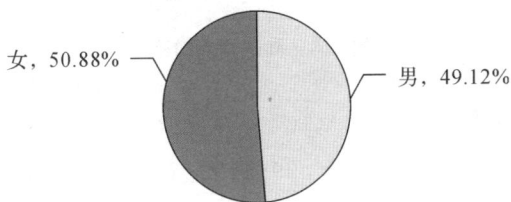

图 6.1　被试性别分布

(2)年龄分布

20 岁以下,0.21％;20—29 岁,46.22％;30—39 岁,42.47％;40—49 岁,9.05％;50 岁及以上,2.05％(见图 6.2)。

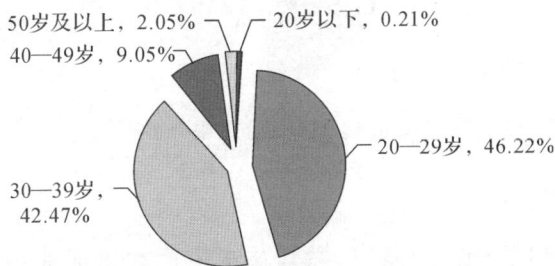

图 6.2　被试年龄分布

(3)学历分布

大专及以下,21.48％;本科,65.87％;硕士,11.87％;博士及以上,0.78％(见图 6.3)。

---

① 散发问卷就是本书作者自行联系企业发放并收集的问卷,被试为企业的普通员工。

② 委托问卷就是本书作者委托问卷星平台帮忙发放并收集的问卷,发放要求与散发问卷的发放要求一致,被试均是在企业工作的普通员工,不包括在政府机关、事业单位等地方工作的员工。

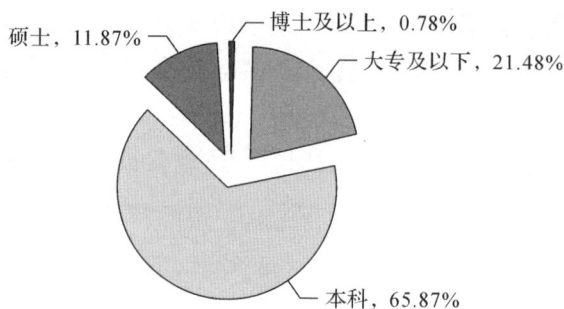

图 6.3　被试学历分布

（4）工作年限分布

3 年以下，16.54%；3—6 年，29.89%；7—10 年，26.50%；11—14 年，13.50%；15—18 年，5.65%；18 年以上，7.92%（见图 6.4）。

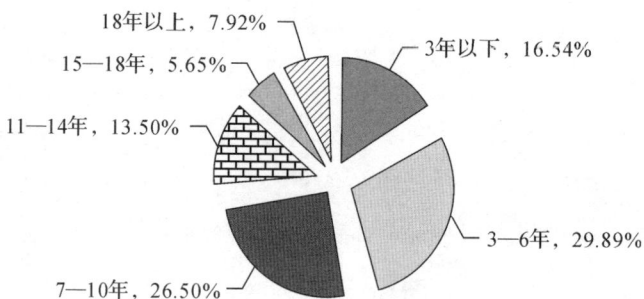

图 6.4　被试工作年限分布

（5）行业分布

制造业，30.11%；电力、热力、燃气及水生产和供应业，4.45%；建筑业，6.22%；批发、零售和进出口业，9.68%；交通运输、仓储和邮政业，5.37%；住宿和餐饮业，1.63%；信息传输、软件和信息技术服务业，13.00%；金融业，8.41%；房地产业，3.25%；租赁和商务服务业（包括企业管理服务、法律服务、广告业、咨询、人力资源服务、翻译服务等），2.90%；教育/培训，4.38%；文化、体育和娱乐业，2.05%；其他行业，8.55%（见图 6.5）。

（6）年薪分布

30000 元以下，8.76%；30000—59999 元，28.27%；60000—89999 元，22.26%；90000—119999 元，18.73%；120000—149999 元，11.10%；150000—

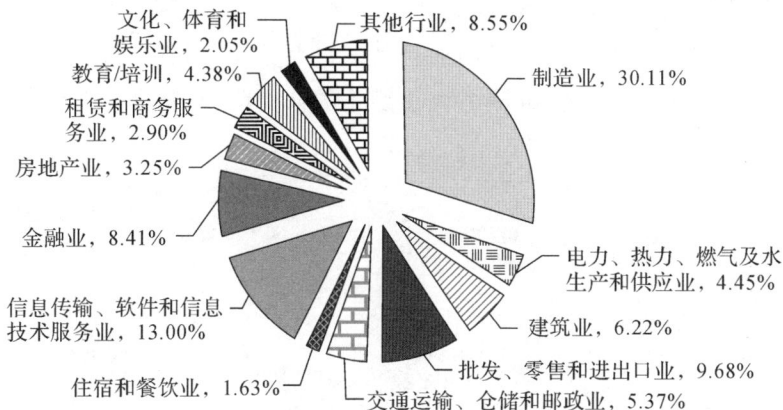

图 6.5　被试行业分布

179999 元,4.17％;180000 元及以上,6.71％(见图 6.6)。

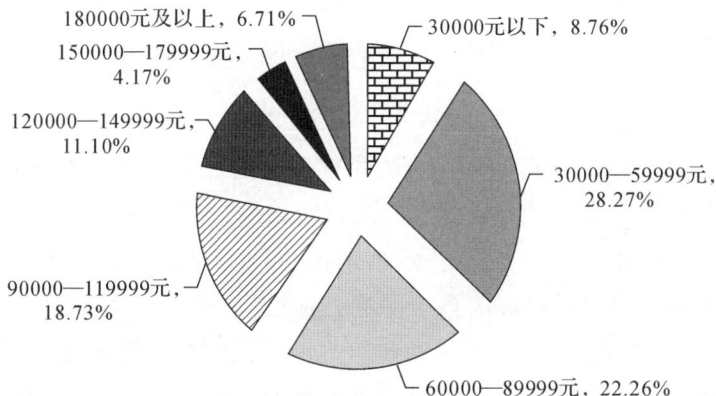

图 6.6　被试年薪分布

　　第二部分以多项选择题的形式呈现。由于我们要开展员工对企业家概念隐喻的认同度调查,因此这部分的 2 道题的选项与我们在中国企业家话语语料库中(包括总语料库、马云话语语料库与任正非话语语料库)分析得出的概念隐喻类型是密切相关的①。当然,为了保证问卷选项的合理性,我们在这 2 道题目下面各增设了一个"其他"的选项,供被试自行填写。这 2 道题,被试分

————————

① 在选项的设置上,我们选择了这三个语料库中所有的概念隐喻类型,同时还增加了之前被这三个语料库归入"其他类"中的几种概念隐喻,如"企业是建筑物"与"企业是机器"。

别可以选择 1—3 个选项,所以我们会发现这 2 道题目中各个选项选中人数相加的总和不是有效问卷的总人数,而且其各自百分比之和也超过百分之一百。但是,我们可以根据走势判断哪些概念隐喻的认同度较高,哪些概念隐喻的认同度较低(见图 6.7 和图 6.8)。

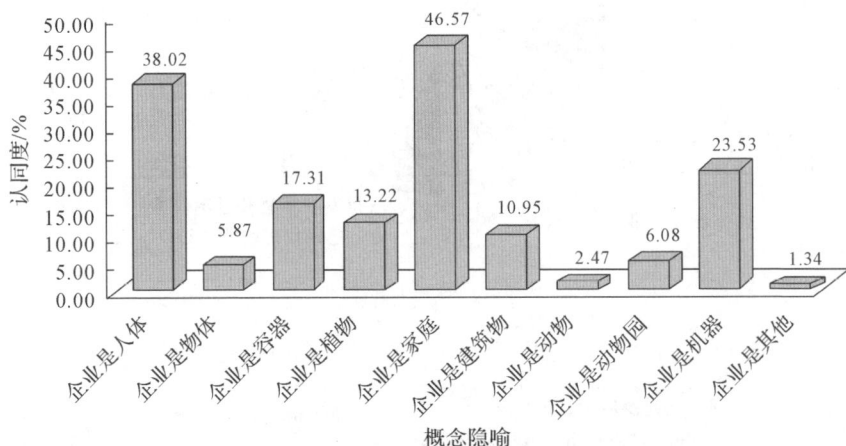

图 6.7 "企业是什么"概念隐喻认同度

图 6.7 显示,在"企业"主题中,认同度最高的 3 类概念隐喻分别是"企业是家庭"(46.57%)、"企业是人体"(38.02%)以及"企业是机器"(23.53%);其次是"企业是容器"(17.31%)、"企业是植物"(13.22%)、"企业是建筑物"(10.95%);认同度最低的 3 类概念隐喻分别是"企业是动物园"(6.08%)、"企业是物体"(5.87%)以及"企业是动物"(2.47%)。"企业是其他"是供被试在无法做出选择或者除了上述选项外还有其他选项时填写的,但是我们发现在"企业"主题中,该选项比重非常低。

图 6.8 显示,在"做企业"主题中,认同度最高的 3 类概念隐喻分别是"做企业就是打仗"(37.60%)、"做企业就是养育孩子"(31.66%)以及"做企业就是管理国家"(26.08%);其次是"做企业就是参加体育比赛"(20.42%);认同度最低的几类概念隐喻分别是"做企业就是种植"(11.38%)、"做企业就是玩游戏"(10.60%)、"做企业就是适应气候"(10.60%)与"做企业就是旅行"(7.77%)。与"企业"主题类似,在"做企业"主题中,"做企业就是其他"的比重也非常低。

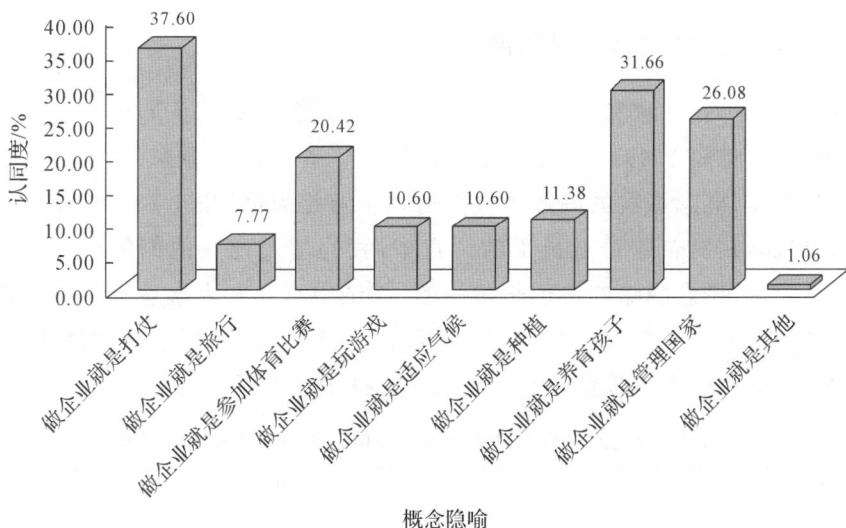

图 6.8 "做企业就是做什么"概念隐喻认同度

6.2 企业家概念隐喻的总体认同度分析

第 3 章中讨论了总语料库中概念隐喻的分布情况,并且探讨了隐藏在概念隐喻背后的意识形态,即说话人(指企业家)在隐喻的选择中体现出的态度与情感等方面的因素。在总语料库中,我们发现了 10 大类始源域,涉及 12 类概念隐喻。其中,与"企业"主题相关的概念隐喻按照使用频数从高到低的顺序依次是:"企业是人体""企业是物体""企业是植物""企业是家庭"以及"企业是容器"[①]。与"做企业"主题相关的概念隐喻按照使用频数从高到低的顺序依次是:"做企业就是打仗""做企业就是旅行""做企业就是参加体育比赛""做企业就是玩游戏""做企业就是适应气候""做企业就是种植"以及"做企业就是养育孩子"。

---

① 根据表 3.3,"企业是家庭"与"企业是容器"频数相同,均为 25 例,所以两类概念隐喻在"企业"目标域中并列第四。

6.2.1 "企业"隐喻的认同度

由此可见,企业家和员工对"企业"主题的概念隐喻的认同度出现了一定程度的差异(见表 6.1)。根据总语料库的统计,在中国企业家的心智模式中,"企业是人体"概念隐喻的频数是最高的,"企业是家庭"概念隐喻的频数排在第四。然而,在对企业普通员工的调查中,我们却发现在他们的认知模式中"企业是家庭"概念隐喻的地位是最高的,被试中有 659 人次选择了这类概念隐喻;紧随其后的是"企业是人体",被试中有 538 人次选择了这类概念隐喻;之后是"企业是机器",被试中有 333 人次选择了这类概念隐喻。

表 6.1 "企业"概念隐喻的企业家使用频数与普通员工认同度

使用频数排名	企业家	认可度排名	普通员工
1	企业是人体	1	企业是家庭
2	企业是物体	2	企业是人体
3	企业是植物	3	企业是机器
4	企业是家庭	4	企业是容器
4	企业是容器	5	企业是植物

员工对"企业是家庭"概念隐喻的认可度最高,说明在员工的心智模式中,企业更应该要像家庭那样,具有和谐温馨的环境,而且员工之间像家庭成员一样,员工在工作中还应得到上司的认可。正如被试在选项后填写的理由:"企业是个大家庭,每个员工都必须有责任感,才能享受家庭的温暖""企业如果有家的温馨、快乐、感动,那么工作起来也不会觉得累""因为我们都知道家庭是温暖的,可以相互包容理解,企业就是家庭,互相学习,共同成长""同事如同兄弟姐妹""有亲情的企业才能留住人才",以及"管理层就像是一家之主,协调整个家庭"等。由此可见,员工更愿意自己工作的企业像"家庭"一样温暖,彼此关照与相互认可,有家的温馨才更能激发员工为企业奋斗的动力。

员工对"家庭"概念域的认同度从某种程度上揭示了当前有些企业确实把中国传统儒家文化中的家文化引入企业内部,让员工在工作的过程中能够感受到温暖、关怀、和谐、团结、互助的氛围。儒家文化所宣扬的"齐家"思想类似于团队的建设,而"齐家"的文化就是团队建设的文化。团队文化是团队成员在相互合作的过程中,为实现各自的人生价值,并为完成团队共同目标而形成的一种潜意识文化(田中胜,2011:145)。既然企业像家庭一样,那么企业内部成员与成员之间应该像家人一样互助合作,相互关爱,这样才能发挥企业这个团队的最大功效。

此外,我们在对员工的调查中发现,认可度仅次于"企业是家庭"与"企业是人体"的概念隐喻是"企业是机器",被试中有 333 人次选择了这类概念隐喻。然而,我们发现在中国企业家话语社团中,概念隐喻"企业是机器"没有排进前五。这就是说,在中国企业家话语社团内部,企业家对于"企业是机器"概念隐喻的共鸣度并不高,即在中国企业家的心智模式中,他们不经常将企业看作机器。

这与员工的调查结果形成鲜明的反差。这说明当前部分企业整体上确实像一台冷冰冰的机器,缺乏人文关怀。比如,被试在选项后面留下的理由有:"(企业是)赚钱的机器""(企业是)谋职谋权的机器""(企业是)为老板牟利的载体""(企业)没有人情"以及"(员工)每个月都没有休息"等。被试员工提供的这些理由都可以通过机器概念域激活,而这些特性只是机器概念域的一个方面。

"企业是机器"概念隐喻也可以说明企业像机器一样高效地运转,任何一个部分都缺一不可。正如被试在选项后留下的理由:"企业就像一个机器,每一个职位就像机器的零部件,一个环节出了问题,这个庞大的机器就会出现毛病,在一些细小的问题上如果处理不当,就像机器长时间不进行检查,终会酿成大祸""(员工)各司其职,每一个人都有他的价值,只有都发挥出来自己的价值,企业才能正常运转""(企业)具有完整的系统结构"等。被试选择的这些理由突显了机器概念域的另一个方面,即机器的高效性与系统性。由此可见,员工认为企业是机器,激活了机器概念域中不同语义层面的内容。

在企业家的心智模式中,"企业是人体"概念隐喻排名第一,占据着核心位置。问卷调查结果显示,被试中有 538 人次也选择了"企业是人体"概念隐喻,排名第二。这说明该概念隐喻在普通员工中也得到了高度认可。

被试选择"企业是人体"的理由和第 3 章分析得出的结果比较类似:他们基本上把企业当作一个完整的人体来对待,企业各个部门像是人体的各个构成部分,整个企业是一个有生命力的个体。被试选择此选项给出的理由包括:"管理层如同大脑,各部门如同躯干、四肢及器官,在大脑的协调指挥下发挥各自的作用,同时又相互联系相互影响,构成一个有机整体""企业如人体之复杂,运转机制微妙但科学,(企业出现)问题如(同企业)生病,解决(问题)如(同去医院)看病(医生)要(对你)望闻问切,企业管理(者)需要全面知识和多年经验(类似老专家、老大夫),完善的企业又如运转自如的健康身体""企业需要不断新陈代谢,自然生长""(企业)有生命、有思想""(企业)从稚嫩走向成熟,一步步壮大"以及"(企业)要有责任心,有所为有所不为"等。这些选项背后的理由,说明企业就像一个完整的人体,各个"人体"组织/器官只有在健康的状态下,才能相互协调、共同发挥作用。人体对每个人来讲都非常熟悉,身体经验可以说是离员工最近的认知域,因此他们对于"企业是人体"概念隐喻也表现出高度的认同。

6.2.2 "做企业"隐喻的认同度

企业家和员工对以"做企业"为主题的概念隐喻的认同度也出现了一定程度的偏差(见表6.2)。根据总语料库的统计,在中国企业家话语中,"做企业就是打仗"概念隐喻的频数是最高的,"做企业就是养育孩子"概念隐喻的频数排在第七。在对企业普通员工的调查中,我们发现认同度最高的概念隐喻也是"做企业就是打仗"(被试中有532人次选择了该隐喻),与企业家话语分析中得出的结论一致,所以员工对企业家话语中的"做企业就是打仗"概念隐喻持高度认同的态度。然而,表6.2也显示,企业家话语排名第二的"做企业就是旅行"概念隐喻在员工中的认可度并不高,排在第八;但是,我们在对员工的问卷调查中发现他们对"做企业就是养育孩子"概念隐喻的认可度却非常高,仅次于"做企业就是打仗",在被试中有448人次表示认同,排在第二,与企业家话语中概念隐喻使用频数的排序差异很大。此外,在对员工的调查中,被试中有369人次选择了"做企业就是管理国家",认同度仅次于战争隐喻与养育隐喻,排在第三。然而,我们并没有在总语料库中看到这类隐喻的大规模使用,但在任正非话语语料库中有21例(参见表4.6)。

表6.2 "做企业"概念隐喻的企业家使用频数与普通员工认同度

使用频数排名	企业家	认可度排名	普通员工
1	做企业就是打仗	1	做企业就是打仗
2	做企业就是旅行	2	做企业就是养育孩子
3	做企业就是参加体育比赛	3	做企业就是管理国家

使用频数排名	企业家	认可度排名	普通员工
4	做企业就是玩游戏	4	做企业就是参加体育比赛
5	做企业就是适应气候	5	做企业就是种植
6	做企业就是种植	6	做企业就是玩游戏
7	做企业就是养育孩子	6	做企业就是适应气候
		8	做企业就是旅行

另外,在调查中员工认同度比较高的概念隐喻还有"做企业就是参加体育比赛",被试中有 289 人次选择该选项。这与企业家话语中对体育隐喻的高频使用还是比较吻合的。由此可见,在员工的心智模式中,他们比较认同的与企业家创业与经营企业有关的概念隐喻有"做企业就是打仗""做企业就是养育孩子""做企业就是管理国家"以及"做企业就是参加体育比赛"。

员工对"做企业就是打仗"的高度认同,说明员工比较认同企业家创业与经营企业的过程如同打仗一般。随着信息化时代的到来,谁最先掌握市场信息与高端技术,谁就能在现代商战中处于优势地位,可以说,现代商战是信息的战争、技术的战争(陈昆福等,2007:19)。因此,为了使自己能够在这场战役中立于不败之地,企业就必须抢先获得信息、技术及市场,这样才能有机会继续接受后续的挑战。我们常说"商场如战场",其实也是同样的道理。"商场如战场"这种话语环境已经在潜移默化中影响人们的思维,进而又影响人们的语言。此外,做企业过程中企业家承受的压力与面对的严苛环境类似于战争中的压力与环境。因此,人们在说话或思考时就会自然而然地把商场看作战场,把经营企业的过程看作战争的过程。正如被试在选项后填写的理由:"(商战)要有好的将领、好的士兵、好的执行力,当然力量要够大,供给要充足""(商战中)知己知彼,方能百战不殆""(商战要)制定战略方针,同时还要对各种可能性进行预测并防御""(商战要)统筹全局""(商战要)拼时间抢项目""(商战中)只有占领市场的制高点,才能获胜""(商战)每时每刻都要关注市场,市场有变化就要跟随变化,和打仗一样时刻要关注战局""做企业就像是打仗一样,需要讲究的是高瞻远瞩、审时度势的谋略"以及"成王败寇"等。

企业家经常使用旅行隐喻,其比重在所有隐喻中排第二位。但是,我们在问卷调查中却发现,相比其他隐喻,被试对该类隐喻的认同度不是很高。因此,在员工的心智模式中,"做企业就是旅行"的形象并不算典型。相反,在企业家话语中使用频率不算太高的"做企业就是养育孩子"概念隐喻在员工中的认同度却比较高,被试中有448人次选择该类概念隐喻。这说明在员工心目中企业家做企业像是养育下一代,因为越来越多的员工曾经或正在经历养育孩子的阶段,所以明白其中的艰辛与欢乐。正如被试所填写的理由:"企业在最初一步步开始的时候就像孩子刚生下来,慢慢在父母的关怀下成长""(把)一个企业由小(发展)到大就像悉心培养一个孩子""含辛茹苦,抚育长大""一个企业的成长就像一个孩子从婴儿时期成长到成年""要宽容、要耐心、要细心呵护(企业)""孕育希望"以及"付出感情、精力和爱心"等等。

值得注意的是,我们在员工的调查问卷中发现,他们认可度比较高的另一类概念隐喻是"做企业就是管理国家"。虽然这类概念隐喻在总语料库中的出现频率非常低,但在任正非话语语料库中却占据一定的比重,所以我们把这类概念隐喻也作为一个选项放在调查问卷中。问卷调查数据显示,被试中有369人次选择了"做企业就是管理国家"概念隐喻。这说明在员工的心智模式中,他们比较认可这类隐喻。实际上,任何一个组织都是需要管理的,国家也是组织,有庞大的分支体系与错综复杂的结构。企业相比国家只是一个小的组织,但是麻雀虽小五脏俱全,它也有各种分支与结构,同样需要企业家的管理能力,才能够顺利运行。正如被试给出的选择理由:"大公司和国家组织结构类似""企业如同小王国,有主宰,有辅政,有负责教育培训(的),有负责纪检监察(的)""企业就像企业家的王国,各层部门就像国家各种部委,基层员工就像普通百姓,需要制度和公司的规章""治理一个企业如治理一个国家,需要领导者的领导力,考验决策能力和外部竞争应对能力"以及"每个企业家必须具备相当强的管理能力和领导能力"等。当然,也有被试从负面的角度给出理由,如"(企业家)专制,任何决策从不征求职工意见,只是上传下达,员工只能服从"与"私企老板跟皇帝简直一模一样,董事长助理就是大太监"等。由此可见,尽管员工认为企业家管理企业如同管理国家,但背后的理据支撑也具有多面性。有些员工认为企业管理如同现代化国家的管理,而有些员工则认为企业管理如同封建专制国家的管理。同样是国家概念域,前者具有积极正面的意义,后者则表现出消极负面的态度。

问卷调查显示,被试中有289人次选择了"做企业就是参加体育比赛",说明体育隐喻也属于员工认可度较高的隐喻类型。企业家经常在话语中使用诸如"竞争""对手""马拉松长跑""超越""守门员""比武"等隐喻表述,来对创业与企业经营的过程进行概念化。员工对此高度认可,说明员工身处企业工作一线,深知竞争的重要性与迫切性。只有从竞争中、从长跑中、从球赛中胜出,企业才有机会继续前进。正如他们给出的选择理由:"做企业就是在规则下进行比赛""(做企业)看谁跑得快""双方每次比赛有输赢,但最终目标为不断刷新纪录""(做企业)要懂得比赛策略和人员安排""确切地说(做企业)更像是体育中的团队比赛,比如足球,团结一致才有出路""(做企业)是智力和体力的拼搏"以及"(做企业要)带领团队在其所在的行业中拼搏向上,争取最好的成绩"等。

6.3　不同员工群体的隐喻认同度比较

6.2 小节分析了中国企业家和普通员工对"企业"概念隐喻与"做企业"概念隐喻的认同度差异。那么,不同群体员工对这两类概念隐喻的认同度是否存在差异?这些差异又是如何体现的?这些问题将是本节讨论的焦点。下面我们将分别从性别、年龄、学历、工龄以及收入五个方面探讨员工对这两类概念隐喻认同度的差异性。

6.3.1　不同性别员工的隐喻认同度比较

在对普通员工的问卷调查中,我们共收到有效问卷 1415 份,其中男员工的有效问卷 695 份,占总问卷数的 49.12%,女员工的有效问卷 720 份,占问卷总数的 50.88%。男女样本整体比例基本持平。

图 6.9 显示了男女员工对"企业是什么"概念隐喻的认同度分布。我们发现,男员工认同度最高的概念隐喻是"企业是家庭"(46.62%),其次是"企业是人体"(40.00%)与"企业是机器"(27.63%);女员工认同度最高的概念隐喻是"企业是家庭"(46.53%),其次是"企业是人体"(36.11%)和"企业是机器"(19.58%)。由此可见,男女员工对"企业是什么"概念隐喻的认同度具有一定程度的一致性。这说明男女员工的认同度与员工的整体认同度(见图 6.7)具有共性,因为他们都普遍认同"企业是家庭""企业是人体"以及"企业是机器"这些概念隐喻,而且特别认同"企业是家庭"概念隐喻。

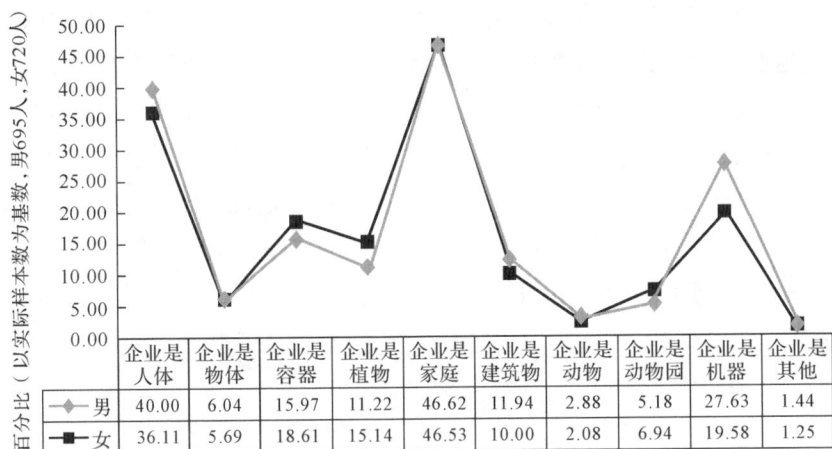

图 6.9　不同性别对"企业是什么"概念隐喻认同度的分布

图 6.9 显示,男女员工对其他几类概念隐喻的认同度也呈现出相同的趋势。然而,要判断男女员工对"企业"概念隐喻的认同度是否存在显著性差异,需要对问卷数据进行卡方检验[①]。

表 6.3　"企业是什么 * 性别"交叉制表及其卡方检验

企业是什么	性别（%）		汇总（$N=1415$）
	男（$N=695$）	女（$N=720$）	
企业是人体	278(40.00)	260(36.11)	538(38.02)
企业是物体	42(6.04)	41(5.69)	83(5.87)
企业是容器	111(15.97)	134(18.61)	245(17.31)
企业是植物	78(11.22)	109(15.14)	187(13.22)
企业是家庭	324(46.62)	335(46.53)	659(46.57)
企业是建筑物	83(11.94)	72(10.00)	155(10.95)
企业是动物	20(2.88)	15(2.08)	35(2.47)
企业是动物园	36(5.18)	50(6.94)	86(6.08)
企业是机器	192(27.63)	141(19.58)	333(23.53)
企业是其他	10(1.44)	9(1.25)	19(1.34)
卡方检验:$\chi^2=19.706$　$p=0.020$			

表 6.3 是"企业是什么"与性别的交叉制表,体现了男女员工被试在"企

---

① 本书对问卷数据进行卡方检验时,采用的是问卷星推荐的 SPSSAU 数据分析平台。

业"概念隐喻的认同度上呈现出来的分布特征。结果显示,p 值达到 0.02,小于 0.05,达到显著水平。这说明性别变量对"企业是什么"概念隐喻的认同度具有显著性差异,即男女员工在"企业"概念隐喻的认同度方面存在显著性差异。

此外,男女员工对于"做企业就是做什么"概念隐喻的认同度呈现出图 6.10 中的趋势。我们从图 6.10 可以发现,男员工认同度最高的概念隐喻是"做企业就是打仗"(43.02%),而女员工认同度最高的概念隐喻是"做企业就是养育孩子"(35.69%)。这种分布趋势说明了不同性别对"做企业就是做什么"概念隐喻认同度的差异。战争话语通常被认为是男性话语,而女性在战争话语中有被边缘化的趋势。因此,男性更容易将战争概念域引入自己的话语中,恰好商业竞争环境的激烈性犹如战争过程的激烈性,这也促使男性在描述企业家做企业的过程时会用战争始源域来对它进行概念化。女性在繁衍生命的过程中承担重要职责,尽管养育孩子的责任是需要男女双方共同承担的,但是女性显然在这个过程中会付出更多,所以她们对养育过程拥有更多的具体体验。因此,她们会更多地认同"做企业就是养育孩子"概念隐喻。

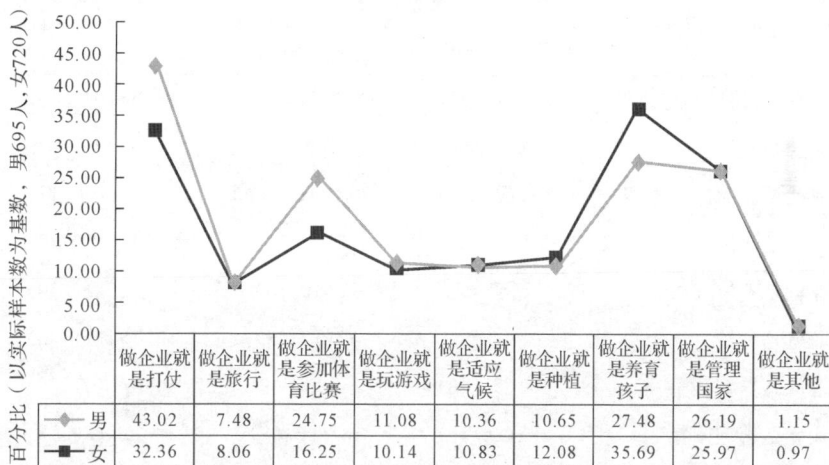

百分比(以实际样本数为基数,男695人,女720人)	做企业就是打仗	做企业就是旅行	做企业就是参加体育比赛	做企业就是玩游戏	做企业就是适应气候	做企业就是种植	做企业就是养育孩子	做企业就是管理国家	做企业就是其他
男	43.02	7.48	24.75	11.08	10.36	10.65	27.48	26.19	1.15
女	32.36	8.06	16.25	10.14	10.83	12.08	35.69	25.97	0.97

图 6.10 不同性别对"做企业就是做什么"概念隐喻认同度的分布

在男员工中"做企业"概念隐喻的认同度排在第二的是"做企业就是养育孩子"(27.48%),而女员工中认同度排第二的是"做企业就是打仗"(32.36%)。这说明男员工也比较认同"做企业就是养育孩子"概念隐喻。他们和女性共同经历生育、养育孩子的过程,尽管他们在这个过程中可能承担的任务不如女性多,但是他们对这个阶段也有深刻的体验。虽然说女性处在战争话语的边缘地位,但是现在女性的自立、自强也使她们在生活与工作中表现得越来越强势,因此战争概念域也经常被她们用来描述一些含有竞争和博弈的行为,比如企业家经营企业。

男女员工对"做企业就是参加体育比赛"概念隐喻的认同度也呈现出一定的差异,男员工对该概念隐喻的认同度达到 24.75%,而女员工的认同度只有 16.25%。整体而言,男女在对"做企业就是做什么"概念隐喻的认同度的趋向走势上比较相似。

表 6.4 是"做企业就是做什么"与性别的交叉制表,体现了男女员工被试在对"做企业"概念隐喻的认同度上呈现出来的分布特征。结果显示,p 值达到 0.00,小于 0.05,达到显著性水平。这说明性别变量对"做企业就是做什么"概念隐喻的认同度具有显著性差异,即男女员工在对"做企业"概念隐喻的认同度方面存在显著性差异。

表 6.4 "做企业就是做什么 * 性别"交叉制表及其卡方检验

做企业就是做什么	性别(%)		汇总(N=1415)
	男(N=695)	女(N=720)	
做企业就是打仗	299(43.02)	233(32.36)	532(37.60)
做企业就是旅行	52(7.48)	58(8.06)	110(7.77)
做企业就是参加体育比赛	172(24.75)	117(16.25)	289(20.42)
做企业就是玩游戏	77(11.08)	73(10.14)	150(10.60)
做企业就是适应气候	72(10.36)	78(10.83)	150(10.60)
做企业就是种植	74(10.65)	87(12.08)	161(11.38)
做企业就是养育孩子	191(27.48)	257(35.69)	448(31.66)
做企业就是管理国家	182(26.19)	187(25.97)	369(26.08)
做企业就是其他	8(1.15)	7(0.97)	15(1.06)
卡方检验:χ^2=29.837 p=0.000			

6.3.2 不同年龄员工的隐喻认同度比较

在我们所收集的样本中,被试的年龄主要集中在三个区间:20—29 岁,共有 654 个样本,占总样本数的 46.22%;30—39 岁,共有 601 个样本,占总样本数的 42.47%;40—49 岁,共有 128 个样本,占总样本数的 9.05%。此外,20岁以下,只有 3 个样本,占总样本数的 0.21%;50 岁及以上有 29 个样本,占总样本数的 2.05%。考虑到"20 岁以下"与"50 岁及以上"这两个年龄段的样本数偏少,而且这两个年龄段并不属于企业员工的主力,所以我们在本节的分析中将主要探讨"20—29 岁""30—39 岁"以及"40—49 岁"三个年龄段员工对"企业"与"做企业"概念隐喻认同度的差异。

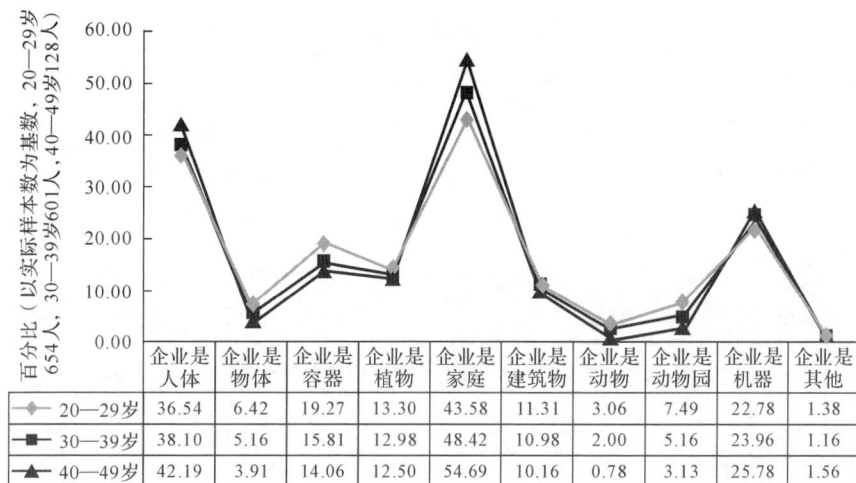

	企业是人体	企业是物体	企业是容器	企业是植物	企业是家庭	企业是建筑物	企业是动物	企业是动物园	企业是机器	企业是其他
◆ 20—29 岁	36.54	6.42	19.27	13.30	43.58	11.31	3.06	7.49	22.78	1.38
■ 30—39 岁	38.10	5.16	15.81	12.98	48.42	10.98	2.00	5.16	23.96	1.16
▲ 40—49 岁	42.19	3.91	14.06	12.50	54.69	10.16	0.78	3.13	25.78	1.56

图 6.11 不同年龄段对"企业是什么"概念隐喻认同度的分布

图 6.11 显示,三个年龄段员工中认同度最高的概念隐喻均是"企业是家庭",其次是"企业是人体",然后是"企业是机器"。这三类概念隐喻的认同度在各个年龄段的比重均超过了 20%。这个结果和总体样本对"企业是什么"概念隐喻的认同度最高的三类概念隐喻一致。要了解这三个年龄段员工对"企业"概念隐喻的认同度是否存在显著性差异,依然需要对其进行卡方检验(见表 6.5)。

表 6.5 是"企业是什么"与年龄的交叉制表,体现了这三个年龄段员工被试对"企业"概念隐喻的认同度的分布特征。结果显示,p 值达到 0.493,大于0.05,未达到显著性水平。这说明年龄变量对"企业是什么"概念隐喻的认同度不具有显著性差异,即这三个年龄段员工在"企业"概念隐喻的认同度方面不存在显著性差异。

表 6.5 "企业是什么 * 年龄"交叉制表及其卡方检验

企业是什么	年龄（%）			汇总（N=1383）
	20—29 岁（N=654）	30—39 岁（N=601）	40—49 岁（N=128）	
企业是人体	239(36.54)	229(38.10)	54(42.19)	522(37.74)
企业是物体	42(6.42)	31(5.16)	5(3.91)	78(5.64)
企业是容器	126(19.27)	95(15.81)	18(14.06)	239(17.28)
企业是植物	87(13.30)	78(12.98)	16(12.50)	181(13.09)
企业是家庭	285(43.58)	291(48.42)	70(54.69)	646(46.71)
企业是建筑物	74(11.31)	66(10.98)	13(10.16)	153(11.06)
企业是动物	20(3.06)	12(2.00)	1(0.78)	33(2.39)
企业是动物园	49(7.49)	31(5.16)	4(3.13)	84(6.07)
企业是机器	149(22.78)	144(23.96)	33(25.78)	326(23.57)
企业是其他	9(1.38)	7(1.16)	2(1.56)	18(1.30)

卡方检验：$\chi^2=17.440$　$p=0.493$

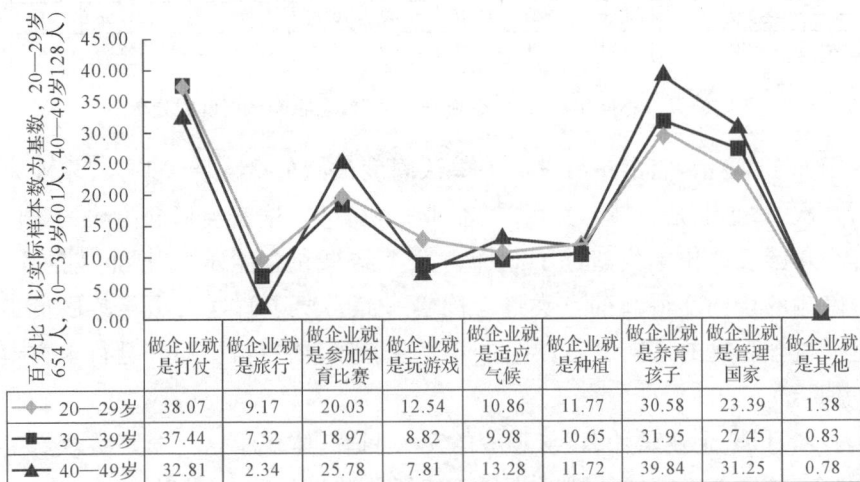

	做企业就是打仗	做企业就是旅行	做企业就是参加体育比赛	做企业就是玩游戏	做企业就是适应气候	做企业就是种植	做企业就是养育孩子	做企业就是管理国家	做企业就是其他
20—29 岁	38.07	9.17	20.03	12.54	10.86	11.77	30.58	23.39	1.38
30—39 岁	37.44	7.32	18.97	8.82	9.98	10.65	31.95	27.45	0.83
40—49 岁	32.81	2.34	25.78	7.81	13.28	11.72	39.84	31.25	0.78

图 6.12　不同年龄段对"做企业就是做什么"概念隐喻认同度的分布

图 6.12 显示，20—29 岁与 30—39 岁两个年龄段对"做企业就是做什么"概念隐喻的认同度呈现出比较一致的特征。比如，两个年龄段认同度最高的

均是"做企业就是打仗",其次是"做企业就是养育孩子"和"做企业就是管理国家"。而 40—49 岁年龄段与前两个年龄段表现出不一样的趋势。比如,他们认同度最高的是"做企业就是养育孩子",然后才是"做企业就是打仗"与"做企业就是管理国家"。这说明 40—49 岁年龄段的人更加注重"亲情/养育"概念域,可能是因为该阶段的人已经完整地经历过生育、养育孩子的过程,孩子开始逐渐独立,如同企业开始脱离创始人一样。然而,20—29 岁与 30—39 岁两个年龄段的人正处于人生中最有冲劲的阶段,战争隐喻的广泛接受度符合这两个年龄段的特征。

表 6.6 "做企业就是做什么 * 年龄"交叉制表及其卡方检验

做企业就是做什么	年龄(%)			汇总(N=1383)
	20—29 岁(N=654)	30—39 岁(N=601)	40—49 岁(N=128)	
做企业就是打仗	249(38.07)	225(37.44)	42(32.81)	516(37.31)
做企业就是旅行	60(9.17)	44(7.32)	3(2.34)	107(7.74)
做企业就是参加体育比赛	131(20.03)	114(18.97)	33(25.78)	278(20.10)
做企业就是玩游戏	82(12.54)	53(8.82)	10(7.81)	145(10.48)
做企业就是适应气候	71(10.86)	60(9.98)	17(13.28)	148(10.70)
做企业就是种植	77(11.77)	64(10.65)	15(11.72)	156(11.28)
做企业就是养育孩子	200(30.58)	192(31.95)	51(39.84)	443(32.03)
做企业就是管理国家	153(23.39)	165(27.45)	40(31.25)	358(25.89)
做企业就是其他	9(1.38)	5(0.83)	1(0.78)	15(1.08)

卡方检验:$\chi^2=22.121$　$p=0.139$

表 6.6 是"做企业就是做什么"与年龄的交叉制表,体现了这三个年龄段员工被试在"做企业"概念隐喻的认同度上呈现出来的分布特征。结果显示,p 值达到 0.139,大于 0.05,未达到显著性水平。这说明年龄变量对"做企业就是做什么"概念隐喻的认同度不具有显著性差异,即这三个年龄段员工在"做企业"概念隐喻的认同度方面不存在显著性差异。

6.3.3　不同学历员工的隐喻认同度比较

在我们所收集的样本中,被试的学历分为四大类,分别是大专及以下、本科、硕士、博士及以上。其中,大专及以下的样本有 304 份,占样本总数的 21.48%;本科样本 932 份,占总数的 65.87%;硕士样本 168 份,占总数的 11.87%;博士及以上样本 11 份,占总数的 0.78%。可见,绝大多数样本集中在前三类学历中。

图 6.13 显示,在"企业是什么"概念隐喻的认同度上,四种学历样本的总体趋势基本上比较一致。但是博士及以上的样本数较少,而且在认同度的分布趋势上与其他三种学历样本稍有差异,如"企业是人体"概念隐喻的认同度特别高,达到 81.82%;而"企业是建筑物""企业是动物"以及"企业是动物园"三种概念隐喻的认同度为零。相反,我们看到大专及以下、本科与硕士研究生学历样本在对"企业是什么"概念隐喻的认同度上呈现出较为一致的走势。认同度最高的是"企业是家庭"概念隐喻,其次是"企业是人体"和"企业是机器"概念隐喻。

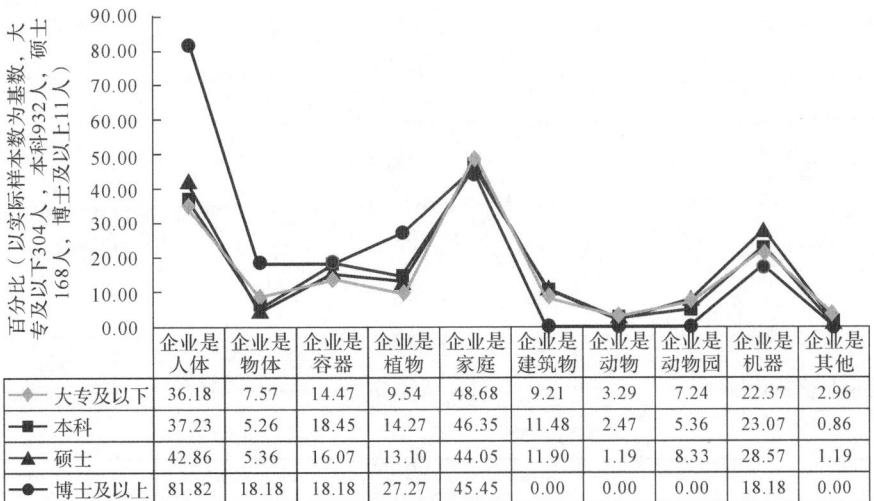

	企业是人体	企业是物体	企业是容器	企业是植物	企业是家庭	企业是建筑物	企业是动物	企业是动物园	企业是机器	企业是其他
大专及以下	36.18	7.57	14.47	9.54	48.68	9.21	3.29	7.24	22.37	2.96
本科	37.23	5.26	18.45	14.27	46.35	11.48	2.47	5.36	23.07	0.86
硕士	42.86	5.36	16.07	13.10	44.05	11.90	1.19	8.33	28.57	1.19
博士及以上	81.82	18.18	18.18	27.27	45.45	0.00	0.00	0.00	18.18	0.00

纵轴标签:百分比(以实际样本数为基数,大专及以下 304 人,本科 932 人,硕士 168 人,博士及以上 11 人)

图 6.13　不同学历员工对"企业是什么"概念隐喻认同度的分布

不同学历的样本对"企业是什么"概念隐喻的认同度呈现出高度一致的趋向,但是要判断不同学历的样本在该概念隐喻认同度上有没有存在显著性差异,也需要对样本数据进行卡方检验。考虑到"博士及以上"这类学历的样本数非常少,且只有 11 份,不适宜进行卡方检验,所以我们在卡方检验时,只对前三种样本基数比较大的学历数据进行检验(见表 6.7)。

表 6.7　"企业是什么 ∗ 学历"交叉制表及其卡方检验

企业是什么	学历（%）			汇总（$N=1404$）
	大专及以下（$N=304$）	本科（$N=932$）	硕士（$N=168$）	
企业是人体	110(36.18)	347(37.23)	72(42.86)	529(37.68)
企业是物体	23(7.57)	49(5.26)	9(5.36)	81(5.77)
企业是容器	44(14.47)	172(18.45)	27(16.07)	243(17.31)
企业是植物	29(9.54)	133(14.27)	22(13.10)	184(13.11)
企业是家庭	148(48.68)	432(46.35)	74(44.05)	654(46.58)
企业是建筑物	28(9.21)	107(11.48)	20(11.90)	155(11.04)
企业是动物	10(3.29)	23(2.47)	2(1.19)	35(2.49)
企业是动物园	22(7.24)	50(5.36)	14(8.33)	86(6.13)
企业是机器	68(22.37)	215(23.07)	48(28.57)	331(23.58)
企业是其他	9(2.96)	8(0.86)	2(1.19)	19(1.35)

卡方检验：$\chi^2=25.120$　$p=0.122$

表 6.7 是"企业是什么"与学历的交叉制表,体现了这三种学历的员工被试在"企业"概念隐喻的认同度上呈现出来的分布特征。结果显示,p 值达到 0.122,大于 0.05,未达到显著性水平。这说明学历变量对"企业是什么"概念隐喻的认同度不具有显著性差异,即这三种学历的员工在"企业"概念隐喻的认同度方面不存在显著性差异。

图 6.14 显示,在"做企业就是做什么"概念隐喻的认同度上,四种学历样本中除了"博士及以上"外,其余三种学历样本的总体趋势基本表现一致。博士及以上样本数偏少,且在认同度的分布趋势上与其他三种学历样本稍有不同,如该样本中"做企业就是养育孩子"概念隐喻的认同度最高,达到 54.55%,其次是"做企业就是打仗""做企业就是玩游戏"以及"做企业就是管理国家"。相反,我们发现,大专及以下、本科和硕士三种样本在对"做企业就是做什么"概念隐喻的认同度上呈现出比较一致的趋势。认同度最高的是"做企业就是打仗",其次是"做企业就是养育孩子"与"做企业就是管理国家"。

要判断不同学历的员工被试对"做企业就是做什么"的认同度是否存在显著性差异,我们必须通过卡方检验来验证。由于博士及以上样本数偏少,所以我们只对大专及以下、本科与硕士三种学历的被试对"做企业就是做什么"概

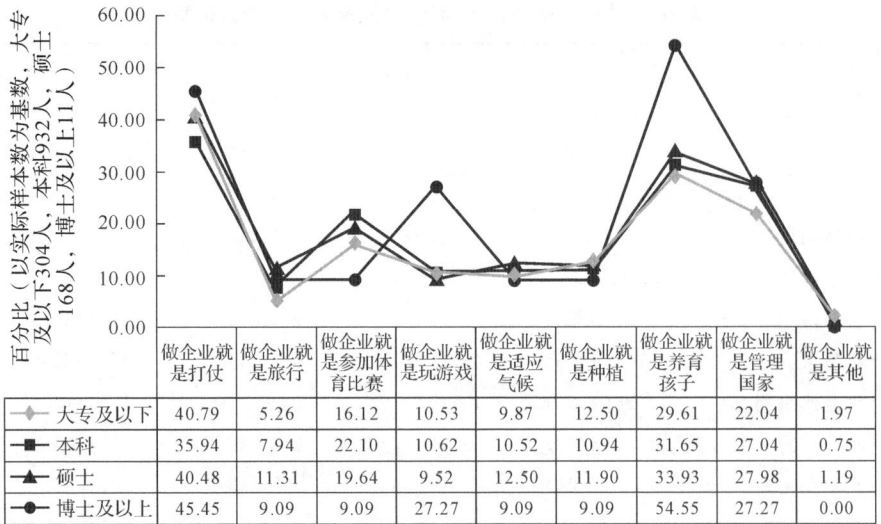

	做企业就是打仗	做企业就是旅行	做企业就是参加体育比赛	做企业就是玩游戏	做企业就是适应气候	做企业就是种植	做企业就是养育孩子	做企业就是管理国家	做企业就是其他
大专及以下	40.79	5.26	16.12	10.53	9.87	12.50	29.61	22.04	1.97
本科	35.94	7.94	22.10	10.62	10.52	10.94	31.65	27.04	0.75
硕士	40.48	11.31	19.64	9.52	12.50	11.90	33.93	27.98	1.19
博士及以上	45.45	9.09	9.09	27.27	9.09	9.09	54.55	27.27	0.00

图 6.14　不同学历对"做企业就是做什么"概念隐喻认同度的分布

念隐喻的认同度数据进行了卡方检验（见表 6.8）。

表 6.8　"做企业就是做什么 * 学历"交叉制表及其卡方检验

做企业就是做什么	学历（%）			汇总（$N=1404$）
	大专及以下（$N=304$）	本科（$N=932$）	硕士（$N=168$）	
做企业就是打仗	124(40.79)	335(35.94)	68(40.48)	527(37.54)
做企业就是旅行	16(5.26)	74(7.94)	19(11.31)	109(7.76)
做企业就是参加体育比赛	49(16.12)	206(22.10)	33(19.64)	288(20.51)
做企业就是玩游戏	32(10.53)	99(10.62)	16(9.52)	147(10.47)
做企业就是适应气候	30(9.87)	98(10.52)	21(12.50)	149(10.61)
做企业就是种植	38(12.50)	102(10.94)	20(11.90)	160(11.40)
做企业就是养育孩子	90(29.61)	295(31.65)	57(33.93)	442(31.48)
做企业就是管理国家	67(22.04)	252(27.04)	47(27.98)	366(26.07)
做企业就是其他	6(1.97)	7(0.75)	2(1.19)	15(1.07)
卡方检验：$\chi^2=16.512$　　$p=0.418$				

表 6.8 是"做企业就是做什么"与学历的交叉制表,体现了这三种学历的员工被试在"做企业"概念隐喻的认同度上呈现出来的分布特征。结果显示,p 值达到 0.418,大于 0.05,未达到显著性水平。这说明学历变量对"做企业就是做什么"概念隐喻的认同度不具有显著性差异,即这三种学历的员工在"做企业"概念隐喻的认同度方面不存在显著性差异。

6.3.4 不同工龄员工的隐喻认同度比较

在我们所收集的样本中,被试的工龄分为六个区间,分别是 3 年以下、3—6 年、7—10 年、11—14 年、15—18 年以及 18 年以上。其中,前面四个区间占据了绝大多数。3 年以下的样本数有 234 份,占总样本数的 16.54%;3—6 年的有 423 份,占 29.89%;7—10 年的有 375 份,占 26.50%;11—14 年的有 191 份,占 13.50%。剩余两个区间的样本数比较少,如 15—18 年的有 80 份(5.65%)和 18 年以上的有 112 份(7.92%)。

图 6.15 显示,不同工龄的样本在"企业是什么"概念隐喻的认同度上,总体趋势相对比较一致。认同度最高的概念隐喻是"企业是家庭",六个工龄段对该隐喻的认同度均超过了 42%,其中 15 — 18 年工龄段的样本高达 56.25%。其次是"企业是人体",认同度保持在 40% 上下;之后便是"企业是

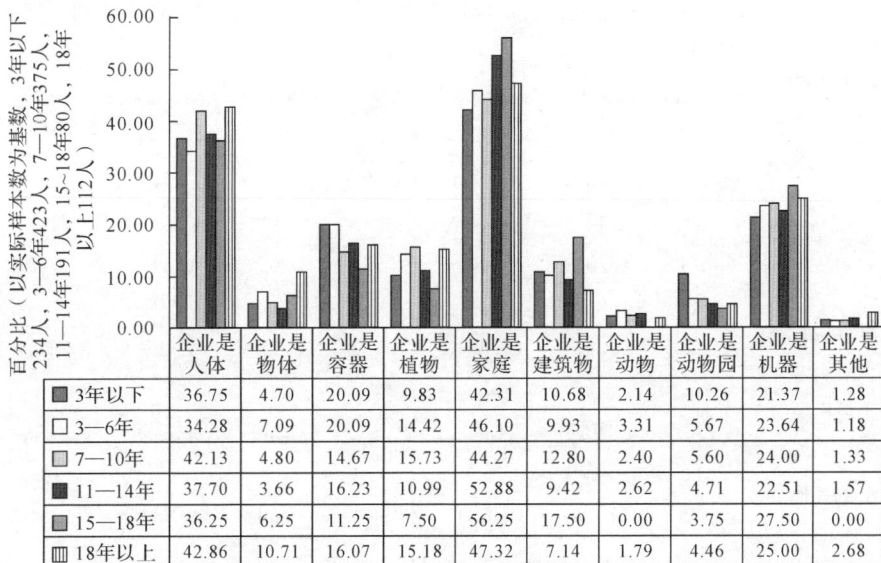

百分比(以实际样本数为基数,3年以下234人、3—6年423人、7—10年375人、11—14年191人、15~18年80人、18年以上112人)

	企业是人体	企业是物体	企业是容器	企业是植物	企业是家庭	企业是建筑物	企业是动物	企业是动物园	企业是机器	企业是其他
3年以下	36.75	4.70	20.09	9.83	42.31	10.68	2.14	10.26	21.37	1.28
3—6年	34.28	7.09	20.09	14.42	46.10	9.93	3.31	5.67	23.64	1.18
7—10年	42.13	4.80	14.67	15.73	44.27	12.80	2.40	5.60	24.00	1.33
11—14年	37.70	3.66	16.23	10.99	52.88	9.42	2.62	4.71	22.51	1.57
15—18年	36.25	6.25	11.25	7.50	56.25	17.50	0.00	3.75	27.50	0.00
18年以上	42.86	10.71	16.07	15.18	47.32	7.14	1.79	4.46	25.00	2.68

图 6.15 不同工龄员工对"企业是什么"概念隐喻认同度的分布

机器"概念隐喻，认同度保持在 25％ 左右。这三种概念隐喻认同度的高低与我们之前在 6.2 小节讨论的员工总体上对"企业是什么"概念隐喻的认同度基本相同。

虽然这六个工龄段的样本在对"企业是什么"概念隐喻认同度的趋势上呈现出比较一致的特征，但是各工龄段之间对这些概念隐喻的认同度是否存在显著性差异还需要进行卡方检验（见表 6.9）。

表 6.9 "企业是什么 ＊ 工龄"交叉制表及其卡方检验

| 企业是什么 | 工龄（％） | | | | | | 汇总 (N=1415) |
	3 年以下 (N=234)	3－6 年 (N=423)	7－10 年 (N=375)	11－14 年 (N=191)	15－18 年 (N=80)	18 年以上 (N=112)	
企业是人体	86 (36.75)	145 (34.28)	158 (42.13)	72 (37.70)	29 (36.25)	48 (42.86)	538 (38.02)
企业是物体	11 (4.70)	30 (7.09)	18 (4.80)	7 (3.66)	5 (6.25)	12 (10.71)	83 (5.87)
企业是容器	47 (20.09)	85 (20.09)	55 (14.67)	31 (16.23)	9 (11.25)	18 (16.07)	245 (17.31)
企业是植物	23 (9.83)	61 (14.42)	59 (15.73)	21 (10.99)	6 (7.50)	17 (15.18)	187 (13.22)
企业是家庭	99 (42.31)	195 (46.10)	166 (44.27)	101 (52.88)	45 (56.25)	53 (47.32)	659 (46.57)
企业是建筑物	25 (10.68)	42 (9.93)	48 (12.80)	18 (9.42)	14 (17.50)	8 (7.14)	155 (10.95)
企业是动物	5 (2.14)	14 (3.31)	9 (2.40)	5 (2.62)	0 (0.00)	2 (1.79)	35 (2.47)
企业是动物园	24 (10.26)	24 (5.67)	21 (5.60)	9 (4.71)	3 (3.75)	5 (4.46)	86 (6.08)
企业是机器	50 (21.37)	100 (23.64)	90 (24.00)	43 (22.51)	22 (27.50)	28 (25.00)	333 (23.53)
企业是其他	3 (1.28)	5 (1.18)	5 (1.33)	3 (1.57)	0 (0.00)	3 (2.68)	19 (1.34)

卡方检验：$\chi^2 = 52.430$　　$p = 0.208$

　　表 6.9 是"企业是什么"与工龄的交叉制表,体现了六个工龄段的员工被试在"企业"概念隐喻的认同度上呈现出来的分布特征。结果显示,p 值达到 0.208,大于 0.05,未达到显著性水平。这说明工龄变量对"企业是什么"概念隐喻的认同度不具有显著性差异,即这六个工龄段的员工在"企业"概念隐喻的认同度方面不存在显著性差异。

　　图 6.16 显示,在"做企业就是做什么"概念隐喻中,总体上不同工龄样本中认同度最高的还是"做企业就是打仗",其次是"做企业就是养育孩子""做企业就是管理国家"以及"做企业就是参加体育比赛"。仔细观察的话,我们发现在"3 年以下"与"18 年以上"两个工龄样本中,认同度最高的概念隐喻是"做企业就是养育孩子",其次才是"做企业就是打仗"。而且,这两个群体对"做企业就是养育孩子"概念隐喻上的认同度相差不大,分别是 36.75％ 与 36.61％;在"做企业就是打仗"概念隐喻上的认同度也相差不大,分别是 35.90％与 34.82％。

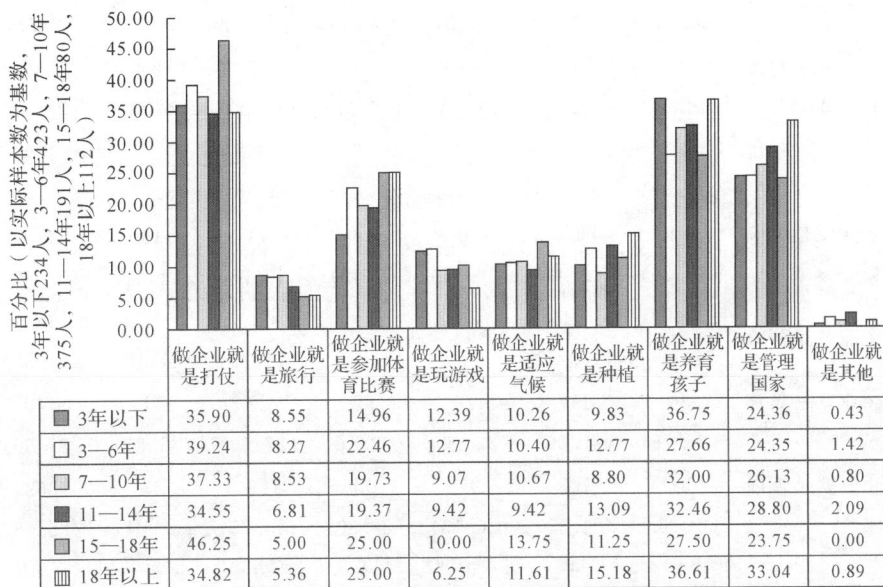

	做企业就是打仗	做企业就是旅行	做企业就是参加体育比赛	做企业就是玩游戏	做企业就是适应气候	做企业就是种植	做企业就是养育孩子	做企业就是管理国家	做企业就是其他
3年以下	35.90	8.55	14.96	12.39	10.26	9.83	36.75	24.36	0.43
3—6年	39.24	8.27	22.46	12.77	10.40	12.77	27.66	24.35	1.42
7—10年	37.33	8.53	19.73	9.07	10.67	8.80	32.00	26.13	0.80
11—14年	34.55	6.81	19.37	9.42	9.42	13.09	32.46	28.80	2.09
15—18年	46.25	5.00	25.00	10.00	13.75	11.25	27.50	23.75	0.00
18年以上	34.82	5.36	25.00	6.25	11.61	15.18	36.61	33.04	0.89

图 6.16　不同工龄员工对"做企业就是做什么"概念隐喻认同度的分布

　　各工龄段的被试样本在对"做企业就是做什么"概念隐喻的认同度上表现相对一致,这表明各工龄段的员工在"做企业"概念隐喻的认同度上趋向比较统一。但是,工龄变量是否会在"做企业"概念隐喻的认同度上呈现显著性差异，我们还是需要通过卡方检验去验证（见表 6.10）。

表 6.10 是"做企业就是做什么"与工龄的交叉制表，体现了不同工龄段的员工被试在"做企业"概念隐喻的认同度上呈现出来的分布特征。结果显示，p 值高达 0.7，大于 0.05，未达到显著性水平。这说明工龄变量对"做企业就是做什么"概念隐喻的认同度不具有显著性差异，即不同工龄段的员工在"做企业"概念隐喻的认同度方面不存在显著性差异。

表 6.10　"做企业就是做什么 * 工龄"交叉制表及其卡方检验

做企业就是做什么	工龄（%）						汇总（N=1415）
	3 年以下（N=234）	3—6 年（N=423）	7—10 年（N=375）	11—14 年（N=191）	15—18 年（N=80）	18 年以上（N=112）	
做企业就是打仗	84 (35.90)	166 (39.24)	140 (37.33)	66 (34.55)	37 (46.25)	39 (34.82)	532 (37.60)
做企业就是旅行	20 (8.55)	35 (8.27)	32 (8.53)	13 (6.81)	4 (5.00)	6 (5.36)	110 (7.77)
做企业就是参加体育比赛	35 (14.96)	95 (22.46)	74 (19.73)	37 (19.37)	20 (25.00)	28 (25.00)	289 (20.42)
做企业就是玩游戏	29 (12.39)	54 (12.77)	34 (9.07)	18 (9.42)	8 (10.00)	7 (6.25)	150 (10.60)
做企业就是适应气候	24 (10.26)	44 (10.40)	40 (10.67)	18 (9.42)	11 (13.75)	13 (11.61)	150 (10.60)
做企业就是种植	23 (9.83)	54 (12.77)	33 (8.80)	25 (13.09)	9 (11.25)	17 (15.18)	161 (11.38)
做企业就是养育孩子	86 (36.75)	117 (27.66)	120 (32.00)	62 (32.46)	22 (27.50)	41 (36.61)	448 (31.66)
做企业就是管理国家	57 (24.36)	103 (24.35)	98 (26.13)	55 (28.80)	19 (23.75)	37 (33.04)	369 (26.08)
做企业就是其他	1 (0.43)	6 (1.42)	3 (0.80)	4 (2.09)	0 (0.00)	1 (0.89)	15 (1.06)

卡方检验：$\chi^2=34.879$　$p=0.700$

6.3.5 不同收入员工群体的隐喻认同度比较

本节我们将比较不同收入员工群体对"企业"与"做企业"概念隐喻的认同度的差异。在所收集的样本中,年薪在 30000 元以下的有 124 份,占总样本数的 8.76%;30000—59999 元的有 400 份,占 28.27%;60000—89999 元的有 315 份,占 22.26%;90000—119999 元有 265 份,占 18.73%;120000—149999 元的有 157 份,占 11.10%;150000—179999 元的有 59 份,占 4.17%;180000 元及以上的有 95 份,占 6.71%。由此可见,这些样本基本上集中于五个收入区段,分别是 30000 元以下、30000—59999 元、60000—89999 元、90000—119999 元、120000—149999 元。这五个年薪区间的样本数达到 1261 份,占总样本数的 89% 以上。

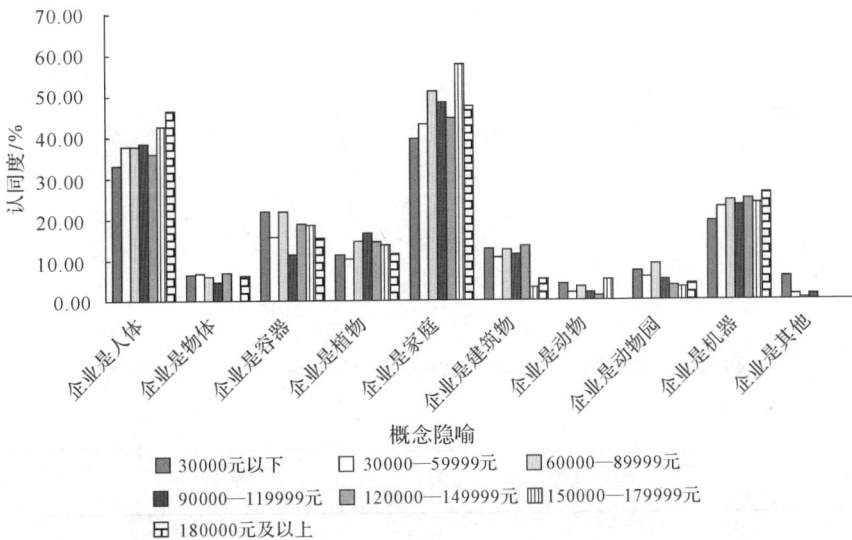

图 6.17 不同收入员工群体对"企业是什么"概念隐喻认同度的分布

图 6.17 显示,在不同收入员工群体样本中认同度最高的"企业是什么"概念隐喻依旧是"企业是家庭",其次是"企业是人体"与"企业是机器"。这与员工整体的调查结果相同,认同度排名前三的也是这三类概念隐喻,排序也相同。尽管不同收入被试样本对"企业是什么"概念隐喻的认同度呈现出比较一致的特征,但是各收入样本对这些概念隐喻的认同度是否存在显著性差异,还需要对数据进行卡方检验(见表 6.11)。

表 6.11 "企业是什么 * 年薪"交叉制表及其卡方检验

企业是什么	当前的年薪(%)							汇总 (N=1415)
	30000 元以下 (N=124)	30000—59999 元 (N=400)	60000—89999 元 (N=315)	90000—119999 元 (N=265)	120000—149999 元 (N=157)	150000—179999 元 (N=59)	180000 元及以上 (N=95)	
企业是人体	41 (33.06)	151 (37.75)	119 (37.78)	102 (38.49)	56 (35.67)	25 (42.37)	44 (46.32)	538 (38.02)
企业是物体	8 (6.45)	27 (6.75)	19 (6.03)	12 (4.53)	11 (7.01)	0 (0.00)	6 (6.32)	83 (5.87)
企业是容器	27 (21.77)	63 (15.75)	69 (21.90)	30 (11.32)	30 (19.11)	11 (18.64)	15 (15.79)	245 (17.31)
企业是植物	14 (11.29)	41 (10.25)	46 (14.60)	44 (16.60)	23 (14.65)	8 (13.56)	11 (11.58)	187 (13.22)
企业是家庭	49 (39.52)	172 (43.00)	161 (51.11)	128 (48.30)	70 (44.59)	34 (57.63)	45 (47.37)	659 (46.57)
企业是建筑物	16 (12.90)	42 (10.50)	39 (12.38)	30 (11.32)	21 (13.38)	2 (3.39)	5 (5.26)	155 (10.95)
企业是动物	5 (4.03)	8 (2.00)	11 (3.49)	6 (2.26)	2 (1.27)	3 (5.08)	0 (0.00)	35 (2.47)
企业是动物园	9 (7.26)	23 (5.75)	28 (8.89)	14 (5.28)	6 (3.82)	2 (3.39)	4 (4.21)	86 (6.08)
企业是机器	24 (19.35)	92 (23.00)	77 (24.44)	62 (23.40)	39 (24.84)	14 (23.73)	25 (26.32)	333 (23.53)
企业是其他	7 (5.65)	6 (1.50)	2 (0.63)	4 (1.51)	0 (0.00)	0 (0.00)	0 (0.00)	19 (1.34)

卡方检验:$\chi^2 = 72.218$ $p = 0.049$

表 6.11 是"企业是什么"与年薪的交叉制表,体现了不同收入的员工被试在"企业"概念隐喻的认同度上呈现出来的分布特征。结果显示,p 值达到 0.049,小于 0.05,达到显著性水平。这说明年薪变量对"企业是什么"概念隐喻的认同度具有显著性差异,即不同年薪的员工在"企业"概念隐喻的认同度方面存在显著性差异。

图 6.18 显示了不同收入样本中对"做企业就是做什么"概念隐喻认同度的分布,其中认同度最高的是"做企业就是打仗"概念隐喻,其次是"做企业就是养育孩子"与"做企业就是管理国家"。认同度较低的概念隐喻有"做企业就是玩游戏""做企业就是适应气候""做企业就是种植"以及"做企业就是旅行"。但是,仔细观察的话,我们可以发现在年薪区间为 60000—89999 元的员工中认同度最高的概念隐喻是"做企业就是养育孩子",而年薪 180000 元及以上的员工中认同度最高的概念隐喻是"做企业就是管理国家"。

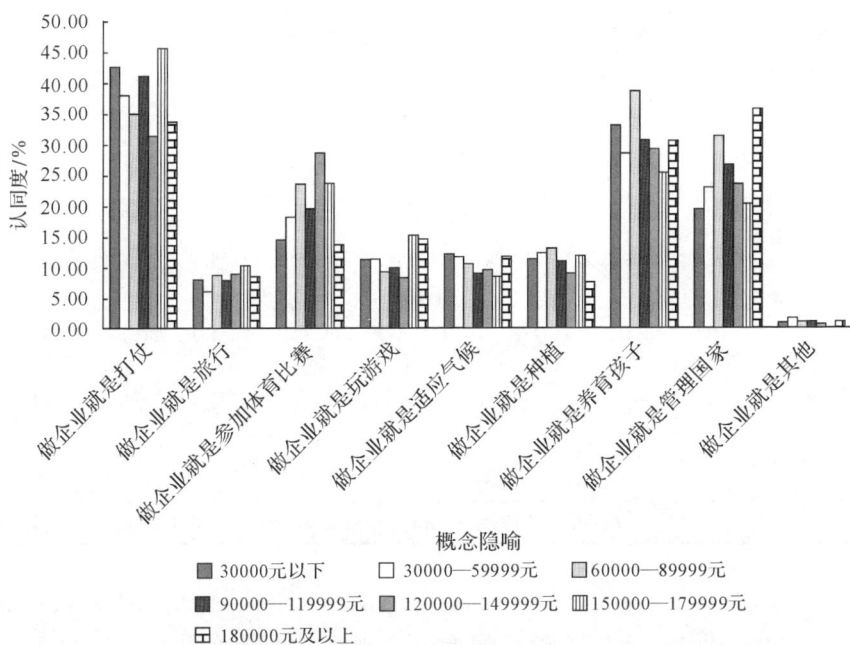

图 6.18　不同收入员工群体对"做企业就是做什么"概念隐喻认同度的分布

不同收入员工的样本在对"做企业就是做什么"概念隐喻的认同度上呈现出比较一致的趋势,但要判断不同收入的员工对"做企业就是做什么"概念隐喻的认同度是否表现出显著性差异,需要进行卡方检验(见表 6.12)。

表 6.12 "做企业就是做什么 * 年薪"交叉制表及其卡方检验

做企业就是做什么	当前的年薪(%)							汇总 (N=1415)
	30000 元以下 (N=124)	30000— 59999 元 (N=400)	60000— 89999 元 (N=315)	90000— 119999 元 (N=265)	120000— 149999 元 (N=157)	150000— 179999 元 (N=59)	180000 元及以上 (N=95)	
做企业就是打仗	53 (42.74)	152 (38.00)	110 (34.92)	109 (41.13)	49 (31.21)	27 (45.76)	32 (33.68)	532 (37.60)
做企业就是旅行	10 (8.06)	24 (6.00)	27 (8.57)	21 (7.92)	14 (8.92)	6 (10.17)	8 (8.42)	110 (7.77)
做企业就是参加体育比赛	18 (14.52)	73 (18.25)	74 (23.49)	52 (19.62)	45 (28.66)	14 (23.73)	13 (13.68)	289 (20.42)
做企业就是玩游戏	14 (11.29)	45 (11.25)	29 (9.21)	26 (9.81)	13 (8.28)	9 (15.25)	14 (14.74)	150 (10.60)
做企业就是适应气候	15 (12.10)	47 (11.75)	33 (10.48)	24 (9.06)	15 (9.55)	5 (8.47)	11 (11.58)	150 (10.60)
做企业就是种植	14 (11.29)	49 (12.25)	41 (13.02)	29 (10.94)	14 (8.92)	7 (11.86)	7 (7.37)	161 (11.38)
做企业就是养育孩子	41 (33.06)	114 (28.50)	122 (38.73)	81 (30.57)	46 (29.30)	15 (25.42)	29 (30.53)	448 (31.66)
做企业就是管理国家	24 (19.35)	92 (23.00)	99 (31.43)	71 (26.79)	37 (23.57)	12 (20.34)	34 (35.79)	369 (26.08)
做企业就是其他	1 (0.81)	6 (1.50)	3 (0.95)	3 (1.13)	1 (0.64)	0 (0.00)	1 (1.05)	15 (1.06)

卡方检验: $\chi^2 = 45.278$ $p = 0.585$

表 6.12 是"做企业就是做什么"与年薪的交叉制表,体现了不同收入的员工被试在"做企业"概念隐喻的认同度上呈现出来的分布特征。结果显示,p 值达到 0.585,大于 0.05,未达到显著性水平。这说明年薪变量对"做企业就是做什么"概念隐喻的认同度不具有显著性特征,即不同收入的员工在"做企业"概念隐喻的认同度方面不存在显著性差异。

6.4 小 结

第 3 章与第 4 章中详细分析了中国企业家话语中的隐喻现象,我们发现这些隐喻表达可以归纳成层级更高的概念隐喻,其中使用频率稍高的与"企业是什么"相关的概念隐喻有"企业是人体""企业是物体""企业是植物",使用频率稍低的概念隐喻有"企业是容器""企业是家庭""企业是建筑物""企业是动物""企业是动物园"以及"企业是机器"等。而与"做企业就是做什么"相关的概念隐喻中,被广泛使用的有"做企业就是打仗""做企业就是旅行""做企业就是参加体育比赛""做企业就是玩游戏""做企业就是适应气候",使用频率稍低的概念隐喻有"做企业就是种植""做企业就是养育孩子"以及"做企业就是管理国家"等。这些都是从中国企业家话语社团中分析得出的概念隐喻,但作为企业重要组成部分的普通员工是否认同这些概念隐喻,以及在多大程度上认同这些隐喻表达? 针对这些疑问,本书通过调查问卷的形式对普通员工进行了调查。

调查结果显示,在"企业"概念隐喻中,员工认同度最高的概念隐喻与企业家使用频率最高的概念隐喻并不一致,员工认同度最高的是"企业是家庭",而企业家使用频率最高的是"企业是人体"。在"做企业就是做什么"概念隐喻中,员工认同度最高的概念隐喻与企业家使用频率最高的概念隐喻一致,均是"做企业就是打仗"。我们还从性别、年龄、学历、工龄以及年薪五个方面就样本对"企业是什么"与"做企业就是做什么"概念隐喻的认同度分别进行了频数统计与卡方检验。结果显示:在"企业是什么"概念隐喻方面,不同性别与不同收入的员工的认同度分别呈现出显著性差异,说明性别与收入是决定样本对"企业是什么"概念隐喻认同度的两个重要变量;在"做企业就是做什么"概念隐喻方面,不同性别的员工的认同度呈现出显著性差异,说明性别是决定样本对"做企业就是做什么"概念隐喻认同度的关键变量。

第7章　概念隐喻与企业文化的传播

　　人类用来思考与行动的概念系统在本质上是隐喻性的（Lakoff & Johnson,1980:3）。所以,作为人类重要的认知方式,隐喻思维也普遍存在于企业家的心智模式中,无形中影响着企业家的语言与行为。企业家话语中的隐喻性语言正是企业家隐喻思维的外在表征。企业家话语不仅是企业家思维的载体,更是企业文化的外显。然而,企业文化作为组织知识的重要组成部分,与企业家的心智模式存在怎样的内在关联？隐喻在组织知识的创造与传播中,尤其是在企业文化的创造与传播中,又发挥着怎样的作用？这些问题将是本章讨论的焦点。

7.1　企业文化与心智模式

7.1.1　企业文化的结构

　　文化是指一个国家或民族的历史、地理、风土人情、传统习俗、生活方式、文学艺术、行为规范、思维方式、价值观念等的总和,它是人类改造自然、改造社会和改造自身的产物（张德、潘文君,2013:1）。社会中不同团体、不同单位构成规模不一的组织,这些组织单元在建立与发展的过程中,逐渐形成自己的文化,我们称之为组织文化。Schein(1984)认为组织文化是一组共享的基本假设,社会群体在外部适应和内部融合的过程中或在解决问题的过程中习得了这些假设,而且这些假设被证明是行之有效的,因而可以将它们传授给组织中的新成员,让他们在遇到类似问题时也能以此作为自己观察问题、思考问题和感受事物的正确方式。根据组织的不同性质与类型,组织文化可以分为企业文化、学校文化、乡镇文化、社区文化、政府机关文化、军队文化以及家庭文化等(张德、潘文君,2013:1)。因此,企业文化作为组织文化的一个子属,是一种集团文化,一种以经营与管理为本质特征的实体文化(谭伟东,2001:16)。那么,到底什么是企业文化? 如何对企业文化进行界定呢?

Deal 和 Kennedy(1982:13-15)认为企业文化是由企业所处的商业环境、价值观、英雄、惯例与例行公事、文化网络凝聚而成。商业环境是指每个公司在市场中根据产品、竞争对手、客户、技术、政府影响等因素而需要面对的不同现实情况;价值观是指组织的基本概念与信仰,因而它们也构成了企业文化的核心部分;英雄是指那些将文化价值观拟人化的个体,为员工提供学习的榜样;所谓惯例与例行公事,是指公司日常生活中那些系统化和程式化的行为方式;文化网络作为组织内部最主要的交流手段,通常是企业价值观与英雄神话表述的载体。Ouchi(1981:41-42)认为企业文化由符号、礼仪和神话构成,它们把组织基本的价值观和信念传递给员工。这些仪式性的东西赋予了那些原本抽象的想法以血肉,使之具有生命、意义,并且可以对新员工产生影响。Peters 和 Waterman(2004:75)认为企业文化是指一些象征性的方法(如故事、神话、传说、口号、轶事、童话故事)传递出的一些主导的、连贯的共享价值观。Crémer(1993)把企业文化定义为组织内部大部分员工而不是所有员工共享的知识,并指出这些共享的知识包括组织所生存的环境以及组织的内部职能因素。

国内学者也对企业文化这个概念的界定给出了不同的观点。赵曙明(1995)认为,企业文化是企业作为一个特殊的社会群体的存在方式,通过企业的生产、经营、组织和生活的运营而表现出来,其中,企业观念在企业文化中具有主导地位。企业文化是由企业成员集体创造、享用、认同、继承、更新的,因此,在企业内部具有共同性,在企业外部又表现为个性化,不同的企业文化常常表现为不同的类型和模式。张仁德和霍洪喜(2001:38)指出,企业文化是由企业领导层提倡、企业上下共同遵守的文化传统和不断革新的一套行为方式,它体现为企业价值观、经营理念和行为规范,渗透于企业的各个领域和全部时空。魏杰(2002:12)认为,企业文化是企业信奉并付诸实践的价值理念,即企业所信奉、倡导,并在实践中真正实行的价值理念。黄静(2003:32)则认为,企业文化是企业在其价值观或经营理念的指导下,于长期的生产经营活动中形成的企业员工所共同遵循的个性化的企业价值标准、行为规范、道德标准。她指出,企业员工在共同的价值观指导下产生强烈的使命感,激发最大的想象力和创造力去实现企业目标,随着企业环境的变化,企业文化也将逐渐发生变化。张德和潘文君(2013:2)指出,企业文化是指企业在长期的生存和发展过程中所形成的,为企业多数成员所共同遵循的最高目标、基本信念、价值标准和行为规范。

由此可见,国内外对企业文化这个概念的界定也五花八门,莫衷一是。这些界定分别从不同的研究视角阐述了企业文化的内涵,进而对企业文化的结构形成了不同的描述。关于企业文化结构,国外比较流行的有三分说和四分说。三分说以施恩(Schein)为代表,他把企业文化从里到外依次分为基本假设、价值观、表象。基本假设是指被视为理所当然的无意识的信念、理解、思维和感觉;价值观是指战略、目标以及哲学;表象是指显而易见的组织结构和流程。四分说以荷兰心理学家吉尔特•霍夫斯塔德(Geert Hofstede)为代表,他把企业文化从里到外分为价值观、礼仪活动、英雄人物以及符号系统。

国内学者张德和潘文君(2013:3-6)把企业文化划分为三个层次,从里到外依次是理念层、制度行为层、符号层。理念层也称为观念层或精神层,主要是指企业的领导者和成员共同信守的基本信念、价值标准、职业道德及精神风貌。理念层是企业文化的核心,是决定制度行为层与符号层的前提和关键。制度行为层主要指对企业及其成员的行为产生规范性、约束性影响的部分,集中体现了企业文化的符号层和理念层对企业中个体行为和群体行为的要求。符号层也称物质层,是指企业创造的物质文化,它是形成企业文化的物质要素,包括企业基本标识,企业的徽标、旗帜、歌曲,企业的自然环境和建筑,企业的服务特色和模式,企业的纪念品以及企业文化传播网络等。

段维龙(2013:20)认为企业文化结构由四个层面构成,从里到外依次是精神文化(或理念文化)、制度文化、行为文化和物质文化。精神文化是企业核心层文化,是指企业在生产经营活动中长期形成的精神成果和文化观念,根植于员工心中的共同思想和行为理念,是企业意识形态的综合,包括企业理想信念、经营理念、道德规范和企业精神等,其中,企业精神包括企业经营哲学、价值理念、质量观念、竞争观念和市场意识等。制度文化主要包括企业领导体制、组织结构和管理制度等方面。行为文化主要是指制度成为员工自觉的行为规范,成为员工的习惯。物质文化是指企业以物质形态为主要表现形式的表层文化,包括产品和各种具体的物质设施。

不管是三分说还是四分说,在每一种企业文化结构中都包含了与精神、道德、哲学、宗旨、理念等意识层面相关的内容,而且这些方面的内容一般居于企业文化结构的核心部分,它们通常涉及企业的理想、信念以及价值观。企业的理想、信念以及价值观构成了企业的心智模式。从某种程度上来说,企业的心智模式又体现了企业家的心智模式,是企业家心智模式的外化,对企业的创立和运作发挥着重要作用。

7.1.2 心智模式的建构

心智模式最早是由苏格兰心理学家肯尼思·克雷克在《解释的本质》(*The Nature of Explanation*)中提出的。他认为,心智将现实建构成"小型的模式",并用它来对事件进行预测、归因以及做出解释(Craik,1943:61)。心智模式是一种认知结构,它是推理、决策和行为的基础,因此心智模式通过个体的生活经验以及个体对世界的感知和理解建构而成(Jones et al.,2011)。此外,Al-Diban(2012:2200)认为心智模式是一系列的内部表征,这些表征包含了人们用来了解(外部世界)具体现象的有意义的陈述性知识和程序性知识,人们建构心智模式的目的是在心智层面解释或模拟问题、事件以及未来的情境。van Dijk(2008b:79)认为心智模式是指个人记忆中的关于事件或经历(episodes)的表征。简单地说,心智模式指的就是个体认知系统所建构的用来解释外部世界的内在表征(Denzau & North,1994)。

Craik(1943:50)指出心智模式的根本特征是它拥有对事件进行预测的能力,这种能力取决于以下三个方面:

首先,需要把外部过程(外部世界)转换成语言、数字或其他可以表征的符号,这些符号的作用是描绘(外部)世界的模型;

其次,需要把这些符号推演到其他(事件)中去;

最后,把合成的符号重新转换到外部世界,或者说,至少可以重新转换到对外部世界的认知中来。

Craik(1943:57)认为他关于思维模式的假设,其本质特征不是心智、自我、感觉数据,也不是命题,而是象征符号,这里所说的象征符号非常像我们平时所熟悉的机械装置,因为它们能够协助思考和运算。因此,Craik(1943:120-121)认为(人的)神经系统就像是一部计算机,能够模拟或对照外部事物,而且他还强调模拟或对照的过程是思维和解释的基本特征。

Craik(1943)的心智模式论说是从心理学的角度提出的。在心理学领域,心智模式又被称为心智图表（mental diagrams）、心智表征（mental representations）、信念集合（collections of beliefs）、图示结构（schemas）或知识网络（knowledge networks）等（Groesser，2012：2196）。20世纪70年代，心智模式的研究在心理学中主要有三个方向，分别是视觉论、知识表征和话语（Johnson-Laird，2004：187）。后来，心智模式研究逐渐渗透到其他学科领域。

例如，20世纪80年代初，Johnson-Laird（1983）与van Dijk和Kintsch（1983）开始从话语和语言使用的角度讨论心智模式的问题，但他们的理论框架完全不同（van Dijk，2008a：57-58）。Johnson-Laird（1983）研究的是在话语意义表征基础上的与推理相关的一些问题，所以在论述中他试图把理解（comprehension）、推理（reasoning）和意识（consciousness）结合起来探讨心智模式。Johnson-Laird（1983）认为个体在理解话语的时候，会运用话语的意义来建构一个与话语所指涉的情境相关的心智模式（参见van Dijk & Kintsch，1983）。van Dijk（2008a：58）指出，Johnson-Laird（1983）所讨论的心智模式主要还是解决推理中的问题，即语言使用者为了从文本中得出可接受的推论，不仅要在逻辑上处理命题的线性序列，而且还要对现实进行"类比"表征。因此，Johnson-Laird（1983）所论述的心智模式概念与逻辑模型理论（logical model theory）非常相似，属于形式语义学的范畴。van Dijk和Kintsch（1983）所讨论的心智模式理论又称为"情境模式"（situation models）理论。该理论主要解释人们是如何在广义的话语处理策略中理解话语的。对于认知语义学中那些按照传统方法不能解释的问题，"情境模式"理论则可以提供相应的解释（van Dijk，2008a：58）。

心智模式不仅被运用在话语研究领域，后来，Senge（1990：11）还将心智模式引入管理学。他指出，心智模式是那些深深根植于我们头脑中的设想、概括甚至图片，它们影响着我们如何理解周围的世界，也决定了我们如何采取行动，但我们通常无法意识到心智模式的存在，或者心智模式对我们的行为所产生的影响。如他所言，在管理的许多决策模式中，决定什么可以做或不可以做，也常常是一种根深蒂固的心智模式。如果你无法掌握新市场的契机或推行组织中的变革，很可能是因为它们与我们心中隐藏的、强有力的心智模式相抵触。

Senge（1990：163）举例说，荷兰壳牌石油公司可能是第一家发现心智模式对于组织学习具有潜在力量的大型公司。壳牌石油公司作为一家高度分权的公司,在度过了 20 世纪 70 年代的石油危机后,其领导者发现,帮助管理者厘清他们的假设,找出这些假设的内部矛盾,并在新假设的基础上通过思考得出新的策略,是获得绝佳竞争优势的源泉。美国汉诺瓦保险公司是另一个案例。1969 年,为了改造长久支配组织的传统阶层价值观,汉诺瓦逐渐找到一套核心价值观,这些价值观实际上是克服阶层组织病根的原则。通过改变组织的心智模式,汉诺瓦从一家濒临破产边缘的企业逐渐发展成为一家在财产保险业风险管理领域效益最好的公司(Senge,1990:166)。

尽管壳牌石油公司和汉诺瓦保险公司管理心智模式的方法迥异,但是其关键任务是相同的,其中之一就是它们必须找出企业的重要问题背后的主要假设。这一点对任何公司来说都非常重要,因为任何组织最关键的心智模式就是决策者们共享的心智模式(Senge, 1990:171)。因此,像企业决策者这样的企业领导人,或者说企业家,他们的心智模式在很大程度上左右着企业的走向。

7.1.3 心智模式与隐喻认知

有学者认为心智模式的形成是通过类比思维实现的(Jones et al. ,2011)。Collins 和 Gentner(1987:243)指出类比促使人们建构跨域的结构映射,而结构映射又有助于人们建立新的心智模式,这些心智模式可以预测现实世界中不同情境里可能会发生的事情。他们认为人们利用类比思维能够建构起具有生成性的心智模式(generative mental models),因为这些新建立的心智模式又可以生成新的推论。因此,心智模式可以被理解为人们通过熟悉的心智模式(或熟悉的概念域)去预测和解释未知的外部世界(或建构陌生的概念域)。这就是说,心智模式在本质上具有隐喻的特征。

Collins 和 Gentner(1987:248)认为已知的心智模式如同始源域(base domain),未知的外部世界如同目标域(target domain)。在映射过程中,始源域是无法完全满足目标域中的所有现象的。在这种情况下,人们可以把整个目标域切分成不同的成分模式(component models),而不同的始源域通过类比的方式将各自的结构映射到不同的目标域成分模式中,最终将这些映射结合起来,就可以去预测整个目标域是如何运作的。所以,对未知的外部世界的预测和判断,需要将各种已知的心智模式整合起来,这样才能形成更完整的认识,做出更全面的解释和预判。

Hill 和 Levenhagen(1995)进一步指出,企业家心智模式的发展通常会经历隐喻化的阶段。换言之,隐喻在企业家心智模式的发展过程中扮演着非常重要和关键的角色。只有通过隐喻,直觉性的心智模式才能转化为形式化的心智模式(见图 7.1)。

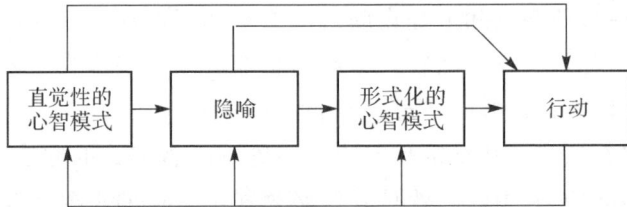

```
┌──────────┐    ┌──────┐    ┌──────────┐    ┌──────┐
│ 直觉性的  │───▶│ 隐喻  │───▶│ 形式化的  │───▶│ 行动  │
│ 心智模式  │    │      │    │ 心智模式  │    │      │
└──────────┘    └──────┘    └──────────┘    └──────┘
```

图 7.1　心智模式的发展过程(Hill & Levenhagen,1995)

Hill 和 Levenhagen(1995)指出,在心智模式的发展过程中,隐喻本身并不是心智模式,而是对还没有形式化的心智模式的简化表述或表征。但是,我们必须明白,并不是所有的观念都会经历图 7.1 中的每个阶段,因为有些观念可能中途夭折,而有些观念可能会发生显著变化。所以说,观念在这个(心智模式)发展过程中会随着循环的进行而发生变化。因此,观念在这个过程中会变得更加清晰、更加精炼、更加详细以及更加形式化。一旦某种心智模式或隐喻成型之后,我们就可以通过对该心智模式或隐喻的感知过滤(perceptual filter)而获取信息。

从认知的角度看,隐喻能够从完整的心智模式数据中提取大量的信息以便记忆和回查(re-examination)(Hill & Levenhagen,1995)。他们进而指出,隐喻与心智模式相比,是一种更为抽象的模式。而且,隐喻语言的模糊性虽然能够提供指引,但是可以不断地解释和再解释。因此,隐喻的使用能够增强组织内部的创造性过程(Astley & Zammuto,1992)。从隐喻到形式化的心智模式,模糊性的语言逐渐被更为具体的语言所替代,这些具体的语言被组织内部教育水平相当的人所共享和理解,进而在组织内部得以灌输(Clark,1985)。随着形式化的心智模式变得更为细致和形式化,对问题的解决过程也变得更加有效。这些形式化的心智模式就会逐渐变成组织的章程和组织的文化(Hill & Levenhagen,1995)。他们还认为企业家在启动和落实其心中对企业发展的愿景或想法时通常会使用隐喻,而且也接受隐喻。Hill 和 Levenhagen(1995)当时在描述企业家的愿景(即心智模式)时还提出了意义创造

(sensemaking)和意义传播（sensegiving）两个概念。意义创造是指企业家在面对未知和不确定因素时，不得不提出一种愿景或心智模式，即环境是如何发挥作用的；而意义传播是指企业家就该愿景或心智模式与其他人进行交流并取得他们的支持。他们指出，隐喻在意义创造的过程中有助于执行创业任务，而且企业家在与其他人交流他们的创业任务时，隐喻也是最佳的表述手段。

简言之，隐喻思维或隐喻表达普遍存在于企业家的心智模式中。在心智模式的发展过程中，隐喻还发挥着非常重要的作用。具体来说，隐喻不仅是从直觉性心智模式向形式化心智模式转化过程中的关键手段，而且在企业家心智模式的建构（或意义创造）中能协助完成企业家或组织的创业行为。此外，隐喻也是企业家在与他人交流时表达创业心智模式（或意义传播）的重要方式。

本小节我们探讨了企业文化与心智模式之间的内在关联，认为企业的精神、理念及信仰是企业文化的核心，而且企业的精神文化理念常常涉及企业的理想、信念与价值观，即企业的心智模式。企业的心智模式从某种程度上来讲又是企业家心智模式的外化，对企业的正常运作发挥着重要的作用。因此，企业文化作为企业的精神财富需要像组织知识那样被保存下来，以供组织将来的学习和传播。下一节，我们将主要讨论组织知识的管理与概念隐喻之间的关系。

7.2　概念隐喻与知识管理

7.2.1　组织知识的创造与传播

人类很早就认识到了知识的重要性。东汉哲学家王充（27—97）曾在《论衡·效力》中提出了"知为力"的观点。他认为，人有知学，则有力矣。英国思想家弗兰西斯·培根（1561—1626）的名言"知识就是力量"更是让人耳熟能详。然而，直到 20 世纪 80 年代，知识才真正被视为最基本的生产要素之一，受到重视和管理。美国、日本、韩国等国家通过加强教育、科研和创新等方面的投入，使本国的经济得到了快速的发展，这也使得"知识就是力量"的观念更加深入人心。

随着知识与社会发展之间的联系日益密切，越来越多的学者开始意识到一个新的时代即将来临。德鲁克（Drucker）在《后资本主义社会》（*Post-*

capitalist Society，1993)一书中率先提出了"知识社会"这个概念。他认为，在这样一个新的社会形态中，知识是今天唯一有意义的资源；传统的生产要素（如土地、劳动力、资本）并没有消失，但它们的地位已变为次要的了；只要有知识，就能得到它们，而且能轻易地得到(Drucker，1993：46)。1996年，世界经济合作与发展组织（OECD）发表了题为《以知识为基础的经济》(*The Knowledge-Based Economy*)的报告(OECD，1996)。该报告指出，知识已经成为当前生产力和经济增长的驱动力量，它将使我们更加关注经济活动中信息、技术和学习所起的作用。从某种意义上说，这份报告宣告了人类社会的发展开始进入知识经济时代。

知识管理的具体实践和理论建构正是在这样的背景下逐渐兴起的。越来越多的组织开始重视知识的地位和作用。为了组织的生存与发展，它们专门设立了首席知识官（CKO）或知识经理的职位，运用各种不同的手段获取知识，然后对知识进行编码，使其在组织内得以传承与共享，以实现对知识的专门管理。同时，管理学家们开始进入组织内部，在大量的知识管理案例研究的基础上，对知识管理的具体实践进行理论化，对"组织是什么""知识是什么""知识是如何创造的、受哪些因素的影响""如何有效地传播知识"等问题进行了深入的探讨，很多具有影响力的学术论著涌现出来，如野中郁次郎和竹内弘高的《创造知识的企业》(*The Knowledge-Creating Company*，1995)，达文波特和普鲁萨克的《工作中的知识》(*Working Knowledge*，1998)等。就文献的引用情况而言，由野中郁次郎(Nonaka)和竹内弘高合著的《创造知识的企业》排在第一，其引用次数是126次；紧随其后的分别是野中郁次郎在《组织科学》(*Organization Science*)期刊上发表的文章[①](48次)，达文波特和普鲁萨克(Davenport & Prnsak)（43次)[②]，莱昂纳多·巴顿（Leonard-Barton)（39次)[③]，波兰依(Polanyi)（39次)[④](Choo，2003)。

[①] Nonaka，I. 1994. A dynamic theory of organizational knowledge creation. *Organization Science*，5(1)，14-37.

[②] Davenport，T. H. & Prusak，L. 1998. *Working knowledge：How organizations manage what they know*. Boston：Harvard Business School Press.

[③] Leonard-Barton，D. 1995. *Wellsprings of knowledge：Building and sustaining the sources of innovation*. Boston：Harvard Business School Press.

[④] Polanyi，M. 2009. *The tacit dimension*. Chicago：University of Chicago Press.

在《创造知识的企业》这一经典之作中,野中郁次郎、竹内弘高从知识创新的角度提出了有别于西方学者的知识管理理论体系。我们认为,该理论体系中有两个核心内容与隐喻认知密切相关。一是关于知识管理理论的基本假设问题,二是关于隐喻在知识创新中的功能问题。

野中郁次郎和竹内弘高指出:"西方哲学关于知识的独特方法对组织理论学者的知识观产生了深远的影响。笛卡尔学派将主观与客观、认知者与被知者截然分离,由此形成了一种组织即'信息处理'机制的观念。按照这一观念,组织只是对来自外部环境的信息进行处理,以便适应新的环境"(野中郁次郎、竹内弘高,2006:63)。这意味着野中郁次郎和竹内弘高已经清晰地认识到,西方知识管理的理论和实践源于西方哲学中的知识观,主客体分离的笛卡尔传统形成了一个基本的知识管理理论假设:组织是信息处理的机器。

与西方哲学的传统不同,野中郁次郎和竹内弘高认为,"在日本人的思维中,人们几乎看不到笛卡尔式唯理主义的东西。可是,在那里确实存在结合了佛教、儒学和西方主流哲学思想的'日本'式认知方式。这是一种具有'主客一体、身心如一及自他统一'等特征的知识传统"(野中郁次郎、竹内弘高,2006:33)。基于这种传统,"组织"被看作一个"有机生命体","它由内而外地创造新的知识和信息,以便重新明确问题,并提出解决方案。在这个过程中,组织对所处的环境进行了重新塑造"(野中郁次郎、竹内弘高,2006:63)。

我们可以看到,不同的知识传统形成了不同的组织隐喻。而组织隐喻上的这种差异,往往会使我们过多地关注各种知识管理理论体系的不同侧重点。然而,知识管理的理论建构始于对"知识"的概念化。因为对于知识管理来说,我们如何给知识下一个定义并不重要,重要的是我们是如何对"知识"进行概念化的(Andriessen,2011b:1118)。在知识管理的理论文献中,隐喻性的表达随处可见,如"知识库存""获取知识""保存知识""分配知识""传递知识""知识演变""知识流动"等。这些与"知识"搭配的词,在某种程度上恰恰反映了不同的知识管理理论是如何对"知识"进行概念化的。

在知识管理领域,较早对"知识"进行概念隐喻分析的是乔纳森·赫伊(Jonathan Hey)。他在研究中发现,"知识"常被隐喻性地概念化为"固体"和"液体"(Hey,2004)。但真正从隐喻认知角度对知识管理的经典理论文献展开系统研究的是安德森(Andriessen,2006,2007,2011a,2011b)。他分析了达文波特和普鲁萨克的《工作中的知识》(*Working Knowledge*)以及野中郁次郎、竹内弘高的《创造知识的企业》两本著作中的相关章节。他发现,在有关"知识"的定义性表述中,95%以上是隐喻性的,而且涉及 22 种不同的隐喻,例如,KNOWLEDGE AS WATER(知识如同水),KNOWLEDGE AS SEED(知识如同种子),KNOWLEDGE AS SOIL(知识如同土壤),KNOWLEDGE AS A SHIP(知识如同船),KNOWLEDGE AS A PERSON(知识如同人),KNOWLEDGE AS A CONTAINER(知识如同容器)等等。这 22 种隐喻又可以进一步划分为 6 大类,分别为"知识如同客观事物""知识如同一种波""知识如同有机体""知识如同思维与感受""知识如同过程"以及"知识如同结构"(Andriessen,2006)。

莱考夫和约翰逊曾指出,隐喻的系统性使我们能够用一个概念来理解另一个概念的某些方面,同时它也必然隐藏了那个概念的其他方面;它允许我们聚焦于某个概念的某一部分内容,同时也会使我们忽略这个概念中与该隐喻不一致的内容(1980:10)。这就是说,当我们使用不同的隐喻来理解"知识"时,我们所关注的东西是不一样的,从而导致我们可能采取的行动有区别。再者,很多时候我们是在无意识的状态下使用这些隐喻的。因此,知识管理的理论家与实践者需要知道那些潜藏在各种知识管理文本背后的概念隐喻,进而比较不同的概念隐喻到底突显了什么,又隐藏了什么。以概念隐喻"KNOWLEDGE AS A RESOURCE"(知识如同资源)为例,"资源"所具有的很多属性可以被用来更好地理解"知识"。然而,这个概念隐喻却无法涵盖知识所具有的非竞争性(non-rivalry)、非叠加性(non-additiveness)、默会性(tacitness)等属性;如果我们要突显知识的这些特征,我们就需要使用其他的概念隐喻(Andriessen,2011b:1119)。从另一方面看,如果我们要形成对"知识"这样一个复杂对象的全面认识,我们需要借助的就不仅仅只是某个单独的知识概念隐喻,而是一个概念隐喻网络。在这个概念隐喻网络中,某些概念隐喻属于支配地位,而另外一些则属于辅助地位。它们共同发挥作用,可以帮助我们形成更为全面的认知。

野中郁次郎和竹内弘高(2006:74)指出,将暗默知识表述为形式概念的表出化(externalization)过程是知识创造的精髓。他们认为表出化往往是由比喻和类比所驱动的,利用充满魅力的比喻和类比,对培育创造性过程的直接投入非常有效。这就是说隐喻认知在整个知识创造的过程中具有举足轻重的地位。虽然野中郁次郎和竹内弘高在《创造知识的企业》一书中用了很大的笔墨描述隐喻,但仍然有两个重要的问题没有得到清晰的说明,即"为什么隐喻可以实现概念的创新"以及"为什么隐喻可以实现暗默知识到形式知识的转换"。这些问题与知识的创造和知识的传播息息相关,下面我们将结合隐喻认知来探讨组织知识的创造与传播。

7.2.2　知识的创造:隐喻的使用

隐喻的本质是通过一个事物来理解和体验另外一个事物(Lakoff & Johnson,1980:5)。从认知角度上看,隐喻认知就是在两个概念域之间建立映射关系。基于这一理解,我们原来有关类比、模型、比喻等方面的研究都可以纳入这个统一的框架之中。不少科学家已经达成共识,认为隐喻是创造性思维的工具,它不仅是科学活动的产物,而且有助于新的科学理论的创生(郭贵春,2007:43)。野中郁次郎在《组织知识创造的动态理论》一文中,直接引用了莱考夫与约翰逊有关概念隐喻的观点,并用了很大的篇幅来阐述隐喻认知与知识创造之间的关系。他认为,隐喻是一种非常重要的创造概念网络的方法,它有助于我们运用已经存在的知识创造出面向未来的知识(Nonaka,1994)。

在日本企业的知识管理中,借助隐喻认知进行知识创新的案例比比皆是。野中郁次郎和竹内弘高(2006:76)通过具体的案例分析了本田、佳能、松下等公司是如何借助比喻和类比进行产品研发的。

表 7.1　产品研发中用于概念创造的比喻和类比(野中郁次郎、竹内弘高,2006:76)

产品(公司)	比喻/类比	对概念创造的影响
"本田城市" (本田)	"汽车进化论" (比喻)	暗示乘客空间最大化乃是汽车终极发展的方向,创造了"人最大化,机器最小化"的概念
	球形 (类比)	暗示在最低表面积下达到最大乘客空间,创造出"高而短型轿车(高个小子)"概念
微型复印机 (佳能)	铝制啤酒罐 (类比)	暗示制造便宜铝制啤酒罐与感光滚筒之间的类似性,创造了"低成本制造过程"的概念
家用烤面包机 (松下)	饭店面包 (比喻) 大阪国际饭店面包师 (类比)	暗示比较可口的面包,创造出"麻花面团"的概念

正如野中郁次郎和竹内弘高（2006：18）所感叹的那样，"对西方管理者来说，我们所使用的事例和比喻语言或许有些奇怪，甚至有点匪夷所思。例如我们已经看到的例子：'汽车进化论'这个口号怎么会是一个新款轿车有针对性的设计概念呢？或者'人最大化，机器最小化'怎么能够成为有意义的理想呢？虽然在西方管理者看来，这些含义晦涩的口号听起来愚蠢至极，但实际上对于日本企业创造新知识却是十分有效的"。

隐喻认知不仅可以被用来解决产品创新中遇到的问题，还可以解决组织管理创新中遇到的问题。例如，中国的盛大网络游戏公司曾经从网络游戏玩家的激励模式中得到灵感，将其用在改造公司内部人力资源的管理模式中，以解决公司员工缺乏主动性和积极性的问题。他们构建了一套类似于游戏积分管理的经验值管理系统，采用实时记录的方式，让所有员工犹如游戏中的打怪、做副本一样完成自己的工作（冯其洪、石金涛，2012）。在游戏中，玩家靠经验值决定自己的游戏角色是否可以升级，在盛大的游戏式管理系统中，系统记录下来的经验值决定了员工能否加薪、升职。从隐喻认知的角度看，盛大集团整个人力资源制度创新的背后就由一个强有力的概念隐喻"工作就是游戏"所启动和支撑。

隐喻认知是一个创造性的过程，它通过将两个在语义上相距很远的概念放在一起而形成一种对事物和问题的新的洞见。我们需要进一步思考的一个问题是：隐喻认知为什么能够帮助我们形成新的概念。其主要的原因是一个有价值的隐喻性表达，经过深思熟虑后，常常会建构起一个如莱考夫所说的概念映射结构。这个映射结构包含两个不同的概念域，即始源域 S 与目标域 T。该映射结构是类比推理的基础，其过程可用如下公式表示（斯坦哈特，2009：136）：

$$R_1(..x..),\cdots,R_{k-1}(..x..),R_k(..x..),\cdots,R_n(..x..)$$
$$R_1(..y..),\cdots,R_{k-1}(..y..)$$

$$\therefore \qquad {}_a(R_k(..y..)),\cdots,{}_a(R_n(..y..))$$

公式中，"..x.."和"..y.."分别代表的是始源域集合 S 与目标域集合 T 上的任意论元列表；R 表示 n 元属性，它可以表示一种属性，也可以表示一种关系；$_a$ 是迁移算子，用于产生新的结论。整个公式的意思是说，认知主体基于两个概念域在 R_1，…，R_{k-1} 等属性上的相似性，可以推导出目标域也具有始源域所具有的一些属性。也就是说,目标域 T 在推理之前是不具有属性 R_k,…,R_n 的,但通过基于结构映射的类比迁移获得了这些新的属性。概念的创新正是通过这个过程完成的。

由于长期受到逻辑实证主义的影响,科学语言严格局限于字面意义和逻辑的、精确的以及可以证实的特征层面,传统上认为科学话语必须是一种完全透明的零度修辞的话语,并期望将科学理性重新建立在不可置疑的感觉材料的基础上(郭贵春,2007:41)。因此,隐喻被严格地排除在了科学之外。受到这种科学传统的影响,隐喻认知的价值在传统管理学中的地位自然可想而知。但是,随着以人本主义为核心的知识管理的兴起,我们相信,隐喻认知在知识创新中的重要价值将被重新发掘。

7.2.3　知识的传播:隐喻的扩散

作为知识管理的重要推动者之一,安达信公司(Authur Anderson)曾经提出一个导入知识管理实际执行的公式:$KM = (P + K)^s$(陈柏村,2007:5)。其中,KM 指知识管理(Knowledge Management),P 指人员(People),K 指知识(Knowledge),"+"指 IT 科技,S 指分享(Share)。梁林海和孙俊华(2011:17)对该公式做了进一步解释,认为 P 包括了扮演着知识的生产者、共享者、传播者等不同角色的人员;K 是知识管理的对象,在组织的发展与创新中发挥着重要作用,组织必须注重对知识的积累、共享和创新;"+"主要指知识管理中所应用的各类信息技术,它们是知识管理的工具和催化剂,通过对技术的合理应用以及技术与人的有效结合,促进组织中知识的传播、共享与创新,从而提高组织的绩效;至于 S,他们认为共享的组织文化是有效知识管理的前提与保证。安达信的这个公式实际上是一个知识传播的系统模型,反映出了知识传播所涉及的基本要素,即主体、内容、渠道和语境。

英国哲学家迈克尔·波兰尼(Michael Polanyi)将知识分为暗默知识(tacit knowledge)与形式知识(explicit knowledge)(Polanyi,1958:94-108),这是目前比较流行的且被知识管理理论与研究领域所广泛接受的分类方法。暗默知识是指与特定情境相关的个人知识,它难以形式化,也难以进行交流;相反,形式知识,就是那些可以用形式化或系统性的符号做成表征的且能进行传递的知识(野中郁次郎、竹内弘高,2006:67)。对于一个传播系统而言,如果知识是形式化的(explicit),那么最重要的工作就是加强传播渠道的建设。然而,如果知识是暗默性的(tacit),那么我们首先需要解决的一个前提条件是:让难以表达的暗默知识转变为可以表达的形式知识。野中郁次郎指出,将暗默知识转变为形式知识的一种有效的方法就是使用隐喻(Nonaka,1994)。但是,他并没有解释隐喻是如何使暗默知识到形式知识的转换成为可能的。借助符号学的分析范式,我们可以对这一问题做进一步的解释和说明。(见图7.2)

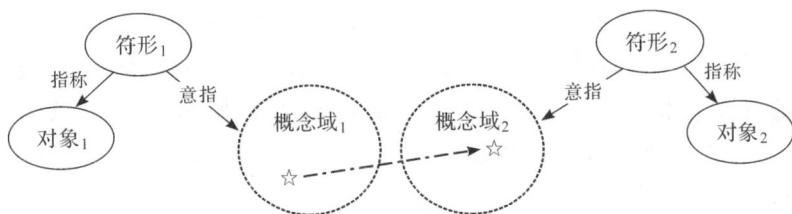

图 7.2　隐喻生成的相似联想过程(徐慈华、黄华新,2008)

一个符号由符形、对象和概念域(符释)三个部分构成。符形是某种对某人来说在某一方面或以某种能力代表另一事物的东西;符释是符号形体在接受者的头脑中所形成的东西;对象就是符形所代表的那个事物(Peirce,1985:5)。当某一认知主体在与对象₁的互动中,获得了暗默知识☆,但没有现成的符形与之对应,就意味着☆在某种程度上是不可以直接表达的。但是,我们可以在相似性的基础上找到一个同样具有属性☆的概念域(即概念域₂),然后确定与概念域₂相对应的符形₂,最后就可以生成隐喻性的表达"符形₁是符形₂"。这个相似联想的过程可能会激活多个具有某一特定属性的概念域。这时就需要考虑语用交际中的最佳个体关联原则和信息的协调性原则,以提高隐喻的可接受性(徐慈华,2009:128-145)。

隐喻认知在科学传播中扮演着非常重要的角色。不管是在科学共同体内部的传播中,还是在科学共同体面向社会公众的传播中,隐喻认知都是普遍存在的,它通常以形式多变的隐喻性语言表现出来。隐喻认知的重要价值在于以一种兼具经济性和启发性的方式改变了科学传播受众的认知结构,从而在一定程度上消解了不同社会群体之间的"知识张力"和"知识鸿沟"(范振强、徐慈华,2011)。显然,这些发现也同样适用于企业组织中的知识管理。

暗默知识包含技术与认知两个层面。前者主要涉及秘诀、手艺以及技能等内容;后者集中关注"心智模式",指的是人类在内心通过构造和运用类比来创造世界的运作模式(野中郁次郎、竹内弘高,2006:68)。心智模式是指个体认知系统所建构的用来解释外部世界的内在表征(Denzau & North,1994)。这种内在表征,如认知图式、范式、视角、信念和观点,是个体过去所体验的现实世界在自己头脑中沉淀下来的假设与印象,它对个体如何认识世界以及如何界定世界具有重要的作用。因此,认知层面的暗默知识传播就会涉及组织的文化传播。我们发现,很多组织的文化理念通常会直接以隐喻的表达方式呈现出来。例如:"资本是船,品牌是帆,企业是人,文化是魂"(海尔集团);"山高人为峰"(红塔集团);"在绝望中寻找希望"(新东方);"我们的血管里流的不是血,而是可口可乐"(可口可乐公司);"管理是树,品牌是挂在树上的果子,细节是大树的枝叶,放弃细节就等于打完大树的枝叶,大树再也结不出美丽的果实品牌"(JVC),等等。

隐喻性的组织文化理念的表达不仅有意识地体现在高度凝练的企业宣传语中,而且还不时地体现在企业家的日常话语中。例如,"我们的 B2C、C2C 的市场很大,要抢占制高点";"我认为互联网是跟美国同一起跑线的,相差就是两三年的时间";"我们有很多的错误,我们走了很多弯路";"阿里巴巴是一个大家庭,我们希望在工作中(be professional),在平时我们是朋友";"如果有一天我们成功了,我们的这套东西,就会被很多企业学习,这个DNA 传到别的机体里面,我们的灵魂才能延续下去,这可能要我们看得更遥远一点"。这些隐喻性的话语来源于阿里巴巴创始人马云的内部演讲,涉及"做企业就是打仗""做企业就是参加体育比赛""做企业就是旅行""企业是家庭""企业是人体"等概念隐喻。通过使用这些隐喻性的话语,企业家可以把自己心智模式中一些很重要的东西有效地传递给自己的员工。

7.3 概念隐喻与文化模因

企业家话语中的隐喻性表达的创造与传播和我们语用学上所讨论的模因(Meme)非常相似。模因一词最早出现在道金斯(Dawkins)的《自私的基因》(*The Selfish Gene*)一书中,该书于 1976 年出版。在这本畅销书中,道金斯提出了模因的概念,主要是为了说明文化进化的规律。他认为模因是一个文化信息单位,那些不断得到复制和传播的语言、文化习俗、观念或社会行为都属于模因(Dawkins,1976,1989,2006)。Brodie(2009:8)从认知的视角指出,模因是一种思想,一种独特的可记忆的复杂思想,这种思想的传播载体也是模因的客观表现。Distin(2005:20)认为,模因作为信息的一部分进行表征,含有某种特定的内容,人类的大脑存储着各种心智状态与事件,包括思想与情感、态度与观点、记忆与技能,而"表征"只是我们心智状态的某个部分,这些心智状态携带着关于世界的信息。

作为思想复制因子,模因本身没有明确的目标或意图,就像基因只是一种化学物质,并没有接管整个世界的计划一样。它们的共同点是,基因和模因都来自复制,并且将不断地被复制。在现实世界里,模因的表现型可以是语词、音乐、图像、服饰格调,甚至手势或脸部表情等。换言之,语词、技能和音乐等可以看作大脑里模因的外在呈现,并通过感觉器官在个体之间相互传递,在接受者的大脑里留下副本,使模因能够不断得到复制和传播(何自然,2007:127)。我们在第3章和第4章中剖析了中国企业家话语中的隐喻现象,全面梳理了隐含在话语隐喻背后的概念隐喻网络。这些概念隐喻是否也像文化模因一样,能够进行自我复制与传播? 概念隐喻的复制与传播是如何实现的?这些都将是本节讨论的焦点。

7.3.1　文化模因与文化传播

作为文化模仿单位,模因可以表现为曲调旋律、想法思潮、时髦用语、服饰时尚、器皿制造甚至搭屋建房等模式(Dawkins,2006:192)。在模因论中,模因往往被描述为"病毒"(viruses),它可以感染(infect)其他人的大脑或者传染到其他人的大脑中,而一个人一旦被这种"病毒"所感染,它们就会寄生(parasitize)在他的头脑中,在往后的岁月里,这个人又会将这种"病毒"传播给其他人或者他的下一代(何自然,2005)。

Blackmore(1999:7)认为任何东西,只要它以被模仿的方式从一个人身上传递到另一个人身上,那它就是一个模因。这些东西包括你所掌握的所有词汇,你所知道的故事,你从他人那里学到的技能与习惯,以及你喜欢玩的游戏,甚至还包括你哼唱的歌曲和那些你要遵守的规则。例如,你开车时是左行(还是右行);你吃咖喱食物时是配啤酒、披萨还是可乐;你用口哨吹着电视剧《左邻右舍》的主题曲,甚至你在和他人握手时,你都在兜售各种各样的模因。每种模因都有其独特的进化方式以及独一无二的进化历史,但是每种模因都是在利用你的行为使自身得到复制。然而,需要注意的是,当某种思想或某种信息模式出现,在它引致别人去复制它或别人对它重复传播之前,它还不算模因,只有当这种思想或信息模式得以仿制传播才具有模因性(何自然、陈新仁,2014:6)。所以,某种思想、信息或语言符号只有经过复制与传播才能成为模因。

文化模因复制传播就如同计算机和生物学意义上的病毒一样,即思维病毒,为了延长自己的寿命,就必须不断地复制与传播。Brodie(2009:45)指出人类的大脑是思维病毒繁衍的沃土,人类善于学习新的想法和信息,以致思维病毒可以侵入(penetrate)我们的大脑,通过人与人之间的沟通,实现自我复制(copy),然后,思维病毒通过将新模因植入我们的大脑来发布指令(issue instructions),进而影响我们的行为,当这些新行为映入他人脑海时,思维病毒就实现了传播(spread)。因此,他认为思维病毒与其他病毒相似,也具有侵入、复制、发布指令与传播这 4 个特性。

根据何自然(2005,2007)的描述,语言模因的复制与传播主要有两种类型,分别是"内容相同形式各异"的"基因型"和"形式相同内容各异"的"表现型"。基因型模因是指信息在合适的场合下不改动信息内容而直接传递,如使用各种引文、口号、经典台词,转述别人的话语,交谈中引用名言、警句等。基因型模因在传播中可以原封不动地复制传播,也可以在原有的基础上稍加改动而进行自我复制与传播。在我们的日常生活中,很多网络流行语就属于基因型模因,它们有些以短语或句子的形式出现,有些则直接以语篇的形式出现(见表 7.2)。

表 7.2　基因型模因

模因	注解
内卷	表示同行相互竞争以争夺有限的资源,即使个体为此付出的努力越来越多,而收获却越来越少。
yyds	"永远滴神"的拼音缩写,用来表示事物或人非常优秀,像神一样的存在,令人惊叹。
爷青回	表示又碰到了以前熟悉的事物,感觉自己的青春又回来了。
伤害性不大,侮辱性极强	表示在一些小事或细节上受到了冒犯与羞辱。
小丑竟是我自己	表示自己生活都不如意,却还要强颜欢笑取悦他人,经常用来自嘲。

　　表现型模因是指同一语言形式被用于传播不同的内容,如同音异义横向嫁接,同形联想嫁接,同构异义横向嫁接(何自然、陈新仁,2014:44)。同音异义横向嫁接与同形联想嫁接这两种表现型模因在广告话语中相当普遍,广告商或商家在广告中经常会使用这种方式进而达到吸引潜在客户的目的。例如:"七月疯玩,机惠(会)无限"(京东商城手机促销广告);"箱(相)约毕业季"(苏宁易购行李箱广告);"码(马)上放价(假)"(京东促销广告,边上一个二维码,意思是说扫码即享受优惠价);"尚(上)天猫,就购(够)了"(天猫网站宣传语,意为来时尚天猫购物吧,从语音上理解为:购物的话,上天猫就够了)。

　　同构异义横向嫁接在我们的日常生活中就更为普遍了,这类模因的特点是整体的形式框架不变,但是内容发生变化。例如:姜文导演的电影《让子弹飞》上映之后,"让XX飞"的表达被不断复制传播,在不同语境中出现同构异义的模因现象,如"让房价飞""让股价飞""让考试飞""让眼泪飞"等。又如,一个人在某方面有特长,就会被称作"XX帝",于是根据该结构出现了不少同构异义的模因,像"数学帝""足球帝""内涵帝""预测帝""表情帝"等。还有对某种东西迷恋到一定的境界,通常会说"XX控",如"微博控""手机控""御姐控""大叔控""萝莉控"等。此外,有些同构异义是以篇章的形式出现,比如曾经有一段时间,宫廷剧的热播,许多台词也得到了空前的复制和传播。《甄嬛传》中的台词因其广泛的传播性,形成了所谓的"甄嬛体"。为了达到一定的表达效果,《甄嬛传》中的台词被改编成了富有现代生活气息的流行性话语,如:

　　　　"咦,你今儿买的蛋糕是极好的,厚重的芝士配上浓郁慕斯,是最好不过的了。我愿多品几口,虽会体态渐腴,倒也不负恩泽。"(整段话语的意思是:"蛋糕真好吃,我还要再吃一块"。)

　　　　"今日倍感乏力,恐是昨夜梦魇,扰了心神。加上五一度假后,玩了真人CS,不想身子越发疲累,连续休息两天也未能恢复。今儿个早上看错了时间,半路上方才明白,当真是春困至极。若能睡个回笼觉,那必是极好的!春困甚为难得,岂能辜负?"(整段话语的意思是:"今天真的不想上班"。)

　　综上所述,表现型模因的句法形式和结构变化基本上都很小,甚至不变,但在内容上却发生了较大的变化,通常会使用一些新的词语,给人耳目一新的感觉,符合某一时期的社会潮流和大众心理。这些语言模因代表着一定社会时期的文化,所以也可以把这些语言模因称之为文化模因。但是,这些模因能否被不断复制,长久生存呢? 我们发现,有些语言模因可以流行一段时期,之后便不再流行,而有些语言模因能被不断复制,可以流传很长时间。Dawkins(2006:194)指出,模因从广义上来讲是通过模仿进行复制,然而这并不意味着所有模因都能得到成功复制,有些模因在模因库中比其他模因更成功,而模因能否复制成功还取决于以下三个因素的影响,分别是长寿性(longevity)、多产性(fecundity)和复制忠实性(copying-fidelity)。

所谓长寿性是指模因在模因库内存留很久,也就是指模因能在纸上或人们的头脑中流传的时间很长,如宗教律法可能连续流传数千年(何自然,2007:131)。Dawkins(2006:194)认为在复制过程中多产性比长寿性更为重要。他举例说,如果某个科学观点是模因,它的传播能力在于不同科学家对它的接受度,它的生存价值可以通过计算此后几年该观点在科学期刊中被引用的次数而获得一个粗略的估计;如果某旋律流行开来成为模因,那么它在模因库中的传播能力可由街上哼唱该旋律的人数计算出来(Dawkins,2006:194)。观点被引用的次数与旋律被哼唱的次数体现了模因的多产性。所谓复制的忠实性是指模因在复制过程中往往会保留原有模因的核心或精髓,而不是丝毫不发生变化(何自然,2007:132)。

因此,模因在复制和传播的过程中并不是原封不动地将自己从一个宿主的大脑传到另一个宿主的大脑,而是在复制的过程中只保留了前置模因中的核心部分。也就是说,模因在传递的过程中多多少少会发生一些变化,就像转述同一个故事,每次被转述的版本都不尽相同,都会经过转述者的润色,或增添或删减,所以在传播的过程中,模因并非总是得到完美的复制(Blackmore,1999:14)。这与生物学上的 DNA 或基因的复制非常类似。我们知道,DNA 和蛋白质共同构成了染色体,其中 DNA 是遗传信息的载体,位于细胞核之中,而 DNA 分子中决定生物基本性状的最小单位叫作基因,它能够忠实地复制自己,以确保生物的基本特征。这相当于模因在复制中把核心部分保留下来。细胞核外的蛋白质是 DNA 或基因的生存环境或生存状态,即 DNA 或基因的具体表现形式会受到外界环境因素的影响。这相当于模因在经过传播后表现出来的具体形式,受到转述者的加工,或多或少地相异于原始的模因。隐喻作为一类特殊的文化模因,其复制与传播也遵从这条规则。下一节我们将集中讨论隐喻的复制与传播。

7.3.2 隐喻的复制与传播

隐喻在组织的发展与创新中发挥着积极的作用。比方说,隐喻可以用来描述组织的运行,也可以用来描述组织中的流程运作,如组织的创新方式(Hill & Levenhagen,1995)。Takeuchi 和 Nonaka(1986)曾经用"接力跑"和"橄榄球赛"两个概念域来描述企业的产品开发过程。在"接力跑"概念域中,整个产品开发过程就像接力跑比赛,从想法或概念的萌芽,到可行性测试、产品设计、程序开发、试生产,到最后的量产,每个步骤都需要经过不同职能部门的依次参与,因此整个流程的进展就像每个职能部门参加接力比赛一样,将接力棒依次传递下去。而在"橄榄球赛"概念域中,整个产品开发过程需要不同职能部门从始至终的相互合作。也就是说,从一开始,所有部门都要参与到产品开发中来,没有先后次序。例如,产品设计部门的工程师可能在可行性测试之前就已经参与到产品开发的过程中来了。

不仅如此,语言隐喻还大量渗透在企业家的话语中。比如说,企业家在表述如何运营企业以及描述企业的愿景时,通常都会选择使用隐喻。这是因为隐喻表达有助于企业家将自己心智模式中那些模糊的概念或想法通过具体的形式化的语言表达呈现出来,从而便于被理解以及与其他人(包括投资者、供应商、合作者、员工、股东以及客户等)进行沟通。同时,Hill 和 Levenhagen(1995)认为对愿景的隐喻性表述可能会成为新产业发展的推动力。而且,有些隐喻表达就如同语言模因一样,在组织内部或外部还可以得到不断的复制与传播。

在本书前面的章节中,我们论述了企业家话语中的概念隐喻与语言隐喻,它们在复制与传播过程中的关系类似于先前所述的染色体细胞中的 DNA 与蛋白质之间的关系(见图 7.3),即概念隐喻如同染色体细胞中的 DNA 或基因,语言隐喻作为概念隐喻的具体表征则如同染色体细胞中的蛋白质。概念隐喻模因的复制与传播是隐性的,往往无法被意识到,但却时刻影响着人们的行为,而语言隐喻模因的复制与传播则是显性的,是概念隐喻的外化表征。认知语言学将隐喻分为根隐喻和派生隐喻,即概念隐喻和常规隐喻。从模因的视角来看,概念隐喻属于基本模因,常规隐喻属于表现型模因,后者是围绕概念隐喻派生出来的一系列相关隐喻,从而组成隐喻复合体(颜志科,2011)。

如 7.2.3 小节所述,很多组织的文化理念通常会直接以隐喻的表达方式

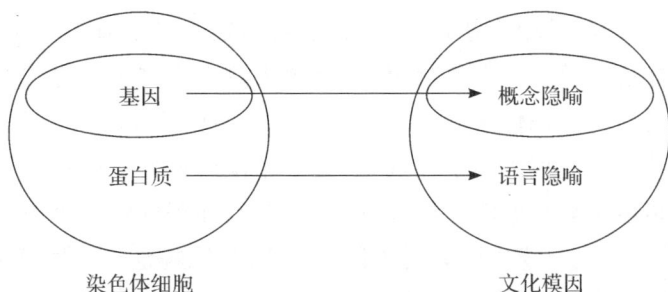

图 7.3　染色体细胞与文化模因对应图

呈现出来。这些文化理念属于组织的心智模式或企业家的心智模式。这些隐喻化的心智模式传递的是组织或企业的文化,也就是我们之前所说的文化模因,例如:

(1)资本是船,品牌是帆,企业是人,文化是魂(海尔集团)

(2)山高人为峰(红塔集团)

(3)我们的血管里流的不是血,而是可口可乐(可口可乐公司)

(4)耕耘美丽中国(中国农业银行)

(5)我们不生产水,我们是大自然的搬运工(农夫山泉)

　　然而,成功模因的复制与传播必须经历四个阶段,即同化(assimilation)、记忆(retention)、表达(expression)以及传播(transmission)(Heylighen,1998)。在同化阶段,成功模因必须"感染"(infect)新的宿主,进入宿主的记忆里,被宿主注意、理解和接受。"注意"是指模因载体的显著程度能够足以引起宿主的关注,"理解"是指宿主能够在自己的认知系统中重新将其呈现出来。模因在同化过程中具有选择性,比如某种新观念或新现象要想得到宿主的理解,它就必须迎合宿主已有的认知结构,而且宿主本身也要愿意或认真对待。记忆阶段是指模因在记忆中的保留时间。根据定义可知,模因必须在记忆里停留一段时间,否则就不能称之为模因。模因在记忆里停留的时间越长,通过感染宿主使自己得到传播的机会就会越多。与同化一样,记忆也具有选择性,只有少数模因能够存活下来。而且,记忆保留时间的长短要看某个观点是否重要,重复的频率如何等。所谓表达阶段,是指模因若想传递给其他个体,必须由记忆模式转化为宿主能够感知的有形体。这个过程可以称为"表达",演说是最显著的表达方式,其他的常用方式还包括篇章、图片以及行为举止等。

在传播阶段,若想将某个表达传递给其他宿主,需要具备有形的载体或媒介,而且有形载体还应具有一定的稳定性,以免表达内容在传递过程中失真或变形。比如演说用声音来传递,文本用纸墨或电脉冲来传递。

这四个阶段构成模因的生命周期,是一个不断循环的过程。孙秀丽和王文秀(2015)指出隐喻与模因在经验基础、临时性和程度性三个方面存在相似性,并且认为隐喻也是模因的表现手段。换言之,隐喻也是一种模因。在经验基础层面,模因同宿主的生活经验联系越大,就越容易被宿主同化、记忆并传播,反之,就不容易被宿主同化。所谓临时性,是指一种新的隐喻意义或短暂意义,人们创造出这种意义主要是为了彼此之间的交流。交流结束后,这种暂时的意义可能消失,也可能继续保留并得到传播。每个模因也有最基本、最原始的意义,但在不同的情景中其意义也可能改变,所以如果新意义能保留的话,就会产生新模因。在这一点上,模因与隐喻也具有一致性。在程度性上,隐喻分为隐喻性程度极高的新鲜隐喻与隐喻性程度极低的死喻,然而死喻可在适当的语境下重新激活。模因也分为强势模因与弱势模因,而且弱势模因也可以在适当的语境下重新被激活。

以上面提到的红塔集团的企业宣传语"山高人为峰"为例。在同化阶段,如果隐喻模因与宿主的生活经验关系越密切,那么该隐喻模因载体的显著程度就越能引起宿主的关注,宿主也越能在自己的认知系统中将其呈现出来。当我们登山爬到顶峰的时候,可能都曾体会过"会当凌绝顶,一览众山小"的感觉。也就是说,登上山顶、俯瞰众山的时候,最高峰乃是我们自己的身体。当宿主把这种身体体验与隐喻性的企业宣传语"山高人为峰"联系起来的时候,就比较容易理解其模因意义。"山高人为峰"的认知基础就是人站在山顶,俯瞰周围绵延群山。这种认知基础与宿主的生活经验越接近,在宿主的记忆里储存的时间就越长,那么被复制传播的概率就越大。模因从一个宿主传递给下一个宿主之前,必须经过表达阶段,因为将模因用形式化的而且能被感知的有形体(如语言、图片、行为)表达后才可以加大被传播的概率。红塔集团提出的"山高人为峰"的文化理念实际上重新界定了"人"这一要素在企业使命中的价值,这是红塔人在自知之后的自信:他们要做绵延山脉的至高峰巅。这种抽象的文化理念通过具体的语言"山高人为峰"五个汉字以隐喻的方式表达出来,从而增加了红塔企业文化被传播的可能性。经历了同化、记忆和表达的隐喻模因,若想复制成功,就必须将自己传播给下一个新的宿主。孙秀丽和王文秀(2015)指出,传播过程通常有表层传播和深层传播两种形式。表层传播是指宿主只传播隐喻模因本身而不附加任何其他内容;深层传播是指宿主把隐喻模因真正要表达的意义进行了传播。有些宿主传播时,既传播了模因的表层语言形式,又传递了语言模因表达背后的深层意义。对于"山高人为峰"的隐喻模因,宿主既可以把"山高人为峰"的语言形式传播给下一个宿主,也可以把"山高人为峰"的深层企业文化意义传递给下一个宿主,或者两者兼而有之。

从上面的论述可知,模因复制要经历同化、记忆、表达与传播几个阶段。具体而言,同化是指模因能引起宿主足够的关注与理解,其认知基础与宿主的生活经验关系密切,这种情况下该模因的可接受度就会高,复制传播的概率也就比较高。我们在第 6 章中通过问卷调查的方式,分析了宿主或受众(员工)对于企业家所传递的概念隐喻的接受度问题。接受度越高,说明这种隐喻模因越容易被受众理解。问卷调查结果显示,在对"企业"概念化的隐喻表达中,接受度较高的是"企业是家庭""企业是人体""企业是机器"。在对"做企业"概念化的隐喻表达中,接受度较高的有"做企业就是打仗""做企业就是养育孩子""做企业就是管理国家"。宿主对这些概念隐喻模因的高接受度,说明它们与宿主原先的认知系统具有高度的关联性,所以相比其他概念隐喻,它们在受众心里的内化程度就会比较高,同化作用也会比较强。因此,它们在宿主的记忆中停留的时间相对也会比较长,从而被表达与传播的概率也相对要高一些。

如前所述,概念隐喻的复制与传播是隐性的、无意识的,它们属于隐喻模因的核心层面。在真实话语交际中,作为概念隐喻具体表征的语言隐喻在企业家话语中无处不在,比如:

(6)随着时代的发展,我们需要从"游击队"转向"正规军",像参谋作业一样策划市场、像织布那样精密管理市场。

(7)这个题目不仅是对海尔,对于全国的企业都是一个新的课题,作为海尔,我感到已提前进入了攻坚战。

(8)就像一个孩子出生之前还有十月怀胎一样,我也并不是在 1993 年突然心血来潮创办新东方的,在此之前,新东方至少还有 5 年的孕育期可以追溯。

(9)我认为互联网是跟美国同一起跑线的,相差就是两三年的时间。

(10)就算下国际象棋咱们也打不过人家,美国下了 200 年,日本下了 40 年,韩国下了 20 年,中国优秀的民族品牌,真正开始下国际象棋就是这几年的事情。

（11）就像我们玩游戏一样，不断地提升，其实IT就是一个大的游戏，我们所有搞IT的都在这个游戏里面。

（12）IT业的冬天对别的公司来说不一定是冬天，而对华为可能是冬天。

（13）创业的同志在1990年、1991年，一个月才拿几百元工资的情况下，辛辛苦苦把树种大了，浇了水，施了肥。

（14）华为公司是不是也要等到损失几十亿元之后才能赢得我们所要走的正确道路呢？

（15）这一奇迹的核心，在于"蛇口精神"赋予平安人的特有基因，那就是"开拓进取，不怕挑战，不畏艰难，勇于创新"。

（16）我天天想，什么东西会阻碍公司[的发展从而]变成[公司的]癌症，什么会变成[公司的]感冒。

（17）是客户多年来给予的理解和帮助，才使华为从幼小的树苗成长到今天的规模和水平。

（18）因为投资者永远是你舅舅，掌握这个孩子命运的是你。

在这些语言隐喻表达中，例（6）与例（7）背后的概念隐喻是"做企业就是打仗"，例（8）体现的是概念隐喻"做企业是养育孩子"，例（9）是"做企业就是参加体育比赛"，例（10）与例（11）是对"做企业就是玩游戏"的具体表征，例（12）是"做企业就是适应气候"，例（13）是"做企业就是种植"，例（14）是"做企业就是旅行"，例（15）与例（16）背后的概念隐喻是"企业是人体"，例（17）是"企业是植物"，以及例（18）是"企业是家庭"。可见，例（6）—（18）这些具体的语言隐喻模因背后都隐藏着一个概念隐喻模因。受众或宿主如果接受这些语言隐喻，那么它们就更易于得到复制和传播。这种复制和传播与受众认知系统中的概念隐喻也是分不开的。比如说，如果受众接受例（7）与例（8）中的隐喻表达，那么在他们的潜意识里其实已经认可了"做企业就是打仗"与"做企业就是养育孩子"两个概念隐喻。

陈琳霞与何自然（2006）指出，模因若要被人们普遍模仿，它必须具备实用性、合理性、时尚性与权威性这些特征，或者其中的任意一个特征。比如说，语言信息如果具有权威效应，就会得到人们的复制、传播，从而形成模因现象。通常拥有权威、名望、魅力的人士以及有影响力的人，如企业家，往往会成为众人关注的焦点,人们愿意去模仿他们,从而使他们拥有的模因得到传播。企业家是企业的领导人物、精神领袖,他们的一言一行通常是企业员工学习与模仿的榜样。组织或企业的成功在很大程度上取决于企业领袖,他们的态度与行为对员工态度(如工作满意度、组织认同感)的形成起着至关重要的作用(Daft,2013:377)。因此,在此基础上如果员工也认同企业家的概念隐喻,那么这些具体的语言隐喻得到复制与传播的概率就会比较高。反之,这些语言隐喻得到复制与传播的概率就会相对较低。如同我们在分析中所显示的那样,在企业家话语中比重较高的"做企业就是旅行"概念隐喻在员工中的接受度比较低,说明员工并不认同企业家把做企业的过程概念化为旅行的过程。相反,企业家话语中比重较高的"做企业就是打仗"概念隐喻在员工中的接受度比较高,说明员工认同企业家把做企业的过程概念化为打仗的过程。所以,像"做企业就是旅行"这样并不受认可的概念隐喻模因就难以得到复制与传播,而像"做企业就是打仗"这样认同度较高的概念隐喻模因就容易得到复制与传播。

总而言之,企业家通过隐喻性的话语能够清晰地表达自己心智模式中一些模糊而重要的概念或想法,并将它们传递给听话人(如投资者、供应商、合作者、员工或股东)。Hill 和 Levenhagen(1995)指出,这些通过清晰语言表达的心智模式只有在组织内部被认可和接受,才能有效地发挥其作用。因此,包括投资者、合作者、员工在内的听话人首先必须接受这些隐喻性的话语——接受意味着认可,然后才有可能将这些隐喻性的表达进行复制与传播。复制与传播的范围也不仅局限在企业内部,甚至可以延伸到企业外部,在更大的范围内进行复制与传播。这其实也是企业文化的复制与传播。从企业家(说话人)的角度看,他们实际上希望企业的文化理念以隐喻模因的表征方式在受众(听话人)那里得到不断复制与传播,从而扩大企业的影响力。正如何自然(2007:183)所言,高明的说话人经常会借助模因的联想特征,努力使输出的模因符合听话人的认知状态和意向性,或明或暗地对听话人的心理空间进行建构、解构或再建构,对听话人产生影响,增强、削弱、修改甚至完全改变听话人的心理状态、思想、行为、信念、愿望或认知环境,从而对听话人的心理空间和心理认知实施控制,诱发听话人的行动,并最终尽量促使听话人的行动符合说话人的意图,争取实现既定利益。

7.3.3 概念隐喻与企业文化

如本书前面所述,企业文化结构基本上由三个层面构成,分别是物质符号层、制度行为层与精神理念层。精神理念作为企业文化的核心,决定着企业的制度行为以及物质符号两个层面。企业文化中的精神理念层主要是指企业的领导者与成员共同信守的基本信念、价值标准、职业道德及精神风貌(张德、潘文君,2013:3)。而且,精神理念层面的东西又构成了企业的心智模式,企业心智模式从某种程度上讲又是企业家心智模式的外化表征。因此,企业文化中的精神理念也体现了企业家的心智模式。

然而,初始的心智模式是直觉性的、模糊的,甚至是无法言状的。Hill和Levenhagen(1995)认为,通过使用隐喻,直觉性的心智模式才能变为形式化的心智模式,然后才能更好地指导企业的实践行为。也就是说,企业家心智模式的发展过程会经历隐喻化的阶段,通过隐喻的方式表征出来。那么,作为心智模式重要构成要素之一的企业精神理念从某种程度上来说也会经历隐喻化的阶段,通过隐喻的方式表征出来。企业精神理念又是企业文化的核心组成部分,因此企业文化也会通过隐喻的方式表征出来,如"山高人为峰(红塔集团)""耕耘美丽中国(中国农业银行)"。

红塔集团的宣传语"山高人为峰",借助的始源域是"登山",登山是体育运动的一个子范畴,所以红塔的企业文化通过体育概念域突显,背后的概念隐喻是"做企业就是参加体育比赛"。中国农业银行的宣传语"耕耘美丽中国",使用了植物始源域来概念化企业的运行,所以中国农业银行是通过植物概念域来突显它们的企业文化,背后的概念隐喻是"做企业就是种植"。这句隐喻性的企业文化宣传语也非常贴合中国农业银行的使命,即"面向'三农',服务城乡①"。

本书基于大量的语言数据,讨论了企业家话语中的隐喻现象。通过分析企业家话语中的隐喻表达,揭露了隐藏在隐喻使用背后的说话人(即企业家)的情感与态度。这些情感与态度其实是企业家心智模式的一种表征方式。因此,我们在前面几章所讨论的内容也从实证的角度论述了企业家心智模式中隐含着多种概念隐喻。同时,居于企业文化核心位置的组织精神理念是企业

---

① 中国农业银行的企业文化,详见:http://www.abchina.com/cn/AboutABC/nhfm/qywhhxln/.

心智模式的重要组成部分,因此,企业文化与概念隐喻有着千丝万缕的联系。通过隐喻表达呈现出来的企业文化如同模因,这种模因经过在受众中的不断复制与传播将有助于企业文化的进一步发展与传播。

7.4 小 结

本章从宏观角度讨论了概念隐喻与企业文化以及企业文化传播之间的关系。首先,我们分析了企业文化与心智模式之间的关系,具体讨论了企业文化的构架、企业家心智模式的建构,以及心智模式是如何通过隐喻的方式表征出来。然后,我们进一步论述了作为组织知识管理重要内容的组织文化是如何通过隐喻的方式体现的,具体分析了组织知识的创造与传播,尤其是隐喻在组织知识的创造与传播中所发挥的作用。最后,我们引入语用学研究中的模因论,探析了概念隐喻与文化模因之间的内在关联,尤其考察了隐喻作为文化模因在企业家心智模式的形式化表征中的作用,并且讨论了隐喻的复制与传播有助于实现企业文化的传播。

第8章 结　语

　　本书以中国企业家话语语料库为基础,通过引入批评隐喻分析模式,结合批评话语分析、语料库统计、概念隐喻分析等手段,以话语分析为出发点,分别从整体和个案角度探析了中国企业家话语中的隐喻表达及其概念隐喻的分布特征,并在此基础上揭示了隐藏在中国企业家话语隐喻背后的情感与意图,进而考察了中国企业家话语社团的共享心智模式与商业精神。然后,本书对比分析了不同行业之间企业家概念隐喻的共性与个性,以及中西企业家创业话语中概念隐喻的分布差异。与此同时,我们还通过问卷星发放与收集问卷,然后使用 SPSSAU 数据分析平台就员工对企业家心智模式中反映出来的概念隐喻的认可度与接受度进行了调查。最后,我们借助语用研究中的模因论,从模因复制与传播的角度分析了以隐喻表征呈现出来的企业文化的复制与传播。

8.1　研究发现

　　本书采用批评隐喻分析的模式研究了中国企业家话语中的隐喻现象,描述了中国企业家话语中始源域的分布情况,进而归纳出中国企业家话语中的概念隐喻网络。我们还以概念隐喻的方式提炼出中国企业家群体中共享的心智模式,并且通过比较不同行业以及不同地域之间企业家使用的隐喻的差异来反思中国企业家的心智模式与商业精神。下面我们主要从五个方面概述本书的研究结论。

　　(1)企业家话语隐喻纵览

　　在对中国企业家话语的总体分析中,我们发现在与"做企业"和"企业"两个主题相关的隐喻使用方面,中国企业家经常会使用战争隐喻、人体隐喻、旅行隐喻、体育隐喻、物体隐喻、植物隐喻、游戏隐喻、亲情/养育隐喻、气候隐喻以及容器隐喻。统计发现,这些隐喻的使用频率是不均衡的,呈现出一定的分布潜势,比如战争、人体、旅行和体育 4 类隐喻在中国企业家话语中使用频率非常高,4 类隐喻之和占所有隐喻的 82.44%,属于高频隐喻。其中战争隐喻与人体隐喻数量最多,而且比重不分伯仲,分别是 24.90% 和 24.03%。这也说明在整个中国企业家话语社团,企业家更喜欢用战争和人体两个始源域来对做企业的过程以及对企业的描述进行隐喻化。虽然面对竞争激烈的商业环境,企业需要拿出战斗的精神与信念去迎接各种挑战,但人体隐喻的高频复现也从另一个角度说明中国企业家也非常愿意把企业当作人体来对待。这与中国历来所推崇的以人为本、天人合一的观念是一脉相承的,而且这种观念在人们的思想中早已根深蒂固。

在对中国企业家话语的个案分析中,我们把马云话语语料库、任正非话语语料库分别与总语料库进行了对比分析。结果显示,马云话语语料库中的隐喻比重排在前四位的与总语料库中的一致,也是战争隐喻、旅行隐喻、人体隐喻和体育隐喻,这四者比重也差不多,四种隐喻数量之和占所有隐喻总数的 81.99%。不仅如此,马云话语语料库中使用频率最高的隐喻也是战争隐喻,与总语料库相同。这说明包括马云在内的大部分中国企业家基本上认为做企业的过程就是指挥军队作战的过程。

任正非话语语料库中隐喻比重位居前四的分别是人体隐喻、战争隐喻、体育隐喻和旅行隐喻。因此,就高频隐喻的类别来说,它与总语料库保持一致。然而,在任正非话语语料库中,人体隐喻的使用频率(28.40%)是最高的,比总语料库中的人体隐喻比重(24.03%)还要高。此外,旅行隐喻在任正非话语语料库中虽然属于支配性隐喻,但其 11.29% 的比重显然说明其重要性相对而言被弱化了。

然而,作为中国企业家中杰出的代表,马云与任正非分别来自不同的行业,在隐喻的使用上也呈现出一定的差异性。两个语料库总规模相差不大(马云话语语料库为 25.3 万字,任正非话语语料库为 20.5 万字),但隐喻表达的数量却相差较大(马云话语语料库中共有 877 例隐喻表达,而任正非话语语料库里的隐喻表达则高达 1391 例)。两个语料库中的高频隐喻类型是相同的,分别是战争隐喻、人体隐喻、体育隐喻和旅行隐喻。但是,马云话语语料库中比重最高的是战争隐喻，而任正非话语语料库中比重最高的则是人体隐喻。另外，在几类辅助性隐喻中，有个别隐喻类型只出现在其中某一个语料库中，如国家隐喻与动物隐喻只出现在任正非话语语料库中，而容器隐喻与亲情/养育隐喻则只出现在马云话语语料库中。

由此可见，马云以话语隐喻的方式呈现出来的心智模式侧重于战斗精神与冒险精神，任正非的心智模式侧重于人本精神与公平竞争意识。虽然两位企业家通过话语隐喻呈现出来的心智模式各有侧重，但他们的话语隐喻均显现出战斗精神、人本精神、合作精神，而这些精神恰是企业家心智模式的内核与灵魂。

（2）支配性概念隐喻与辅助性概念隐喻

本书从批评隐喻分析的视角对总语料库中涉及"做企业"和"企业"主题的话语隐喻进行分析，进而归纳出隐藏在话语隐喻背后的概念隐喻。这些概念隐喻有助于人们挖掘企业家内在的情感与态度，从而更好地理解中国企业家话语社团的共享心智模式。然而，数据显示，这几类概念隐喻的使用频率是不均衡的，但存在一定的规律性。中国企业家在话语中更倾向于使用以"战争""旅行""体育""人体"为始源域的概念隐喻，这些概念隐喻在所有概念隐喻中居于支配性地位，而其他的诸如以"游戏""气候""植物""物体""亲情/养育"等为始源域的概念隐喻则处于辅助性地位。支配性与辅助性概念隐喻共同构筑了中国企业家话语的概念隐喻网络（见图3.5）。

隐喻的系统性使我们能够用一个概念来理解另一个概念的某些方面，同时它也必然隐藏了那个概念的其他方面；它允许我们聚焦于某个概念的某一部分内容，同时也会使我们忽略这个概念中与该隐喻不一致的内容（Lakoff&Johnson，1980：10）。所以，不管是"做企业"还是"企业"目标域，都需要通过不同的始源域对其进行概念化。对于认识"企业"这样一个复杂的事物，支配性概念隐喻与辅助性概念隐喻的共同作用有助于形成我们对"企业"更加全面的认识。

不仅如此，支配性与辅助性概念隐喻背后还蕴含着企业家对于企业的设想、概括与意图。通过对支配性概念隐喻的分析，我们发现企业家通过战争隐喻、旅行隐喻、体育隐喻、人体隐喻4类高频隐喻，突显了自己在企业中的领导力与执行力，比如指挥企业打仗、带领企业旅游、指导企业参加体育比赛、指引企业的发展方向。通过对辅助性概念隐喻的分析，我们发现虽然它们的占比不高,但在确定与揭示企业家的共享心智模式方面也发挥着一定的作用,我们发现这些概念隐喻突显了企业家的交际意图与修辞动机的多样性。

如果仔细观察概念隐喻网络的话,我们发现,除了物体隐喻与容器隐喻外,其余几类概念隐喻都是与人相关的,而且可以用一个更高层级的概念隐喻"企业是人"来概括。在涉及"战争""旅行""体育""游戏""气候""亲情/养育""人体"等始源域的概念隐喻所建构的映射中,都包含了一个基本的概念隐喻,即"企业是人"。比如说,在"做企业就是旅行"概念隐喻中,其基本映射关系可以表示为图 8.1。

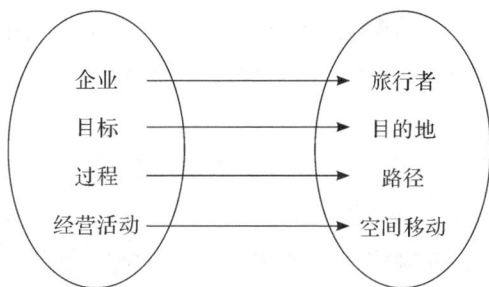

图 8.1 "做企业就是旅行"概念隐喻的基本映射关系

在"企业是旅行者"这个映射结构中,"企业"主要指以企业家为核心的团队,而"旅行者"是"人"的一个子范畴,所以我们可以衍推出"企业是人"。同样我们也可以在涉及"战争""体育""游戏""气候""亲情/养育""人体"等始源域的概念隐喻中找到"企业是人"这个更高层级的概念隐喻。

我们知道一个完整健康的人需要理想、信念和价值观。"企业是人"概念隐喻体现了企业家把企业视为人来对待,所以当企业被当作一个完整的人来对待的时候,它也有理想、信念和价值观。企业的理想、信念与价值观等意识形态层面的东西恰恰就是企业文化的根本之所在。正是因为"企业是人",企业文化的合理性与价值也找到了自身的根基。正如总语料库中的某位企业家所言:"三天禁语给我最大的感悟就是企业如人,要用欣赏的眼光、良性的心态,才能体味出过程的意味深长。"

(3)企业家话语隐喻的地域特征

不同地域文化背景下的企业家的话语隐喻呈现出不同的特征。本书在研究中主要关注了中西方企业家话语中的隐喻现象,从跨文化的视角探析了中西方企业家在隐喻使用上的差异与偏好，发现相似性与差异性共存。创业与企业经营作为一种激进的冒险行为，对其进行概念化时，中西方企业家都选择了战争隐喻、旅行隐喻、体育隐喻与养育隐喻。

在战争隐喻中，中国企业家话语倾向于使用像"集中优势兵力""战略规划"等与谋略相关的隐喻表达，而西方企业家话语则倾向于使用像"taking our competitors to the cleaners（把对手打得落花流水）""to target potential customers（瞄准潜在的客户）"等与攻打、好斗相关的隐喻表达。

因此，中西方企业家话语在战争隐喻的使用上呈现出一定的差异，一个是静态的谋略，一个是动态的激战。谋略在中国企业家话语中得以突显，从某种程度上说明中国企业家承袭了中国传统文化中的"谋定而后动"的思想。《史记·高祖本纪》中记载："夫运筹帷幄之中，决胜千里之外，吾不如子房。"这种思想在中国古典军事名著《孙子兵法》中体现得淋漓尽致。因为《孙子兵法》的开篇就是《始计篇》，主要讲庙算，即出兵前在庙堂上比较敌我的各种条件，估算战事胜负的可能性，并制定作战计划。西方企业家话语中的战争隐喻，突显了"攻打""入侵""好斗的"等要素，这与西方民族文化有关，西方国家经常把自然看作征服的对象（唐炎钊、张丽明，2010）。因此，西方企业家在经营企业时也会将其看作征服的对象，只有通过攻打、侵略等方式打赢战争，企业才能生存下来。

基辛格（Kissinger，2011：8-9）在描述中西战略思想时，分别用"围棋"和"国际象棋"来隐喻化中西战略思想的差异。他认为，国际象棋是决战决胜，围棋则是持久战。国际象棋棋手的目标是大获全胜，围棋棋手的目标是积小胜。下国际象棋能让人掌握克劳塞维茨[①]的"中心"与"关键点"等概念，因为开局后双方即在中盘展开争夺，而下围棋学到的是"战略包围"的艺术。国际象棋高手寻求通过一系列的正面交锋吃掉对手的棋子，而围棋高手在棋盘上占"空"，逐渐消磨对手棋子的战略潜力。这从某种意义上也解释了西方企业家话语为何会偏向于使用"好斗的""身体暴力"等与正面交锋相关的隐喻表达，

---

① 克劳塞维茨（Carl von Clausewitz）（1780—1831），是德国军事理论家和军事历史学家，近代军事战略学的奠基人，普鲁士军队少将。1792 年，他参加了普鲁士军队，1795 晋升为军官，并自学了战略学、战术学和军事历史学。他一生参加过四次著名战役：莱茵战役、奥斯塔德会战、法俄战争与滑铁卢战役。他的不朽兵学巨著《战争论》，是所有军人必读的兵学圣经，被称为西方军事思想的代表。

而中国企业家话语为何会偏向于使用"谋略"等与战略包围相关的隐喻表达。

　　在旅行隐喻中,中国企业家话语偏向于使用与"动作/行为"相关的旅行隐喻表达,如"走路""追赶""冒险""迈出步子"等;而在西方企业家话语中,尤其是美国企业家的话语,使用了很多与"航行"或"冒险"相关的旅行隐喻表达。据 Dodd(2002)所言,美国企业家话语中的旅行隐喻,在很大程度上与美国人的祖先当初乘坐"五月花"号移民到北美大陆这段共享的历史是分不开的。她认为刚创立企业的企业家就如同乘坐"五月花"号移民到北美大陆的冒险者,而冒险者的勇敢、成功以及吃苦的精神被投射到企业家的身上来。

　　在体育隐喻中,中国企业家话语比较喜欢使用与"竞争"相关的体育隐喻,如"竞争环境""竞争优势""竞争格局""竞争范围",这些表达基本上是对事实的静态描述;而西方企业家话语中所使用的体育隐喻,动词性的表达要多于名词性的表达。中国企业家话语还会使用武术隐喻表达。武术作为体育概念域的一个子范畴,是具有中国特色的体育活动,武术隐喻根植于中国文化的土壤,在中国人心中有着特殊的地位。这可能是中西方体育隐喻在企业家话语中的最大不同。

　　与战争隐喻、体育隐喻以及旅行隐喻相比,中国企业家话语中养育隐喻的数量相对较少,属于辅助性隐喻。而且,中国企业家话语中的养育隐喻通常突显的是与"父母""孩子"等相关的元素,如"母公司"与"子公司"。"母公司"与"子公司"的高频出现,反映出中国企业家话语中的养育隐喻被着重突显的是企业的传承性与继承性特征。

　　相反,西方企业家话语在使用养育隐喻的表达时,对养育概念域进行了全方位的挖掘,聚焦于企业的各个发展阶段。比如细分了养育概念域中的各种角色,如"父母"(企业家比作父母),"婴儿"(新企业比作婴儿),"养父母"(职业经理人比作养父母),"监护人"(继任者比作监护人),"保姆"(给企业家打工的职业经理人比作保姆),"产前护理者"(企业顾问或企业孵化器比作产前护理者)等。养育过程中还分为不同的阶段,如"产前阶段"和"产后阶段",产后阶段又包含了"婴幼儿时期""童年时期""青少年时期""成熟期"等。这些反映出西方企业家话语中的养育隐喻重点突显了企业的成长周期与生命循环。

　　(4)受众的认同度

　　我们在研究中,通过向企业普通员工发放问卷的方式,收集了他们对中国企业家话语中归纳出来的概念隐喻的认同度信息。结果显示,对于"企业是什么"概念隐喻,员工认同度从高到低的分别是:"企业是家庭""企业是人体""企业是机器""企业是容器""企业是植物"。其中,与企业家对"企业"概念化程度相当的是"企业是人体",反差较大的则是"企业是家庭"与"企业是机器"。对于"做企业就是做什么"概念隐喻,员工认同度从高到低的分别是:"做企业就是打仗""做企业就是养育孩子""做企业就是管理国家""做企业就是参加体育比赛""做企业就是种植""做企业就是玩游戏""做企业就是适应气候""做企业就是旅行"。员工对"做企业就是打仗"与"做企业就是参加体育比赛"的认同度与企业家心智模式中对"做企业"概念化程度相当。员工认同度比较高的还有"做企业就是养育孩子"与"做企业就是管理国家",但是这两类概念隐喻在中国企业家话语中使用频率则比较低。

我们通过 SPSSAU 数据分析平台对调查结果做进一步的数据分析,分别从被试员工的性别、年龄、学历、工龄以及年薪五个方面考察了员工对"企业是什么"与"做企业就是做什么"两个概念隐喻的认同度,探析这五个变量是否对"企业"与"做企业"两个主题的概念隐喻的认同度存在显著性差异。结果显示:不同性别的员工在"企业是什么"概念隐喻的认同度方面存在显著性差异,不同年薪的员工在"企业是什么"概念隐喻的认同度方面也存在显著性差异,而其他三组变量(年龄、学历、工龄)对"企业"概念隐喻的认同度的影响不存在显著性差异;另外,不同性别的员工在"做企业就是做什么"概念隐喻的认同度方面存在显著性差异,而其他四组变量(年龄、学历、工龄、年薪)则在"做企业"概念隐喻的认同度方面不存在显著性差异。

(5)企业文化的传播

企业文化的结构通常由物质层、行为制度层与精神理念层构成。其中,精神理念不仅是企业文化的核心,也是企业家心智模式的重要组成部分。隐喻思维或隐喻表达普遍存在于企业家的心智模式中。在心智模式的发展过程中,隐喻发挥着非常重要的作用。隐喻不仅是从直觉性心智模式向形式化心智模式转化过程中的关键手段,而且企业家话语中的概念隐喻在一定程度上扮演着传递企业家话语背后态度与情感(即企业家的心智模式)的角色。因此,经历隐喻化的心智模式有助于简化企业精神文化理念的表达,使之以更加形式化的方式呈现出来,从而有利于企业文化的复制与传播。

不仅如此,企业文化作为组织知识管理的内容,也需要经历形式化的编码过程,才能将抽象的企业文化用文字表达呈现出来。英国哲学家 Polanyi

(1958:94-108)将知识分为暗默知识与形式知识。这种分类方式在知识管理理论与研究领域被广泛接受。抽象的、未经文字表达的企业文化就如同暗默知识，储存在人们的大脑中，将这种储存在大脑中的暗默知识转变成形式知识后，它们才可以得以更好地复制与传播。野中郁次郎指出，将暗默知识转变为形式知识的一种有效方法就是使用隐喻(Nonaka,1994)。暗默知识包含技术与认知两个层面。所谓技术，是指与秘诀、手艺以及技能等相关的内容；所谓认知，是指人类在内心通过构造和运用类比来创造世界的运作模式(野中郁次郎、竹内弘高,2006:68)。因此，认知层面的暗默知识传播就会涉及组织的文化传播，而且很多组织的文化理念通常会直接以隐喻的表达方式呈现出来，如"耕耘美丽中国"(中国农业银行)与"我们不生产水，我们是大自然的搬运工"(农夫山泉)。

8.2　创新之处

首先，本书在概念隐喻的基础上，结合批评隐喻分析与语料库语言学的方法，对中国企业家心智模式进行了归纳与论证，为中国企业家的心智模式研究开辟了一条新的路径，从而弥补了现有企业家心智模式研究方法的不足。值得一提的是，我们建构了一个总规模为198.8万字的中国企业家话语语料库(包括总语料库153万字，马云话语语料库25.3万字，任正非话语语料库20.5万字)，通过对该语料库的识别、确认与标注，建立了可供计算机进行多条件检索的中国企业家隐喻语料库。

其次，本书以定性分析为导向，以定量统计为支撑，采用支配性概念隐喻与辅助性概念隐喻相结合的框架，对"企业"与"做企业"这样的复杂概念加以分析，以此为基础深入研究了中国企业家话语隐喻的整体情况，比较了不同行业、不同地域企业家概念隐喻使用的异同，并对不同概念隐喻的社会认同度进行了评估。

最后，本书探讨了概念隐喻与企业文化之间的内在关联。我们在概念隐喻的基础上加入语用模因理论，从知识传播与知识管理的角度，指出概念隐喻作为文化模因在企业家心智模式的形式化表征以及企业文化的建设与传播中具有不可替代的作用。

8.3 研究展望

本书讨论了中国企业家话语中的隐喻现象,进而探讨了隐藏在企业家话语隐喻背后的意识形态动机,从而揭示了中国企业家的心智模式与商业精神。同时,我们通过对比分析不同行业,以及不同区域的企业家话语隐喻,对中国企业家的心智模式进行了反思。在论证的过程中,本书借鉴了多种语言学的理论框架,融合了管理学与社会学领域的相关分析技术,并且引入了语料库统计及 SPSSAU 数据分析等手段。但是,本书还存在一些不足,需要在未来的后续研究中加以补充与完善。

首先,本书在隐喻语言提取标准化的指导下,逐字逐句地多次阅读企业家话语文本,从中寻找和提取隐喻语言,进而对隐喻句、隐喻词、始源域、目标域、概念隐喻等信息进行标注,并建立了可供计算机进行多条件检索的中国企业家隐喻语料库。在这个过程中,基本上是通过手动标记进行识别,耗费了大量的人力和物力。我们希望在将来的研究中,能通过计算机编程来协助隐喻句的提取与语料的标注工作,提高识别与标注的效率。

其次,本书通过对中西方企业家话语隐喻的对比分析,不仅揭示了不同地域文化背景下企业家话语社团隐喻使用的差异及其背后的社会历史文化因素,而且还有助于反思中国企业家的心智模式与商业精神。在研究材料上,汉语语料全部来自中国企业家的自然话语,但英语语料只有部分来自西方企业家的自然话语,还有一部分属于间接语料。因此,在今后的研究中,我们要收集更多西方企业家的自然话语,从而可以全方位地与中国企业家话语进行对比。

最后,本书对中国企业家话语隐喻的分布特征及其所体现的企业家话语社团的共享心智模式进行了分析,得出了比较全面的结论。但是,我们希望在将来的研究中,可以对企业家不同时期的话语进行分析,如对创业准备阶段、初创时期、发展时期以及成熟时期等不同阶段中企业家话语中的隐喻使用特点进行历时的动态对比,进而探析企业家心智模式的发展历程。

参考文献

Aarts, J. (2007). Does corpus linguistics exist? Some old and new issues. In W. Teubert & R. Krishnamurthy (Eds.), *Corpus linguistics: Critical concepts in linguistics* (pp. 58-73). London / New York: Routledge.

Al-Diban, S. (2012). Mental models. In N. M. Seel (Ed.), *Encyclopedia of the sciences of learning* (pp. 2200-2204). New York / London: Springer.

Andriessen, D. (2006). On the metaphorical nature of intellectual capital: A textual analysis. *Journal of Intellectual Capital*, 7(1), 93-110.

Andriessen, D. (2007). East is east, and west is west, and (n)ever its intellectual capital shall meet. *Journal of Intellectual Capital*, 8(4), 641-652.

Andriessen, D. (2011a). Metaphors in knowledge management. *Systems Research and Behavioral Science*, 28(2), 133-137.

Andriessen, D. (2011b). Metaphor use in knowledge management. In D. G. Schwartz & D. Te'eni (Eds.), *Encyclopedia of knowledge management* (second edition) (pp. 1118-1124). Hershey: Information Science Reference.

Anderson, A. R., Dodd, S. D. & Jack, S. (2009). Aggressors; winners; victims and outsiders: European schools' social construction of the entrepreneur. *International Small Business Journal*, 27(1), 126-136.

Anderson, A. R. & Warren, L. (2011). The entrepreneur as hero and jester: Enacting the entrepreneurial discourse. *International Small Business Journal*, 29(6), 589-609.

Astley，W. G. & Zammuto，R. F. (1992). Organization science，managers，and language games. *Organization Science*，3(4)，443-460.

Atanasova，D. (2018). "Keep moving forward. LEFT RIGHT LEFT"：A critical metaphor analysis and addressivity analysis of personal and professional obesity blogs. *Discourse，Context & Media*，25，5-12.

Baker，P. (2004). 'Unnatural acts'：Discourses of homosexuality within the House of Lords debates on gay male law reform. *Journal of Sociolinguistics*，8(1)，88-106.

Baker，P. (2010). *Sociolinguistics and corpus linguistics*. Edinburgh：Edinburgh University Press.

Baker，P. & McEnery，T. (1996). A corpus-based approach to discourses of refugees and asylum seekers in UN and newspaper texts. *Journal of Language and Politics*，(2)，197-226.

Baş，M. (2020). A comparative critical metaphor analysis on the concept of democracy in Turkish and American English. *Review of Cognitive Linguistics*，18(2)，535-566.

Bialostok，S. (2008). Using critical metaphor analysis to extract parents' cultural models of how their children learn to read. *Critical Inquiry in Language Studies*，5(2)，109-147.

Blackmore，S. (1999). *The meme machine*. Oxford：Oxford University Press.

Brodie，R. (2009). *Virus of the mind：The new science of the meme*. Alexandria，Australia：Hay House.

Brookes，G. & McEnery，T. (2020). Correlation, collocation and cohesion：A corpus-based critical analysis of violent jihadist discourse. *Discourse & Society*，31(4)，351-373.

Cameron，L. (2003). *Metaphor in educational discourse*. London：Continuum.

Cameron，L. & Maslen，R. (2010). *Metaphor analysis：Research practice in applied linguistics，social sciences and the humanities*. London：Equinox.

Cardon, M. S., Zietsma, C., Saparito, P., Matherne, B. P. & Davis, C. (2005). A tale of passion: New insights into entrepreneurship from a parenthood metaphor. *Journal of Business Venturing*, 20(1), 23-45.

Carpentier, N. & De Cleen, B. (2007). Bringing discourse theory into media studies: The applicability of discourse theoretical analysis (DTA) for the study of media practices and discourses. *Journal of Language and Politics*, 6(2), 265-293.

Charteris-Black, J. (2004). *Corpus approaches to critical metaphor analysis*. New York: Palgrave Macmillan.

Charteris-Black, J. (2005). *Politicians and rhetoric: The persuasive power of metaphor*. New York: Palgrave Macmillan.

Chilton, P. (2011). Still something missing in CDA. *Discourse Studies*, 13(6), 769-781.

Choo, C. W. (2003). Perspectives on managing knowledge in organizations. *Cataloging & Classification Quarterly*, 37(1-2), 205-220.

Chouliaraki, L. (1998). Regulation in 'progressivist' pedagogic discourse: Individualized teacher-pupil talk. *Discourse and Society*, 9(1), 5-32.

Chouliaraki, L. & Fairclough, N. (1999). *Discourse in late modernity: Rethinking critical discourse analysis*. Edinburgh: Edinburgh University Press.

Clark, D. L. (1985). Emerging paradigms in organizational theory and research. In Y. Lincoln (Ed.), *Organizational theory and inquiry* (pp. 43-78). Beverly Hills, CA: Sage.

Clark, U. & Zyngier, S. (1998). Women beware women: Detective fiction and critical discourse analysis. *Language and Literature*, 7(2), 141-158.

Clarke, J. & Holt, R. (2017). Imagery of adventure: Understanding entrepreneurial identity through metaphor and drawing. *Journal of Business Venturing*, 32(5), 476-497.

Clarke, J., Holt, R. & Blundel, R. (2014). Re-imagining the growth process: Co-evolving metaphorical representations of entrepreneurial growth. *Entrepreneurship & Regional Development*, 26 (3-4), 234-256.

Collins, A. & Gentner, D. (1987). How people construct mental models. In D. Holland & N. Quinn (Eds.), *Cultural models in language and thought* (pp. 243-265). Cambridge: Cambridge University Press.

Craik, K. J. W. (1943). *The nature of explanation*. Cambridge: Cambridge University Press.

Crémer, J. (1993). Corporate culture and shared knowledge. *Industrial and Corporate Change*, 2(3), 351-386.

Daft, R. L. (2013). *New era of management*. Beijing: Tsinghua University Press.

Dawkins, R. (1976). *The selfish gene*. New York: Oxford University Press.

Dawkins, R. (1989). *The selfish gene* (second edition). Oxford: Oxford University Press.

Dawkins, R. (2006). *The selfish gene* (30th anniversary edition). Oxford: Oxford University Press.

Deal, T. E. & Kennedy, A. A. (1982). *Corporate cultures: The rites and rituals of corporate life*. Boston: Addison-Wesley Publishing Company.

Deignan, A. (2005). *Metaphor and corpus linguistics*. Amsterdam / Philadelphia: John Benjamins Publishing Company.

Denzau, A. T. & North, D. C. (1994). Shared mental models: Ideologies and institutions. *Kyklos*, 47(1), 3-31.

Desmond, J. (1997). Marketing and the war machine. *Marketing Intelligence and Planning*, 15(7), 338-351.

Distin, K. (2005). *The selfish meme: A critical reassessment*. New York: Cambridge University Press.

Dodd, S. D. (2002). Metaphors and meaning: A grounded cultural model of US entrepreneurship. *Journal of Business Venturing*, 17(5), 519-535.

Dodd, S. D. & Anderson, A. R. (2007). Mumpsimus and the mything of the individualistic entrepreneur. *International Small Business Journal*, 25(4), 341-360.

Drucker, P. F. (1993). *Post-capitalist society*. New York: Harpercollins.

Efe, I. & Ozer, O. (2015). A corpus-based discourse analysis of the vision and mission statements of universities in Turkey. *Higher Education Research & Development*, 34(6), 1110-1122.

Evans, V. & Green, M. (2006). *Cognitive linguistics: An introduction*. Edinburgh: Edinburgh University Press.

Fairclough, I. & Fairclough, N. (2011). Practical reasoning in political discourse: The UK government's response to the economic crisis in the 2008 Pre-Budget Report. *Discourse & Society*, 22(3), 243-268.

Fairclough, N. (1989). *Language and power*. New York: Longman Inc.

Fairclough, N. (1992). *Discourse and social change*. Cambridge: Polity Press.

Fairclough, N. (1995). *Critical discourse analysis: The critical study of language*. London: Longman.

Gabrielatos, C. & Baker, P. (2008). Fleeing, sneaking, flooding: A corpus analysis of discursive constructions of refugees and asylum seekers in the UK Press 1996-2005. *Journal of English Linguistics*, 36(1), 5-38.

Geeraerts, D. & Cuyckens, H. (2007). Introducing cognitive linguistics. In D. Geeraerts & H. Cuyckens (Eds.), *The Oxford handbook of cognitive linguistics* (pp. 1-21). New York: Oxford University Press.

Gibbs, R. W. (2014). Why do some people dislike conceptual metaphor theory?. *Journal of Cognitive Semiotics*, 5(1-2), 14-36.

Goatly, A. (2002). Conflicting metaphors in the Hong Kong Special Administrative Region Educational Reform Proposals. *Metaphor and Symbol*, 17(4), 263-294.

Goatly, A. (2007). *Washing the brain: Metaphor and hidden ideology*. Amsterdam / Philadelphia: John Benjamins Publishing Company.

Grady, J. E. (1997). *Foundations of meaning: Primary metaphors and primary scenes*. University of California, Berkeley.

Gries, S. Th. (2006). Introduction. In S. Th. Gries & A. Stefanowitsch (Eds.), *Corpora in cognitive linguistics: Corpus-based approaches to syntax and lexis* (pp. 1-17). Berlin / New York: Mouton de Gruyter.

Gries, S. Th. (2010). Corpus linguistics and theoretical linguistics: A love-hate relationship? Not necessarily. *International Journal of Corpus Linguistics*, 15(3), 327-343.

Groesser, S. N. (2012). Mental model of dynamic systems. In N. M. Seel (Ed.), *Encyclopedia of the sciences of learning* (pp. 2195-2200). New York / London: Springer.

Grundmann, R. & Krishnamurthy, R. (2010). The discourse of climate change: A corpus-based approach. *Critical Approaches to Discourse Analysis across Disciplines*, 4(2), 125-146.

Halliday, M. A. K. (1978). *Language as social semiotic: The social interpretation of language and meaning*. London: Edward Arnold.

Halliday, M. A. K. (1985). *An introduction to functional grammar*. London: Edward Arnold.

Halliday, M. A. K. (1994). *An introduction to functional grammar* (second edition). London: Edward Arnold.

Halliday, M. A. K. & Matthiessen, C. (2004). *An introduction to functional grammar* (third edition). London: Hodder Arnold.

Hart, C. (2008). Critical discourse analysis and metaphor: Toward a theoretical framework. *Critical Discourse Studies*, 5(2), 91-106.

Hart, C. (2010). *Critical discourse analysis and cognitive science: New perspectives on immigration discourse*. New York: Palgrave Macmillan.

Hart, C. (2011). Force-interactive patterns in immigration discourse: A cognitive linguistic approach to CDA. *Discourse & Society*, 22(3), 269-286.

Hart, C. (2014a). *Discourse, grammar and ideology: Functional and cognitive perspectives*. London: Bloomsbury.

Hart, C. (2014b). Construal operation in online press reports of political protests. In C. Hart & P. Cap (Eds.), *Contemporary Critical*

Discourse Studies (pp. 167-188). London: Bloomsbury.

Hart, C. (2015). Viewpoint in linguistic discourse: Space and evaluation in news reports of political protests. *Critical Discourse Studies*, 12(3), 238-260.

Hart, C. (2018a). Cognitive linguistic critical discourse studies. In J. Flowerdew & J. E. Richardson (Eds.), *The routledge handbook of critical discourse studies* (pp. 77-91). London & New York: Routledge.

Hart, C. (2018b). Event-frames affect blame assignment and perception of aggression in discourse on political protests: An experimental case study in critical discourse analysis. *Applied Linguistics*, 39(3), 400-421.

Hart, C. (2018c). "Riots engulfed the city": An experimental study investigating the legitimating effects of fire metaphors in discourses of disorder. *Discourse & Society*, 29(3), 279-298.

Hassan, A. (2018). Language, media, and ideology: Critical discourse analysis of Pakistani news bulletin headlines and its impact on viewers. *Sage Open*, 8(3), 1-15.

Hey, J. (2004). The data, information, knowledge, wisdom chain: The metaphorical link. Retrieved from http://web. archive. org/web/20071202033948/http://ioc. unesco. org/Oceanteacher/OceanTeacher2/02_InfTchSciCmm/DIKWchain. pdf.

Heylighen, F. (1998). What makes a meme successful? Selection criteria for cultural evolution. In Proc. 15th Int. Congress on Cybernetics. Namur: Association Internat. de Cybernetique. Retrieved from http://pespmc1. vub. ac. be/Papers/MemeticsNamur. html.

Hill, R. C. & Levenhagen, M. (1995). Metaphors and mental models: Sensemaking and sensegiving in innovative and entrepreneurial activities. *Journal of Management*, 21(6), 1057-1074.

Holden, P. (2017). Neo-liberalism by default? The European Union's trade and development policy in an era of crisis. *Journal of International Relations and Development*, 20(2), 381-407.

Hopewell, K. (2017). Invisible barricades: Civil society and the discourse of the WTO. *Globalizations*, 14(1), 51-65.

Hunt, S. (2011). *The discoursal construction of female physical identity in selected works in children's literature*. Grahamstown: Rhodes University.

Jaworska, S. & Krishnamurthy, R. (2012). On the F word: A corpus-based analysis of the media representation of feminism in British and German press discourse 1990—2009. *Discourse & Society*, 23 (4), 401-431.

Johnson-Laird, P. N. (1983). *Mental models: Towards a cognitive science of language, inference, and consciousness*. London / New York: Cambridge University Press.

Johnson-Laird, P. N. (2004). The history of mental models. In K. Manktelow & M. C. Chung (Eds.), *Psychology of reasoning: Theoretical and historical perspectives* (pp. 179-212). New York: Psychology Press.

Jones, N. A., Ross, H., Lynam, T., Perez, P. & Leitch, A. (2011). Mental models: An interdisciplinary synthesis of theory and methods. *Ecology and Society*, 16(1), 46.

Kennedy, G. (1998) *An introduction to corpus linguistics*. London / New York: Longman.

Kissinger, H. (2011). *On China*. New York: The Penguin Press.

Koiranen, M. (1995). North-European metaphors of 'entrepreneurship' and 'an entrepreneur'. Frontiers of Entrepreneurship Research. Retrieved from

Koller, V. (2004). *Metaphor and gender in business media discourse: A critical cognitive study*. New York: Palgrave Macmillan.

Koller, V. (2005). Critical discourse analysis and social cognition: Evidence from business media discourse. *Discourse & Society*, 16(2), 199-224.

Kövecses, Z. (2010). *Metaphor: A practical introduction* (second edition). New York: Oxford University Press.

Kress, G. & Hodge, R. (1979). *Language as ideology*. London:

Routledge and Kegan Paul.

Kress, G. (1996). *Before writing: Rethinking the paths to literacy*. London: Routledge.

Krishnamurthy, R. (1996). Ethnic, racial and tribal: The language of racism?. In C. R. Caldas-Coulthard & M. Coulthard(Eds.), *Texts and practices: Readings in critical discourse analysis* (pp. 129-149). London: Routledge.

Lakoff, G. (1991). Metaphor and war: The metaphor system used to justify war in the gulf. Retrieved from www2. iath. virginia. edu/sixties/HTML _docs/Texts/Scholarly/Lakoff_Gulf_Metaphor_1. html.

Lakoff, G. (1993). Conceptual metaphor: The contemporary theory of metaphor. In D. Geeraerts (Ed.), *Cognitive linguistics: Basic readings*(pp. 185-238). Berlin / New York: Mouton de Gruyter.

Lakoff, G. & Johnson, M. (1980). *Metaphors we live by*. Chicago: University of Chicago Press.

Leech, G. N. (1992). Corpora and theories of linguistic performance. In J. Svartvik (Ed.), *Directions in corpus linguistics. Proceedings of Nobel Symposium 82, Stockholm, 4-8 August* (pp. 105-122). Berlin / New York: Mouton de Gruyter.

Martin-Rojo, L. & van Dijk, T. A. (1997). 'There was a problem, and it was solved!': Legitimating the expulsion of 'illegal' migrants in Spanish parliamentary discourse. *Discourse & Society*, 8(4), 523-566.

Matwick, K. (2017). Language and gender in female celebrity chef cookbooks: Cooking to show care for the family and for the self. *Critical Discourse Studies*, 14(5), 532-547.

McEnery, T., Xiao, R. & Tono, Y. (2006). *Corpus-based language studies: An advanced resource book*. London / New York: Routledge.

McEnery, T. & Wilson, A. (2001). *Corpus linguistics*. Edinburgh: Edinburgh University Press.

Merrill, S. & Akerlund, M. (2018). Standing up for Sweden? The racist discourses, architectures and affordances of an anti-immigration

Facebook group. *Journal of Computer-Mediated Communication*, 23 (6), 332-353.

Meyer, C. F. (2002). *English corpus linguistics: An introduction*. Cambridge: Cambridge University Press.

MuelasGil, M. (2019). Ideology, metaphor and persuasion in times of elections: A corpus-based study of British and Spanish economic reports. *Complutense Journal of English Studies*, 27, 223-246.

Musolff, A. (2008). What can critical metaphor analysis add to the understanding of racist ideology? Recent studies of Hitler's anti-semitic metaphors. *Critical Approaches to Discourse Analysis across Disciplines*, 2(2), 1-10.

Nicholson, L. & Anderson, A. (2005). News and nuances of the entrepreneurial myth and metaphor: Linguistic games in entrepreneurial sense-making and sense-giving. *Entrepreneurship Theory and Practice*, 29(2), 153-172.

Nonaka, I. (1994). A dynamic theory of organizational knowledge creation. *Organization Science*, 5(1), 14-37.

O'Halloran, K. (2003). *Critical discourse analysis and language cognition*. Edinburgh: Edinburgh University Press.

OECD (Organization for Economic Co-operation and Development). (1996). *The knowledge-based economy*. Retrieved from http://www.oecd.org/science/sci-tech/1913021.pdf.

Ouchi, W. G. (1981). *Theory Z: How American business can meet the Japanese challenge*. Boston: Addison-Wesley Publishing Company.

Partington, A., Duguid, A. & Taylor, C. (2013). *Patterns and meanings in discourse: Theory and practice in corpus-assisted discourse studies*. Amsterdam / Philadelphia: John Benjamins Publishing Company.

Paugh, P. C. & Dudley-Marling, C. (2011). 'Speaking' deficit into (or out of) existence: How language constrains classroom teachers' knowledge about instructing diverse learners. *International Journal of Inclusive Education*, 15(8), 819-833.

Peirce, C. S. (1985). Logic as semiotic: The theory of signs. In R. E. Innis (Ed.), *Semiotics: An introductory anthology* (pp. 1-23). Bloomington: Indiana University Press.

Pérez-Sobrino, P. (2013). Personification and ideology in the American media coverage of the Iranian Green Revolution. *Text & Talk*, 33(2), 233-258.

Peters, T. J. & Waterman Jr., R. H. (2004). *In search of excellence: Lessons from America's best-run companies*. New York: Harper & Row.

Pitt, M. (1998). A tale of two gladiators: 'Reading' entrepreneurs as texts. *Organization Studies*, 19(3), 387-414.

Polanyi, M. (1958). *Personal knowledge: Towards a post-critical philosophy*. Chicago: University of Chicago Press.

Pragglejaz Group. (2007). MIP: A method for identifying metaphorically used words in discourse. *Metaphor and Symbol*, 22(1), 1-39.

Raymond, W. & Gibbs, J. (2008). Metaphor and thought: The state of the art. In W. Raymond & J. Gibbs (Eds.), *The cambridge handbook of metaphor and thought* (pp. 3-13). New York: Cambridge University Press.

Reynolds, C. (2019). Building theory from media ideology: Coding for power in journalistic discourse. *Journal of Communication Inquiry*, 43(1), 47-69.

Schein, E. H. (1984). Coming to a new awareness of organizational culture. *Sloan Management Review*, 25(2), 3-16.

Semino, E., Demjén, Z., Hardie, A., Payne, S. & Rayson, P. (2018). *Metaphor, cancer and the end of life: A corpus-based study*. New York: Routledge.

Senge, P. (1990). *The fifth discipline: The art and practice of the learning organization*. New York: Doubleday.

Sperka, L., Enright, E. & McCuaig, L. (2018). Brokering and bridging knowledge in health and physical education: A critical discourse analysis of one external provider's curriculum. *Physical Education and Sport Pedagogy*, 23(3), 328-343.

Steen, G. (2008). The paradox of metaphor: Why we need a three-dimensional model of metaphor. *Metaphor and Symbol*, 23(4), 213-241.

Steen, G. J., Dorst, A. G., Herrmann, B. J., Kaal, A. A., Krennmayr, T. & Pasma, T. (2010). *A method for linguistic metaphor identification: From MIP to MIPVU*. Amsterdam: John Benjamins. .

Takeuchi, H. & Nonaka, I. (1986). The new product development game. *Harvard Business Review*, 64(1), 137-146.

Teubert, W. (2005). My version of corpus linguistics. *International Journal of Corpus Linguistics*, 10(1), 1-13.

Teubert, W. & Čermáková, A. (2007). *Corpus linguistics: A short introduction*. London: Continuum.

Thomas, P. & Hewitt, J. (2011). Managerial organization and professional autonomy: A discourse-based conceptualization. *Organization Studies*, 32(10), 1373-1393.

Tognini-Bonelli, E. (2001). *Corpus linguistics at work*. Amsterdam / Philadelphia: John Benjamins Publishing Company.

Torkington, K. & Ribeiro, F. P. (2019). 'What are these people: Migrants, immigrants, refugees?': Migration-related terminology and representations in Portuguese digital press headlines. *Discourse Context & Media*, 27, 22-31.

van Dijk, T. A. (1987). *Communicating racism: Ethnic prejudice in thought and talk*. Newbury Park: Sage Publications.

van Dijk, T. A. (1991). *Racism and the press*. London: Routledge.

van Dijk, T. A. (1993). Principles of critical discourse analysis. *Discourse & Society*, 4(2), 249-283.

van Dijk, T. A. (2001). Multidisciplinary CDA: A plea for diversity. In R. Wodak & M. Meyer(Eds.), *Methods of critical discourse analysis*(pp. 95-120). London: Sage Publications.

van Dijk, T. A. (2008a). *Discourse and context: A sociocognitive approach*. New York: Cambridge University Press.

van Dijk, T. A. (2008b). *Ideology: A multidisciplinary approach*. London: Sage Publications.

van Dijk, T. A. & Kintsch, W. (1983). *Strategies of discourse comprehension*. New York: Academic Press.

van Leeuwen, T. & Wodak, R. (1999). Legitimizing immigration control: A discourse-historical analysis. *Discourse Studies*, 1(1): 83-118.

Walsh, C. (1998). Gender and mediatized political discourse: A case study of press coverage of Margaret Beckett's campaign for the Labour leadership in 1994. *Language and Literature*, 7(3), 199-214.

Wee, L. & Brooks, A. (2012). Negotiating gendered subjectivity in the enterprise culture: metaphor and entrepreneurial discourses. *Gender, Work and Organization*, 19(6), 573-591.

Wodak, R. (1996). *Disorders of discourse*. London: Longman.

Wodak, R. (1997). Critical discourse analysis and the study of doctor-patient interaction. In B.-L. Gunnarsson, P. Linell & B. Nordberg (Eds.), *The construction of professional discourse* (pp. 173-200). London: Longman.

Wodak, R. (2006). Mediation between discourse and society: Assessing cognitive approaches in CDA. *Discourse Studies*, 8(1), 179-190.

Wodak, R. & Boukala, S. (2015). (Supra-) National identity and language: Rethinking national and European migration policies and the linguistic integration of migrants. *Annual Review of Applied Linguistics*, 35, 253-273.

Wodak, R., Krzyzanowski, M. & Forchtner, B. (2012). The interplay of language ideologies and contextual cues in multilingual interactions: Language choice and code-switching in European Union institutions. *Language in Society*, 41(2), 157-186.

Wodak, R. & Reisigl, M. (1999). Discourse and racism: European perspectives. *Annual Review of Anthropology*, 28, 175-199.

陈柏村,2007. 知识管理:正确概念与企业实务. 第 2 版. 南京:南京大学出版社.

陈鹤三,2011. 再论批评话语分析的认知层面——进化心理学对批评话语分析的启示. 外语研究(4):23-29.

陈昆福,吕强,陈亮,2007. 孙子兵法与现代商战论. 杭州:浙江人民出版社.

陈琳霞,何自然,2006. 语言模因现象探析. 外语教学与研究(2):108-114.

陈敏,2010. 经济话语中的隐喻与意识形态. 成都:四川大学出版社.

崔慈行,孙毅,2019. 汉英悖论格异同共体的认知隐喻学探源. 浙江外国语学院学报(2):55-66.

丁海燕,汪少华,2010. "公司"的概念化:中、美《公司法》中隐喻的对比研究. 外国语言文学(1):22-27.

窦卫霖,陈丹红,2009. 对中美国家领导人演讲中的互文性现象的批评性话语分析. 外语与外语教学(11):12-15.

段维龙,2013. 企业文化与人本管理. 北京:北京大学出版社.

范振强,2018. 论隐喻理论构建的参照维度及连续统——以"A is B"型隐喻为例. 西南交通大学学报(社会科学版)(3):78-89.

范振强,徐慈华,2011. 隐喻认知与科学传播. 自然辩证法研究(5):36-40.

方虹,2012. 企业家精神与领导艺术. 北京:中国人民大学出版社.

冯其洪,石金涛,2012. 游戏规则中的激励机制研究——以盛大集团的"游戏式管理"模式为例. 中国人力资源开发(10):32-36.

凤群,2013. 隐喻和政治神话的实现:美国总统演讲的批评隐喻分析——从里根到奥巴马. 解放军外国语学院学报(1):18-22.

郭贵春,2007. 隐喻、修辞与科学解释——一种语境论的科学哲学研究视角. 北京:科学出版社.

郭松,2011. 基于语料库的批评话语分析. 天津外国语大学学报(5):12-17.

郭玉成,2007. 体育的武术与文化的武术. 武术科学(5):1-3.

郭玉成,2008. 传统武术在当代社会的传承与发展. 上海体育学院学报(2):51-57.

何新云,2018. 从活下去到全球化揭秘华为组织 30 年演变. (2018-04-26)[2020-08-07] http://tech.ifeng.com/a/20180426/44970072_0.shtml.

何自然,2005. 语言中的模因. 语言科学(6):54-64.

何自然，2007. 语用三论:关联论、顺应论、模因论. 上海:上海教育出版社.

何自然,陈新仁,2014. 语言模因:理论与应用. 广州:暨南大学出版社.

黄华新,邱辉,2014. 知识管理与隐喻认知. 科学学研究(11):1698-1704.

黄静,2003. 以人为本的企业文化. 武汉:武汉大学出版社.

纪卫宁,郭飞,2017. 批评话语分析视域下的体裁互文性研究. 山东外语教学(4):3-8.

纪玉华,陈燕,2007. 批评话语分析的新方法:批评隐喻分析. 厦门大学学报(哲学社会科学版)(6):42-48.

江春,2014. 中国平面广告的批评隐喻研究. 北京:对外经济贸易大学出版社.

赖彦,2009. 新闻标题的话语互文性解读——批评话语分析视角. 四川外语学院学报(S1)：78-82.

李华军,2015. 阿里巴巴商业生态系统演化及其投融资战略协同——基于生命周期的视角. 财会月刊(21)：96-99.

李桔元,2008. 互文性的批评话语分析——以广告语篇为例. 外语与外语教学(10):16-20.

李曙光,杨玲,2019. 美国排华隐喻话语的认知批评分析. 华侨华人历史研究(1)：15-23.

李文中,2010. 语料库语言学的研究视野. 解放军外国语学院学报(2)：37-40.

李艳芳,2010. 批评视角下的隐喻研究. 东北大学学报(社会科学版)(4)：363-367.

梁林海,孙俊华,2011. 知识管理. 北京:北京大学出版社.

梁茂成,2012. 语料库语言学研究的两种范式:渊源、分歧及前景. 外语教学与研究(3):323-335.

林宝珠,2012. 隐喻的意识形态力. 厦门:厦门大学出版社.

刘立华,2008. 批评话语分析概览. 外语学刊(3):102-109.

刘曼,2020. 日本主流报刊对"一带一路"的认知变化研究——基于语料库的批评话语分析. 外语电化教学(5):108-113＋16.

刘云红,2005. 认知隐喻理论再研究. 外语与外语教学(8):16-29.

刘忠孝,陈桂芝,马倩,2012. 先秦儒家伦理文化研究. 北京:人民出版社.

马笑清，2015. 互文性视角下英汉新闻语篇的解读——基于民族通婚报道的批评性话语分析. 西藏民族大学学报(哲学社会科学版)(6)：126-130.

潘艳艳,郑志恒,2017. 国防话语的多模态认知批评视角——以中美征兵宣传片的对比分析为例. 外语研究(6)：11-18.

潘永樑,2001. 语料库语言学的目的和方法. 解放军外国语学院学报(2)：1-5.

彭剑锋，2016. 任正非"血洗"华为：揭秘华为发展的四个阶段. (2016-10-10)［2016-10-28］. http://edu.sina.com.cn/bschool/2016-10-10/doc-ifxwrhpm2745381.shtml.

钱毓芳，2010a. 媒介话语研究的新视野：一种基于语料库的批评话语分析. 广西大学学报(哲学社会科学版)(3)：80-84.

钱毓芳，2010b. 英国《太阳报》关于恐怖主义话语的主题词分析. 浙江传媒学院学报(4)：98-103.

钱毓芳，2010c. 语料库与批判话语分析. 外语教学与研究(3)：198-202.

邱辉,沈梅英,于月，2019. 中国企业家的话语隐喻及其心智模式探析——以马云与任正非话语为例. 浙江外国语学院学报(3)：57-64.

沈继荣,辛斌，2016. 两种取向,一种融合——批评话语分析与认知语言学整合研究. 山东外语教学(1)：19-26.

斯坦哈特，2009. 隐喻的逻辑：可能世界中的类比. 黄华新,徐慈华,等译. 杭州：浙江大学出版社.

孙秀丽,王文秀，2015. 模因视角下的隐喻现象研究. 外语研究(3)：13-17.

孙亚.隐喻与话语，2013. 北京：对外经济贸易大学出版社.

孙毅，2010. 隐喻机制的劝谏性功能：一项基于"CCTV"杯英语演讲比赛演讲辞的研究. 北京：中国社会科学出版社.

谭伟东，2001. 西方企业文化纵横——当代企业管理思想.北京：北京大学出版社.

唐丽萍，2011. 语料库语言学在批评话语分析中的作为空间.外国语(上海外国语大学学报)(4)：43-49.

唐丽萍,马月秋，2013."中国崛起"在美国大报中的话语建构——一项语料库语言学方法辅助下的批评话语分析. 燕山大学学报(哲学社会科学版)(4)：6-11.

唐韧,2016. 关于社会排挤的英国社会政策话语的认知批评隐喻分析. 外语研究(5):35-39.

唐炎钊,张丽明,2010. 中国企业跨国并购文化整合关键影响因素的理论模型探讨. 管理学家学术版:41-52.

田中胜,2011. 资本的人文精神:儒家文化与银行管理. 北京:知识产权出版社.

汪徽,辛斌,2019. 美国媒体对中国形象的隐喻建构研究——以"美国退出TPP"相关报道为例. 外语教学(3):32-38.

王琦,2019."一带一路"英文媒体中的中国企业形象——语料库辅助下的批评话语分析. 当代外语研究(3):99-113.

魏杰,2002. 企业文化塑造:企业生命常青藤. 北京:中国发展出版社.

翁青青,2013. 政治话语中的隐喻和身份构建:以英国、加拿大、中国在德班气候大会上的发言为例. 国际新闻界(8):26-36.

吴丹苹,庞继贤,2011. 政治语篇中隐喻的说服功能与话语策略——一项基于语料库的研究. 外语与外语教学(4):38-42+47.

辛斌,2005. 批评语言学:理论与应用. 上海:上海外语教育出版社.

辛斌,2012. 批评话语分析中的认知话语分析. 外语与外语教学(4):1-5.

辛斌,2021. 批评话语研究中的互文性分析. 外语与外语教学(3):1-12+147.

辛斌,高小丽,2013. 批评话语分析:目标、方法与动态. 外语与外语教学(4):1-5.

徐慈华,2009. 选择与适应——汉语隐喻的语用综观研究. 北京:中国社会科学出版社.

徐慈华,黄华新,2008. 汉语隐喻的语用综观探析. 浙江大学学报(人文社会科学版)(5):18-25.

徐莹,田苗,姚星亮,2013. 认知科学与社会话语的接口——国外批评隐喻研究述评. 湖北社会科学(12):131-133.

颜志科,2011. 模因论视角下隐喻的生成、发展与传播. 外语学刊(4):24-27.

杨继平,程远,2018. 晋商文化概论. 北京:首都经济贸易大学出版社.

杨敏,符小丽,2018. 基于语料库的"历史语篇分析"(DHA)的过程与价值——以美国主流媒体对希拉里邮件门的话语建构为例. 外国语(2:

77-85.

杨敏,侍怡君,2021. 中美贸易战中美方"合法化"话语建构——基于语料库的话语-历史分析. 外语研究(3）：7-13.

杨少龙,2014. 华为靠什么:任正非创业史与华为成长解密. 北京：中信出版社.

野中郁次郎,竹内弘高,2006. 创造知识的企业:日美企业持续创新的动力. 李萌,等译. 北京:知识产权出版社.

张德,潘文君,2013. 企业文化. 北京:清华大学出版社.

张辉,江龙,2008. 试论认知语言学与批评话语分析的融合. 外语学刊(5)：12-19.

张辉,杨艳琴,2019. 批评认知语言学:理论基础与研究现状. 外语教学(3)：1-11.

张辉,张天伟,2012. 批评话语分析的认知转喻视角研究. 外国语文(3)：41-46.

张蕾,2011. 英汉语篇表征的批评隐喻研究. 天津:南开大学出版社,.

张仁德,霍洪喜,2001. 企业文化概论. 天津:南开大学出版社,.

张淑静,2014. 语料库在批评话语分析中的应用. 郑州大学学报(哲学社会科学版)(3):130-133.

张天伟,郭彬彬,2016. 批评话语分析中的话语策略和识解操作研究. 外语教学(6)：17-22.

赵芃,刘璇,2018. 互文的抄袭潜势与抄袭的互文掩饰——学术引用的批评话语分析. 天津外国语大学学报(6)：17-29,156.

赵曙明,1995. 东西方文化与企业管理. 北京:中国人事出版社.

周红英,2014. 批评话语分析的认知语言学方法. 北京科技大学学报(社会科学版)(1):19-25.

周诗雨,2017. 不同生命周期阶段下互联网企业的资本运作与股权结构——以阿里巴巴为例. 财经界(学术版)(1):126,189.

朱晓敏,2011. 批评话语分析视角下的政府工作报告英译研究(一)——基于语料库的第一人称代词复数考察. 外语研究(2):73-78.

附录　企业员工隐喻认同度调查问卷

亲,这是一份关于"企业是什么""做企业就是做什么"的调查问卷。问卷采用匿名方式填写,您所提供的信息将完全保密。非常感谢您的参与和支持!

1.性别［单选题］［必答题］
　　○男
　　○女
2.年龄［单选题］［必答题］
　　○20 岁以下
　　○20—29 岁
　　○30—39 岁
　　○40—49 岁
　　○50 岁及以上
3.学历［单选题］［必答题］
　　○大专及以下
　　○本科
　　○硕士
　　○博士及以上
4.工作时间［单选题］［必答题］
　　○3 年以下
　　○3—6 年
　　○7—10 年
　　○11—14 年
　　○15—18 年

○18 年以上

5. 您所在的公司属于什么行业？［单选题］［必答题］

　　○制造业

　　○电力、热力、燃气及水生产和供应业

　　○建筑业

　　○批发、零售和进出口业

　　○交通运输、仓储和邮政业

　　○住宿和餐饮业

　　○信息传输、软件和信息技术服务业

　　○金融业

　　○房地产业

　　○租赁和商务服务业（包括企业管理服务、法律服务、广告业、咨询、人力资源服务、翻译服务等）

　　○教育/培训

　　○文化、体育和娱乐业

　　○其他

6. 当前的年薪［单选题］［必答题］

　　○30000 元以下

　　○30000－59999 元

　　○60000－89999 元

　　○90000－119999 元

　　○120000－149999 元

　　○150000－179999 元

　　○180000 元及以上

7. 您觉得"企业是什么"？［多选题］［必答题］

　　（请在您的选项后给出理由，最多选择 3 项）

　　□企业是人体 ＿＿＿＿＿＿＿＿＿＿

　　□企业是物体 ＿＿＿＿＿＿＿＿＿＿

　　□企业是容器 ＿＿＿＿＿＿＿＿＿＿

　　□企业是植物 ＿＿＿＿＿＿＿＿＿＿

　　□企业是家庭 ＿＿＿＿＿＿＿＿＿＿

□企业是建筑物 _____

□企业是动物 _____

□企业是动物园 _____

□企业是机器 _____

□其他 _____

8. 您觉得企业家"做企业就是做什么"？［多选题］［必答题］

（请在您的选项后给出理由，最多选择 3 项）

□做企业就是打仗 _____

□做企业就是旅行 _____

□做企业就是参加体育比赛 _____

□做企业就是玩游戏 _____

□做企业就是适应气候 _____

□做企业就是种植 _____

□做企业就是养育孩子 _____

□做企业管理国家 _____

□其他 _____